우리가 만난 한용운

우리가 만난
한용운

김광식 지음

참글세상

머리말

다시 한용운을 생각한다

만해 한용운은 공인(公人)이다. 만해가 공인이라 함은 그의 삶, 역사, 고뇌, 사상, 지향 등이 그의 개인 역사에서 머물 수가 없음을 의미한다.

만해 한용운은 문화이다. 만해가 문화라 함은 그의 생애와 사상, 그의 영향 등이 한국 근현대사에 있어서 문화적 현상을 띠고 있다는 것이다. 만해가 상징하는 독립운동, 문학, 불교개혁은 19~20세기에 나타난 특별한 가치이다.

만해 한용운은 신비이고, 전승이다. 만해가 신비이고, 전승이라 함은 그가 걸어갔던, 그의 영향을 받았던 내용들이 신화적인 내용을 띠고 계속하여 변용됨을 말한다.

본 저술은 필자가 만해(卍海) 한용운(韓龍雲) 연구를 하면서 이전에 발표한 만해의 대중적인 글과 본서 발간에 즈음하여 만해의 일화를 정리한 것을 함께 묶은 것이다. 전문적, 학술적인 글들은 아니지만 만해 한용운의 연구 및 이해에 도움이 된다고 판단하여 책으로 발간하게 되었다. 그리고 만해 한용운의 사진, 초상화, 유화 등도 집약하여 보았다. 이런 자료도 한용운 문화를 심화하여 이해함에 도움이 될 것으로 믿는다.

위에서 필자가 제시한 만해의 성격(공인, 문화, 신비 및 전승)을 철저하게 살피고 이해하기 위해서는 만해에 관련된 모든 자료, 내용, 전승, 변용 등을 총체적으로 집약하고, 분석할 필요성을 만난다. 그래서 필자는 본서에 수록된 한용운의 사진, 한용운과 수많은 인연을 가졌던 인물, 한용운에 대한 다양한 일화와 소문들은 이 땅에 살았던, 살고 있는 우리 모두의 역사이자 문화로 본다. 본서가 그에 대한 답변을 모두 할 수는 없지만 그 방향에 하나의 가늠자의 역할을 할 수 있다면 다행이라 하겠다.

필자가 지금까지 만해 한용운 연구를 할 수 있기까지 전국 각처에 계신 임들에게 많은 후원, 지원을 받았다. 본서 발간에 즈음하여 새삼 그 분들에게 고마움을 표하는 바이다. 더욱이 10여 년간 만해연구에 전념할 수 있도록 배려해 주신 백담사의 오현 큰스님의 성원은 눈물겹다. 그 후의에 보답하기 위해서라도 올바른 만해연구에 매진할 것을 다짐해 본다. 열악한 출판 사정을 고려치 않고 출간을 결정해 주신 불교시대사에게도 감사를 표한다.

2010년 1월 30일

김광식

차 례

사진으로 만나는 한용운

1910년대의 한용운(30대 시절). 현전하는 한용운 사진 중 가장 오래된 것이다. 만해는 1910년대에 《조선불교유신론》, 《불교대전》을 발간하고 교양 잡지 《유심》을 펴내는 활동을 하였다. 그리고 민족불교를 지키려는 임제종운동의 견인차로 나섰다. 이때부터 한용운은 불교계를 뜨겁게 달구었던 활화산이었다.

1919년 3·1운동 당시 민족대표로 일제에 의해 감옥에 수감되었을 때의 한용운 모습. 한용운은 당시 41세이었는데, 매서운 눈매가 인상적이다. 만해는 재판정과 옥중에서 독립선언의 논리를 의연하게 피력하고, 꿋꿋한 지조로서 민족대표로서의 자존을 지켰다.

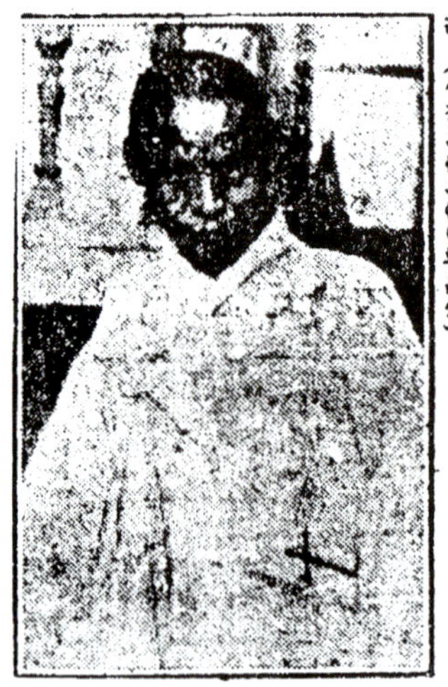

◇地獄에서 極樂을 求하라 :: 한용운씨와 그의 감상◇

(사진은 출옥한 한용운씨)

3·1운동으로 3년간의 수감생활을 마치고 나온 한용운을 보도한 기사 (《동아일보》, 1921.12.24). 만해는 감옥에서 철저한 수행을 하였고 지옥에서 극락을 보았다고 발언하였다.

한용운이 《별건곤》 2권 3호(1927.8)에 기고한 글, 〈죽었다가 다시 살아난 이야기 ― 만주산간에서 청년의 권총에 맞어서〉에 수록된 사진. 이 사진은 《불교》 43호에도 수록되었다. 《불교》지는 용(龍)의 해(1928년)를 맞아서 용(龍)자가 들어간 고승 3인(백용성, 한용운, 하용화)의 사진을 게재하였다.

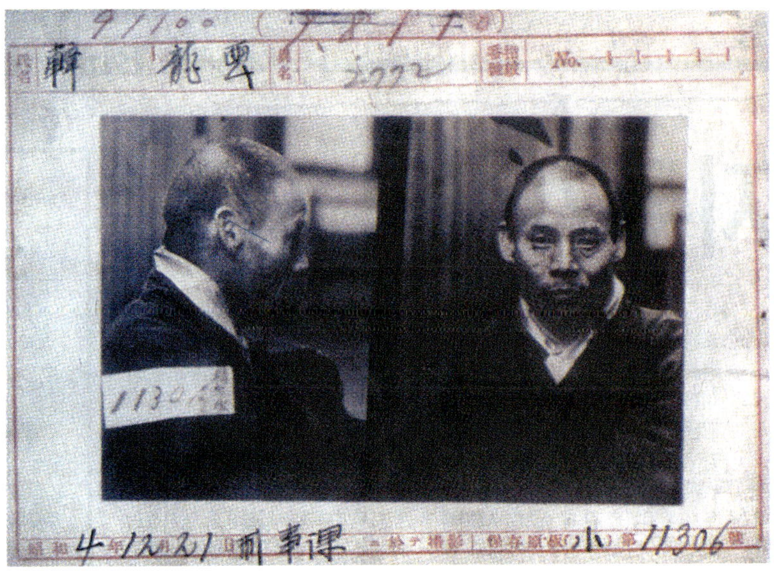

한용운은 광주학생운동(1929.10)이 일어나자, 신간회 경성지회장으로 그 진상을 알리는 민중대회를 주도하였다. 그러나 한용운(당시 50세)은 일제에 체포되어 서대문형무소에 수감되었는데, 사진은 그 당시 일제가 만든 수형기록표이다. 형형한 눈빛이 무섭다. 만해사상실천선양회와 백담사 만해마을에서는 최근 이 사진을 행사에 활용하고 있다.

시인으로서의 한용운을 소개한 《삼천리》 창간호(1929.6). 한용운은 현대시의 금자탑인 《님의 침묵》을 1926년에 발간하였지만, 한시도 110여 편을 남겼다. 그는 유년시절에 한문, 동양고전을 체계적으로 배워 출가 이전에는 서당의 선생도 하였다.

한용운이 입산, 출가하게 된 배경과 동기를 밝힌 글, 〈나는 왜 승이 되었나〉(《삼천리》 6호, 1930.5). 한용운은 출가하기 전에는 고향인 홍성에서 나라를 구하기 위한 민족운동에 대해서 고민하였다. 그래서 한용운의 삶에는 민족과 나라에 대한 사랑이 깔려 있었다.

한용운의 회고담, 〈평생 못 잊을 상처〉(《조선일보》, 1932.1.8). 한용운은 3·1운동 당시, 독립선언식 직후 일본 경찰에 끌려가면서 보았던 두 소년의 만세장면을 보고 눈물을 흘린 것을 10년간 간직하였음을 고백하였다.

《삼천리》 42호(1933.9)에 기고한 한용운의 회고, 〈서백리아 거처 서울로〉. 자신의 파란 많은 일생인 입산 및 출가, 시베리아에서 시작한 세계일주 등을 소상하게 회고했다.

한용운을 탐방하여 쓴 보도기사(《조선일보》, 1933. 2.15). "종교시인 만해 한용운씨"란 기사 제목이 인상적이다.

조선일보 신사옥 낙성식을 축하한 한용운의 보도기사(《조선일보》, 1935. 7.6).

채식을 하면 몸과 마음을 맑게 해준다는 한용운의 소신을 보도한 기사(《조선일보》, 1937.1.4).

《동아일보》(1936.1.1)에 보도된 한용운의 어록. 한용운은 1930년대 중반, 조선이 처한 현실을 극복하기 위해서는 각자가 현실을 정확하게 파악하고, 힘을 쌓는 것이 유일한 진로라고 강조하였다.

소설가로서의 한용운. 한용운은 시, 시조, 한시뿐만 아니라 소설 창작도 하였다. 사진은 《조선일보》에 소설 〈박명〉을 연재하기(1938.5.18～1939. 3.12) 직전에 소감을 밝힌 것을 보도한 내용이다.

참선하는 재가 거사로서의 한용운을 보
도한 《삼천리》 74호(1936.6). 한용운은
1930년대 중반 이후에는 비승비속(非
僧非俗)의 재가 거사의 생활을 하였다.
그 무렵 한용운은 심우장에 칩거하면서
참선, 산보, 화초가꾸기 등으로 소일하
면서 다양한 글쓰기를 하였다.

환갑을 맞이한 만해 한용운(1939년 음력 7월 12일).
다솔사에서 후배, 지인, 제자들이 베풀어 준 환갑 기념
모임에서 웃는 모습. 다솔사는 만해를 따르던 불교청
년들이 조직한 항일 비밀결사체인 만당의 후반기 거점
이 되었던 사찰이다.

1950년 4월, 한성도서주식회사에 의해 재간된 《님의
침묵》에 수록된 사진.

8·15 해방 직후, 불교계 신문인 《불교공보》 2호(1949.7)
가 한용운 입적 5주기를 맞이하여 보도한 기사. 해방공간
불교계에는 한용운을 따르던, 이른바 만당의 주역들이 생
존 활동하고 있어 만해에 대한 관심이 적지 않았다.

조지훈이 《신천지》 9-10호(1954.10)에
기고한 〈한용운 선생〉의 글의 내용과 캐리
커처. 조지훈은 한용운을 시인, 독립운동
가, 선승의 일체화로 보아야 한다는 선구
적인 개념을 만들었다.

萬海韓龍雲師의 초상

《대한불교》 87호(1965.5.16)의 한용운의 묘 이장과 묘비 건립의 내용 기사. 한용운이 입적한 지 21년이나 되었지만 망우리 묘지에는 잡초만 무성하고, 비석 건립도 부진한 정황을 보도했다. 한용운을 대하는 이 같은 현실이 당시 불교계 민족의식의 현주소를 대변한다.

한용운의 초상화. 《문학사상》 1972년 12월호의 표지에 게재된 작품. 변종하 작. 변종
하는 표지 해설, 〈한용운의 얼굴과 그의 내면 세계〉라는 글에서 한용운의 초상화에
대한 자신의 소회를 다음과 같이 피력하였다.

"이번 표지 제작 '한용운'에 있어서도 처음부터 그 분의 성격 파악에는 신중을 다했
다. 그러나 파란 많은 그의 일생, 게다가 승려와 작가라는 두 이질성을 어디다 중점
을 둘 것이냐 하는 점에 있어서는 우선 한용운 작품을 통한 나의 이미지와 입수된
삼매(三枚)의 사진을 소신껏 꿰어 맞추어 보기로 한 것이다.
다만 한용운을 고뇌하던 한 '인간'으로서 부각시켜야 할 같았고, 그래서 부분적인
강조 '왜곡(歪曲)'과 나름대로의 해석도 불가피하였기에 그 몇 가지를 참고삼아서
적어 둔다."

송욱의 《한용운시집(韓龍雲詩集) 님의
침묵(沈默) 전편해설》(1974, 과학사)의
속표지에 수록된 초상화. 송경 작.
송욱은 이 책의 〈감사의 말씀〉에서 이
초상화에 대해 다음과 같은 증언을 남
겼다.

"이 책이 나옴을 인연으로 하여 만해
의 초상을 마련한 처음 화가가 된 누
이동생 경(璥)이에게 한없는 축복을
보낸다. 이 초상화는 만해의 제자 김
관호 선생의 증언에 따라 60대의 사
진을 참고로 했으며, 김 선생으로부
터 '생전의 만해(萬海)를 대하는 것과
같다'는 말씀을 받았다."

만해사상연구회에서 펴낸 《한용운
사상연구》(민족사, 1980)에 수록
된 사진.
이 사진은 일제시대 잡지인 《삼천
리》 창간호(1929.6)에 게재된 한
용운 사진을 토대로 석명룡(石明
龍, 당시 한양공고 공예과 2학년)
이 경모(敬慕)하여 전사(轉寫)한
것이다.

한국역사 인물을 초상화로 재현하는데 진력한 옥문성이 그린 한용운 초상화. 전
보삼 교수(만해기념관장)의 주선으로 1991년에 제작되었는데, 이 초상화가 최근
까지는 한용운의 표준 초상화 역할을 하였다.

한국역사인물연구회(회장 옥문성)가 1991년 4월, 독립기념관에서 개최한 역사인물 특별기획전에 전시한 한용운의 초상화. 신해성 작(1990). 현재 독립기념관 자료실에 자료로 등록, 보관되어 있다.

문학세계사에서 한국현대시인연구 시리즈 8권으로 펴낸, 《한용운》(1993, 개정판)의 속표지에 수록된 초상화.

만해사상실천선양회가 초창기 사업을 추진할 때 운동지의 역할을 하였던 《만해새얼》 1997년 신년호의 겉표시에 수록된 초상화. 김정 작.
작가인 김정은 만해의 얼굴을 형상화할 때의 소감을 다음과 같이 말했다.

"만해 선생의 초상은 사진 몇 장으로 전해오기 때문에 누구나 늘 똑 같은 앞모습 얼굴만 보아 왔다. 나는 오늘 감히 그의 얼굴을 옆으로 돌려 완전한 옆얼굴을 구성해 봤다. 보는 각도를 다르게 해 놓고 옆모습을 유추해 낸 것이다. 화가로서만이 할 수 있는 작업이기에 용기를 내서 처음 시도해 본 것이다.
그것은 내 자신에게도 흥미 있는 일이지만 만해(萬海) 선생을 존경하는 모든 이들에게도 궁금증을 풀어 드린다는 즐거움이 있을 것이다. 실물과 똑 같지 않다는 것은 둘째 문제고 오늘을 사는 우리에게 여러 모습으로 다가올 수 있다는 사실은 중요한 것이다."

만해가 생활하던 심우장에 걸린 초상화. 최동호 해설로 나온 《한용운시전집》(문학사상사, 1989)의 화보와 임중빈의 《만해 한용운》(범우사, 1995)에도 수록되었다.

《문학사상》 2002년도 8월호에 수록된 초상화. 곽남신 작.
《문학사상》은 자료발굴, 권영민의 〈한용운의 일본시절—일본 잡지 《화용지(和融誌)》에 수록된 한용운의 한시〉를 게재하면서 이 초상화를 함께 수록하였다.

북한 만수대창작사에서 2003년에 제작한 한용운의 자수화.
현대불교신문사와 불교문화산업기획단은 2003년 4월 22~28일, 법련사 불일미술관에서 "아! 큰스님"이라는 주제로 북한 만수대창작사에서 제작한 20명의 큰스님의 진영을 전시하였다. 명주실과 천연 염료로 제작한 자수화는 리얼리즘의 기교와 예술성이 결합된 작품으로 높은 평가를 받고 있다. 이 작품은 현재 백담사 만해마을에 보관, 전시되고 있다.

만해기념관(성남)에서 2004년에 제작, 보관중인 한용운의 진영. 재영 불교미술연구소를 운영하는 석명룡의 작품이다.

한용운 생가터(충남 홍성)에 세워진 사당인 만해사(萬海祠)에 걸려진 한용운 초상화. 생가터에는 2007년 10월 만해체험관이 개관되어 한용운의 일대기, 민족정신을 교육시키고 있다.

현대시박물관(서울 혜화동)에 소장, 전시중인 한용운 초상화(2008). 윤문영 작.

영인문학관에서 2009년 4월, 기획전시 "창조의 발상－초고와 육필 원고전"을 할 때 공개된 초상화.

만해대상

실천부문 이 소 선

만해 한용운 선생의
나라사랑 · 겨레사랑 · 평화사랑의 높고 깊은 뜻을
오늘에 되살리려 노력하신 귀하의 공적을 기리기 위해
겨레의 정성을 모아 이 상을 드립니다.

2009년 8월 12일

대한불교조계종 총무원장
만해사상실천선양회 총재 이 지 관

만해대상 상장에 나오는 한용운.
만해 한용운의 정신을 계승, 재창조하는 법인체인 만해사상실천선양회는 매년 각 부문 (실천, 평화, 문학, 학술, 포교)에서 만해정신을 구현하는 인물을 발굴해서 포상하고 있다. 만해대상은 2009년 13회째 진행되었으며, 세계적인 권위의 상으로 인정받고 있다.

제2부

인연으로 만나는 한용운

민족불교로 독립자존의 길을 개척하다
— 만해와 만공

만해와 만공, 이 두 스님은 근대불교가 개혁, 민족운동, 한국 전통불교의 고수, 자존의 몸부림을 위한 고난의 가시밭길을 걸어가던 일제하 한국 불교계의 거목이었다.

이들의 공통적인 노선은 민족불교 지향을 통한 참 불교의 구현이었지만, 그 차별성도 노출되었다. 요컨대 만해가 항일적인 차원에서 자기 색채를 분명히 하였다면, 만공은 한국의 전통적인 선(禪)을 계승, 창조하면서 식민지 현실과는 간접적으로 대결하는 길을 걸었다. 다시 말하자면 만해가 일제 식민통치를 전면 부정하면서 민족불교를 개척하였다면, 만공은 식민지 현실을 일부는 인정하면서 선불교 전통의 고수를 통한 민족불교를 개척하였다고 볼 수 있다. 이제 그에 관련된 몇 가지 사례를 살펴보면서 그 본질에 다가서 보자.

1. 3·1운동 참가의 기로에서

만해와 만공과의 관계, 일화 또는 비화는 관련 기록에 분명하게 전하지 않는다. 다만 구전, 증언으로 전하고 있는 내용에 당시 상황을 연계하여 그 정황을 재구성해 보자.

만공과 만해가 관계를 갖게 된 첫 사례는 1919년 3월 1일, 만세운동 당시의 일이다. 만해가 천도교측의 대표들과 함께 운동을 주도하고, 민족대표 주선에 나섰음은 잘 알려진 바와 같다. 그런데 평소 우리들이 의문을 갖고 있는 것은 어떤 연유로 불교계 대표로 한용운과 백용성 단 2인만이 피선되었을까 하는 점이다. 요컨대 민족불교를 자처하는 불교계측의 인물들이 천도교, 기독교보다 민족대표의 숫자가 너무 적다는 것이다.

당시 불교측 대표를 주선하였던 만해는 왜 백용성 이외의 승려는 추가하지 않았는가 하는 점이다. 이에 대한 문헌적인 증거는 전연 없었다. 다만 그 추진이 너무 급박하고, 일제의 감시, 궁벽한 산속에 있는 사찰의 위치로 인하여 어려움이 많았으리라는 추측만이 있었을 뿐이다. 그런데 이와 관련하여 일제하 그 시절에 만해의 마지막 칩거처인 심우장을 드나들던 재가불자인 김관호가 이에 대한 증언을 남기었다.[1] 이는 그가 만해에게 직접 들었다는 내용이기에 신뢰가 간다.

3·1선언시에 만해는 "불교인을 다수로 하려고 백초월, 송만공 두 스님과 밀약이 있었으나 너무나 허무하였으니"라고 회고하였다. 당시 만해의 생각은 임진왜란 당시의 의병 승려의 전통을 고려하여 3·1운동 당시의 불교의 존재를 보면 너무나 '무명'이라고 자평하였다. 만해는 불교인을 다수로 하여 임진란 당시와 같이 투쟁하여 "제2의 구국운동으로써 불교사회주의를 포부하고 송만공 스님과 활동하

---

1) 〈심우장 견문기〉, 《한용운사상연구》 2집, 1981.

였으나 소위 고승대덕이 다수이면서도 모두 무관심하여 겨우 백용성 1인만의 합의를 얻었을 뿐이니"라고 하였다. 이 내용을 김관호가 만해에게 질문하였더니, "한마디로 죽을까봐 겁이 나서 그렇고, 개중에는 친일파가 많았을 뿐 아니라 고요한 산중에서 편안히 앉아 추수받은 쌀로 잘 먹고 놀으니 무슨 생각이 있어야지"라고 하였다는 것이다.

이 회고를 유의하면 일단 3·1선언 이전에 만해와 만공은 민족대표에 가담하는 일을 포함하여 3·1운동 전반에 관해 함께 논의하였음은 분명한 것으로 보인다. 그러나 결과는 만해는 33인 민족대표에 피선되었지만 만공은 누락되었고, 3·1운동 당시에 어떤 활약을 하였는지도 알 수 없다. 그러면 우리는 만공의 행적을 어떻게 바라보아야 하는가? 우리는 일단 어떤 사정에 의하여 만공은 만해와의 '밀약'을 지킬 수 없었거나, 혹은 지속적으로 '활동'하지 못한 것은 사실로 볼 수 있다. 사정이야 어떻든 만해가 직접 투쟁의 길을 간 반면, 만공은 만해의 길에 동참하지 못한(또는 않은) 것이라 하겠다 이는 곧 두 사람의 다른 길이요, 차별성이 아닌가 한다.

2. 선학원을 만들고 이용한 길

3·1운동에 참여한 대가로 만해는 일제에 피체되어 옥에 수감되었다. 그는 옥중에서 치열하게 자기 재정비를 하게 되고, 이를 바탕으로 한층 더 민족 해방운동으로 나아간다. 이를 우리는 '옥중철학'

으로 부르고 있다. 만해는 1921년 가을에 출옥하였다. 만해가 이처럼 옥중에 수감되어 있을 때 만공은 무엇을 하였는가? 만공은 직접 투쟁보다는 간접 투쟁의 길을 간 것으로 보인다. 그가 힘을 쏟은 것은 선학원의 창설이었다. 선학원은 1921년 8월 공사를 시작하여, 그해 11월 30일에 준공되었다.

선학원은 일제의 불교 침투 후 점차 쇠락해가던 한국불교의 전통, 특히 선의 재흥을 위한 최일선의 근거지였다. 선학원의 설립에는 은연중 일제에 저항적, 항일적인 불교의 흐름이 있었다. 달리 보자면 일제가 한국불교를 강압적으로 통제하는 법인 사찰령의 구속을 피할 수 있는 우리만의 절을 만들어 보자는 염원하에 등장한 것이 선학원이다. 바로 이 선학원의 창설 주역이 바로 만공이다. 만공은 선학원 터를 직접 선정하였으며, 선학원의 불상을 직접 조성하여 봉안하였다. 나아가서 그는 1921년 5월 15일에는 선학원 창설에 필요한 자금을 확보하기 위해 보살계 계단을 주관하였다. 당시 그는 그 법회에서 사찰령과는 무관한 우리 사찰을 만들어 보자는 그의 의중을 공표하였다.

만공의 그러한 노력은 범어사, 석왕사의 포교사들과의 협의로 이어져 선학원이 창설되었고 1922년 3월에는 선학원을 근거로 하여 전국의 수좌들의 모임인 선우공제회(禪友共濟會)가 창립되었다. 공제회는 수좌들 스스로 수행의 난관을 극복하고 한국 전통의 선을 재건하려는 자율적인 조직체이었다. 그러나 만공은 선학원의 창건을 주도하였지만 그 실질적인 운영에는 거의 관여하지 않았다.

오히려 옥중에서 출옥한 한용운의 주된 거주처였다. 그리고 만해는 간혹 선학원 회의에 참가하였다. 1924년 11월에 개최된 선우공제회 제3회 정기 총회시의 임시 의장이 만해였다. 또한 만해는 그해 수도부 이사로 선출되기도 하였다. 그러나 만해가 실제로 수도부 이사로 활동하였는지는 알 수 없다. 한편 당시 만공은 선우공제회 운영이 매우 어렵게 되자 정혜사의 땅 6,173평을 헌납하였다. 이처럼 이번에도 만해는 일선에서 활동하였다면, 만공은 이선에서 일을 만들고 후원하는 차선의 역할에만 그쳤다.

일정한 사찰에서 머무를 수 없었던 만해는 선학원의 구석방을 빌어 기식하고 있었다. 만해를 만나러 오는 청년, 재가불자, 기자들은 선학원으로 찾아오곤 하였다. 만해가 1926년 6·10만세운동의 예비 검속을 당하여 일본 경찰에게 끌려간 곳도 바로 선학원이었다. 만해 하면 선학원이고, 선학원 하면 만해였던 것이 당시의 정황이었다.

그런데 선학원을 만든 사람은 만공이었다. 만공이 만든 터전에 만해가 머물렀으니, 마해의 노서이 만공의 노선보다 무조건 낫다고도 말할 수는 없다. 하여간에 만공의 차선적인 역할을 놓고, 만해보다 역량이 낮았다고 단정할 수는 없다. 만공의 이차적인 역할은 1930년대에 가서는 또 다른 모습으로 나오기 때문이다. 만공은 이렇듯이 운동의 일선, 혹은 전면에 등장하지는 않았다. 그는 선방에서, 전국 각처의 선방의 조실(祖室)로 혹은 회주(會主)로 추대되어 수좌들을 일깨우는 데 혼신의 힘을 다했다. 이를테면 그의 일선은 선방이었던 것이다.

만공이 정열을 기울여 세운 선학원은 1926년경에 이르서는 재정의 어려움을 이기지 못하고 문을 닫았다. 그 후 선학원은 범어사 포교당으로 용도 변경되었다가 만공의 제자인 김적음에 의하여 1931년에 재건되었다. 선학원은 재정의 곤란을 극복하기 위해 재단법인으로 조직을 변경하였다. 이 움직임의 중심에는 물론 만공이 있었다. 만공은 당시 시가 9,000원 상당의 전답을 기부하였다. 당시 선학원에 140,000원이라는 거금이 모일 수 있도록 촉매제 역할을 한 것도 만공이었다.

그 후 선학원은 1934년 12월 5일, 일제 총독부로부터 재단법인 인가를 받아 '조선불교 선리참구원'으로 전환되었다. 재단법인으로 조직체를 변경했다는 것은 일제, 조선총독부의 승인을 얻었음을 말한다. 즉 만공은 일제의 식민지 현실을 일면 수긍한 셈이다. 그렇다고 하여 이 일부의 수긍으로 말미암아 만공의 선(禪)정신과 지향 자체를 부정하는 것은 아니다. 다만 만해와의 차별성을 갖는다.

만공은 선리참구원으로 전환된 직후에는 수좌들과 함께 한국불교의 전통을 회복하기 위한 대안의 하나로 '조선불교 선종'이라는 새로운 종파를 구성하여 일제의 사찰정책과 대응적인 노선을 걸어갔다. 이는 사찰령에서 정한 '조선불교'와는 판연히 다른 것이다. 1935년 3월 7~8일 전국에서 모여든 75여 명의 수좌들이 선학원으로 몰려들었는데, 만공은 그날 열린 '전국선종수좌대회'에서 사회자로 대회를 주도하였다. 선리참구원과 선종에서 만공은 이사장, 종정으로 추대되었다. 이러한 사실로 보아 만공이 식민지 현실을 직시하고, 식민지 불교를 극복하려는 노선에 서 있었음은 분명하다. 그러나 이 노선에서도 만해가 식민지 현실을 완전 부정하며 불교계 밖에 서 있으면서 식민지 불교를 비판하였던 노선과는 차별성이 있었음이 분명하다.

3. 본산 주지에 대하여

만해와 만공의 차별성은 만공이 마곡사 주지를 역임한 사례에서도 여실히 찾아볼 수 있다. 선승인 만공이 일제 식민통치하에서 일개 사찰의 주지를 한 것에 대하여 우리는 어떻게 받아들여야 하는가? 이판승이 사판승의 역할을 한 것에 대하여 비판·매도를 하여야 하는가, 아니면 그럴 수밖에 없었음을 수긍해야 하는가? 만공이 사찰 주지를 하였음은 1918년 1월 25일에 수덕사 인근인 덕산의 보덕사 주지 취임을 하였다는 기록이 《조선불교총보》 9집의 휘보에 나온다. 이는 3·1운동 발발 1년 전이다, 혹시 이 주지 취임이 만해와 함께 3·1운동의 동참을 불가능하게 만든 하나의 요인으로 봄은 너무 지나친 것일까?

그런데 만공은 1935년 후반부터 마곡사 주지로 취임하였다. 주지 취임은 1935년 10월 9일에 인가되었다고 전한다. 만공의 마곡사 주지 취임 진산식은 그해 11월 22일에 거행되었다. 만공이 마곡사 주지로 취임한 것은 분명하나 실제로 주지를 언제까지 하였는지에 대하여 필자는 현재 정확한 기록을 갖고 있지 않다.

한편 우리는 만공이 본산(本山) 주지로 활동한 것에 대하여 어떠한 입장을 취해야 하는가. 일반적으로 일제하 불교에서 본산 주지들의 친일성, 반불교성에 대한 지적은 수없이 있어 왔다. 만해도 본산 주지들의 더러움은 똥보다 더한 것이라고 풍자하였다. 물론 만해가 만공의 주지 취임, 활동을 구체적으로 지적하여 비판한 것은 전하지 않는다. 우리는 만공이 주지를 하기 위해 일제에 로비를 하였다는 생각조차도 할 수 없다. 어떤 특별한 사정이 있었다고 볼 수 있을 것이다. 그러나 만해의 입장에서는 그것을 쉽게 받아들이기는 어려웠을 것이다.

만공이 마곡사 주지로 취임한 사정은 《매일신보》 1935년 5월 10일자 보도기사, 〈충남 마곡사 주지선거〉라는 내용에 전한다. 그것을 요약하면 다음과 같다. 마곡사 주지 선거를 치렀는데 기존 주지는 사표를 내고, 3파의 후보자가 나서 마곡사 본말사 승려 800여 명을 상대로 선거전이 있었다. 이에 마곡사 전체의 문제(분열, 내분)를 염려한 승려들이 나서서 만공에게 주지 출마를 권유하고, 마곡사 사태를 해결해 달라는 간청을 하였다. 이 내용은 논란이 적지 않기에 그 기사를 참조하자.

이때에 사중유지(寺中有志)는 이렇게 된 국면에는 이를 수습(收拾)할 만한 대선지식(大善知識)의 출마가 필요하다 하고 조선불교 선종 종무원 종정(宗正) 송만공(宋滿空) 씨에게 출마를 간청하였던 바 동씨가 이에 불응함에도 불구하고 전기 3인의 후보자들은 모다 후보

권을 포기하고 선거일인 6일 오전 10시에 마곡사에 격자(格者)가 회
집하야 투표한 결과 송만공씨가 절대 다수로 당선되었다 한다. 대표
이성해씨는 상성(上城)하야 송만공씨의 취임을 간청하였으나 동씨는
끗끗내 불응함으로 일반 불교계에서는 한 주목거리가 된다고 한다.

마곡사 내분을 염려한 마곡사 유지들의 주도로 결과적으로는 기
존 후보자가 사퇴하고, 만공이 출마도 하지 않았는데 만공을 마곡사
주지로 당선시켰다는 것이다. 이에 그 유지 대표는 서울의 선학원에
가서 만공에게 주지 취임을 간청하였지만, 만공은 불응하였다. 그러
면 만공은 왜 불응하였을까? 본산 주지의 번거로움 때문일까, 아니
면 일제 불교정책의 하수인으로 전락되는 것을 염려하였던 것일까.
혹시 2개월 전에 그가 주도하여 만든 선리참구원의 이사장, 조선불
교 선종의 종정의 권위가 손상될 것을 염려하였던 것일까?
　그러나 결국 만공은 마곡사 주지에 취임하였다. 그리하여 1937년
2월의 그 유명한 총독 앞에서 할(喝)을 하였던 것이다. 만공의 마곡
사 주지 취임은 어찌 보면 만공으로서는 마곡사를 위한, 그가 속한
수덕사 소속 승려로서 최소한으로 봉사할 수도 있는 것이고, 승려간
의 화합을 다지는 일일 수도 있다. 또 한편으로 만공이 그 당시 선리
참구원 이사장, 선종의 종정으로서 일개 사찰의 주지를 맡는다는 것
은 간단한 것은 아니다. 더욱이 만공은 일제하 불교계에서 상원사의
방한암과 더불어 쌍벽을 이루는 선지식이 아니었던가. 그럼에도 불
구하고 주지에 취임한 것은 만공으로서는 큰 결단이요, 화합을 지향

하려는 어른의 고뇌가 아닌가 한다.

그러나 만해는 당시 본산 주지는 세상에서 제일 더러운 물건들이라고 여기었다. 민족불교에 대한 배반, 사찰공동체 파괴, 청년 승려의 배척, 사찰 재산을 개인 목적으로 유용, 총독부에 주지 연임을 위한 아부 등 불교계 모순의 근원으로 보았기 때문이다. 한 번은 31본산주지회에서 만해에게 강연을 요청하였다. 만해는 거절하였으나, 얼굴만이라도 보여달라고 애걸을 하였다. 그 청이 하도 애절하여 만해는 그 강연회장에 나갔다. 단상에 오른 만해는 모여든 청중을 휘둘러보고는 말했다.

"세상에서 제일 더러운 것이 무엇인지 아십니까?"

청중들은 아무 대답을 할 수가 없었다. 이에 만해는 다시 말했다.

"그러면, 내가 자문자답을 하지요. 제일 더러운 것을 똥이라고 하겠지요. 그런데 똥보다 더 더러운 것은 무엇일까요?"

역시 아무런 대답이 없었다.

"그러면 내가 또 대답하지요. 나의 경험으로는 송장 썩는 것이 똥보다 더 더럽더군요. 왜 그러느냐 하면 똥 옆에서는 음식을 먹을 수가 있어도 송장 썩는 옆에서는 역하여 차마 먹을 수가 없기 때문입니다."

그러고는 다시 한번 청중을 훑어 보고는 다시 한 번 더 물었다.

"송장보다도 더 더러운 것이 있으니 그것이 무엇인지 아십니까?"

그러면서 만해의 얼굴은 돌변하여, 뇌성벽력의 소리를 치며 "그건 31본산 주지 네놈들이다!" 라고 말하고는 뒤도 돌아보지 않고 그곳을 박차고 나와 버렸다고 한다.

이 정도로 만해는 본산 주지에 대해 비판적이다 못해 매도하는 입장이었다. 단언하여 말할 수는 없지만 만해는 만공의 주지 취임에 대하여 부정적인 입장을 갖고 있지는 않았을 것이다. 그러나 여기에서도 주지에 대한 만해의 입장과 만공의 입장은 확연히 갈라져 있었다. 만해는 본산 주지 자체를 거부하였다. 그러나 만공은 주지 자리를 거부하였지만 사찰 전체의 화합을 위하여 수락, 재임하였다. 여기에서도 두사람의 노선은 결코 합류되지 않았다.

4. 총독 앞에서의 할과 방 그리고 만세

만공이 마곡사 주지로 근무하였던 1937년 2월 말이었다. 그 당시 한국 불교계에서 큰 문제로 등장한 것은 이른바 총본산 건설운동이었다. 이 운동은 불교계 통일운동 차원에서 본산 간의 분열을 극복하고 불교계 전체의 노선과 방향을 주정, 견의하여 불교의 발전을 도모하고 민족불교를 지향하기 위한 운동이었다. 이 총본산 건설 운동은 1930년대 초반부터 불교계에서 논란이 있었으나 끝내 본산 간의 대립으로 무산되고 말았다.

그런데 1935년에 접어들면서 일제는 심전(心田)개발운동을 추진하면서 불교계도 그에 동참케 하였다. 심전개발운동은 당시 식민지 현실을 수긍케 하고 식민통치에 안주, 협조하는 정신상태를 만드는 운동이었다. 이때에 불교계도 그에 동참하지 않으면 안되었고, 일제가 요구한 연락기관의 설립 문제를 불교계 스스로 제기한 대표기관 설립으로 구체화시키고 이를 추진하였다.

그러나 이 대표기관 설립은 1936년 말까지도 진척되지 않았다. 1937년에 접어 들면서 불교계는 전남, 경남, 경북 불교계 대표들이 불교계 통일운동 차원에서 그리고 일본불교의 한국불교 장악을 저지하려는 차원에서, 대표기관 설립을 총본산 건설운동으로 전환하여 강력히 추진하였다. 그런데 당시 일제도 중일전쟁을 추진하면서 불교계를 장악할 필요성을 갖고 있었다. 이에 따라 한국 불교계와 일제 당국의 서로 다른 목적하에 총본산 건설운동은 급물살을 타기에 이르렀다.

이런 배경하에 1937년 2월 말에 총독이 주재하는 31본산 주지회의가 총독부에서 열렸다. 총독이 주재하는 본산 주지회의는 이때가 처음이었다. 그 회의에는 불교계 현안 문제에 대하여 주지들의 의견을 청취하는 형식을 갖고 있었다. 당시 대부분의 주지들은 총독 앞에서 기가 꺾였는지 일제 식민지 정책에 호응하겠다, 불교정책에 협조하겠다, 총본산 건설을 지원해 달라는 등 비자주적인 발언을 하였다.

당시 그 회의에 마곡사 주지 자격으로 만공이 참석하였다. 만공은 여타 주지들의 발언을 듣고 당신의 순서가 오자 자신의 주장자로 '쿵' 하고 그 기세를 세운 다음 자신의 의견을 한 치의 오차도 없이 당당하게 개진하였다. 그 요지는 우리가 나라를 빼앗긴 이후 사원에서 음행, 음주를 하는 풍조가 많아지고 있는데 예전 같으면 이 경우에 산문출송을 하여 계율을 지키고, 교단 생활을 유지하였는데 사찰령이 반포되고, 사법(寺法)이 인가된 이후로 주지의 전단이 생기고 취처하는 승려들이 생겼다는 것을 지적하였다. 당국이 그것을 묵인하고, 공인하였기 때문에 조선 승려가 전부 파계승이 되었다며 만공은 이렇게 말했다.

나는 이 책임이 정부 당국에서 이 같은 불철저한 법령으로써 조선불교를 간섭한 데서 나온 것이라고 생각합니다.

계속하여 만공은 불경에 비구를 파계한 죄악은 지옥에 간다고 하였으니, 7천 승려들을 파계시킨 것 이외에 특별한 불교 발전을 이루지 못한 데라우치 마사타케(寺內正毅) 총독 이래의 당국자에 책임이 있다고 지적하였다. 이에 만공은 한국불교의 진흥책은 승려들의 지계를 철저히 하는 것으로 본다고 하면서 이렇게 일갈하였다.

그리고 최후로 드릴 말씀은 당국에서 조선불교를 직접 간섭하시와 일본 내지 각 종교 이상으로 향상 발전케 하실 자신이 계시거든 잘 감독(監督)하시와 주실 것이 가(可)할 것이요, 그렇지 못하시고 철저히 못하실진댄 우리들에게 일임(一任)하여 주시오. 우리들에게 전부 전임(全任)하시와 주신다면 우리가 합병 이전에 당하여 오든 압제(壓制)와 더한 노예(奴隷)가 될지라도 우리들이 자제하여 갈 것이올시다. 만약 우리들이 자제(自制) 자립(自立)하는데 대하여서는 반드시 기대하신 바 있으리라고 생각합니다.

이처럼 만공은 총독 앞에서 당시 불교의 모순을 계율의 파탄으로 보고 그 원인이 일제 불교정책, 일본불교의 영향, 불교 관리의 부실 등에서 찾고 있다. 그리고 나아가서 우리 불교계가 자제와 자립을 통해 자율적으로 운영할 것이니, 관리권을 일체 일임할 것을 강조하였다.

위의 발언은 당시 《불교》지에 게재된 것을 그대로 전재한 것이다. 당시 만공은 총독 앞에서 위의 말을 하면서 주장자로 책상을 치기까지 하였으며, 총독을 무간지옥에 떨어질 것이라며 호통을 쳤다고 한다. 그리하여 그 장면은 통쾌하고, 장엄하였다고도 전한다. 당시 그 회의장은 만공의 발언이 나오자 긴장 상태로 숨을 죽였다고 한다. 만공을 미친 승려, 늙은 승려로 생각한 주지들도 있었을 것인데, 총독은 무슨 생각에서인지 만공을 체포하려는 헌병들을 만류하였다고 한다. 회의는 어수선하게 끝나고, 예정대로 총독은 참가한 주지들을 총독 관저로 초청하였다. 그러나 만공은 관저로 가지 않고 선학원으로 갔다.

선학원으로 돌아온 만해는 만공으로부터 이 소식을 전해 듣고 만공의 등을 두드리면서 "우리 만공이 정말 만공이야"하면서 덩실덩실 춤을 추었다고 한다. 그때 선학원에 있었던 설석우, 김적음, 김남전 등 다수의 승려들도 맨발로 만공의 주위를 둘러싸고 "조선은 죽었어도 불교는 살아 있다"고 고함을 질렀다. 이 소식은 금방 서울 시내에 전해졌다. 그날 저녁 만공과 만해 두 사람은 곡차를 놓고 회포를 풀게 되었다.

만해가 만공에게 "호령만 하지 말고 가져간 주장자로 한 대 갈길 것이지."라고 하자, 만공은 "곰은 막대기 싸움을 하지만 사자는 호령만 하는 법이지."라고 대답했다고 한다. 그러고 보니 만공은 사자가 되고, 만해는 곰이 되어 버렸다. 그러자 만해는 즉각 응대를 하였다. "새끼 사자는 호령을 하지만, 큰 사자는 그림자만 보이는 법이지." 이에 만공은 새끼 사자가 되고, 만해는 큰 사자가 되어 버린 셈이었다.

만공의 현실 속에서의 민족불교 지향은 1941년 2월 말에서 3월 초에 개최된 유교(遺敎) 법회에서도 나타난다. 이 법회는 한국 청정비구의 전통과 전통불교의 맥을 계승하려는 차원에서 열렸는데, 그 법회에 나와서 법문을 한 사람은 만공, 하동산, 박한영 등이었다. 당시 청정비구 30여 명이 참가하여 조계종지, 《범망경》, 《유교경》을 설법하여 계율과 선학의 진작을 역설하였다. 이 법회도 만공의 주도로 진행되었다. 물론, 이 법회는 계율 수호라는 흐름이 있었기 때문에 만해는 계율 파괴자(결혼)로 참가할 자격이 근본적으로 없었지만 말이다. 여기에서도 우리는 만공의 현실 속의 도전, 현실에서의 차선책 모색을 거듭 확인할 수 있다.

지금껏 살핀 만해와 만공의 거침없는 대화, 법거량, 차별성 속의 동질성은 두 사람의 고매함, 담박스런 패기 등이 어우러져 나온 것이다. 훗날 만해가 먼저 입적을 하자, 만공은 '이제 서울에는 사람이 없다'면서 다시는 서울에 오지 않았다고 전한다. 만해와 만공의 차별성, 민족불교를 지향하는 차이점 등은 간단히 말할 성질의 것은 아니다. 그 이면에는 인생관, 현실관, 불교 발전에 대한 차이 등이 복합적으로 개입되어 있을 것이다. 우리는 그것을 두고 어느 것이 옳다 그르다 판단할 수 없는 것이다. 그 판단 자체도 의미가 없음을 알아야 한다.

만해와 만공은 1942년 선학원이 주도하여 근대 선불교의 중흥조인 경허 스님을 기리기 위한 《경허집》 발간의 발기인으로 함께 일하였다. 당시 경허를 기리면서 수좌들은 "우리 공로자의 표창은 우리 손으로"라는 표어 아래 모금 운동을 전개하였다. 더욱이 만공은 경허의 직접 제자가 아니었던가? 지금도 선학원의 마당에는 만해와 만공의 그 아름다운 패기, 정담이 어우러져 있지 않을까?

접점과 갈림길, 그리고 절묘한 이중주
— 만해와 박한영

1. 만해의 길, 석전의 길

만해 한용운과 석전 박한영은 외세의 침략이 한반도를 넘나들던 개항의 공간에서 태어나, 일제의 마수에 우리 민족이 신음하던 그 역사의 현장에서 동고동락을 함께 하였다. 이들은 승려의 신분으로 그 역사 현장의 중심을 이탈하지 않고, 그들이 담당해야 할 과제를 묵묵히 끌어 안고 있었다. 세속의 나이로는 박한영이 한용운보다 9살이 위였고, 출가도 박한영이 먼저였지만 이들은 그러한 세상의 나이테를 신경쓰지 않았다. 다만 그들은 같은 현실에서 동일한 고민을 하였으나 그 지향이나 풀어가는 방법은 약간 상이하였다. 이러한 상이성을 필자는 절묘한 이중주(二重奏)로 표현하는 것이다.

한용운과 박한영은 일제시대 불교를 대표하는 승려였으며, 당시 한국불교의 과제를 정면으로 해결하려는 최일선의 대열에 서 있었다. 이에 그들은 그 중심 무대, 과제를 결코 저버리지 않고 자신의 해결 방편을 갖고 그 지향을 위해 노력하였다. 그것은 민족의 독립, 불교 개혁으로 요약할 수 있다. 그러나 그들은 그 방편에서 약간의 차별성을 나타냈다. 한용운은 늘상 그 근본문제 해결을 위해 온몸을 던졌다면, 박한영은 2선에서 문제 해결을 시도하였다. 다시 말하자면 한용운이 최일선에 서 있었다면 박한영은 그 차선에 서 있었던 것이 아닌가 한다.

이는 그들의 성향, 성격에서 나온 것이었지만 그들의 인생을 결정짓게 하였다. 나아가서 그 차별성은 당시 불교사의 단면을 말하는 것이었으며, 동시에 그 차별성은 한용운과 박한영의 인간적인 끈을 더욱 조밀하게 하는 인연이 아니었는가 한다. 이에 필자는 그 차별성으로 나타난 관련을 서로 다른 화음으로 바라보고, 그 화음의 조화를 이중주로 요약한다.

2. 임제종 운동에 나타난 만해와 석전의 갈림길

한용운과 박한영이 불교사의 현장에서 처음으로 만난 것은 1910년 8월 29일 한국이 일본에게 나라를 빼앗긴 며칠 후라고 한다. 나라를 빼앗긴 경술국치를 당한 그날 한용운은 금강산 표훈사에 있었다. 당시 만해는 국망의 격분을 이기지 못하고 저녁 공양 자리에서 발우를 내던져 버리고, "이 산중 중놈들아, 나라를 빼앗겼는데 밥숫가락이 주둥이로 들어간단 말이냐"는 일갈을 남기고 그 절을 떠나 석왕사로 갔다. 석왕사에 도착한 만해는 그곳에서 수행하고 있던 박한영을 만났던 것이다.

박한영은 전북 완주 출신으로 당시에 이미 교학의 이력을 마치고 내로라 하는 강백으로 인정을 받은 대종장이었다. 그는 전라도 일대에서 수행과 이력을 일단 마치고 전국 각처를 다니며 수행을 거듭하였다. 그러던 때 마침 석왕사에서 불같은 만해를 만났던 것이었다. 만해는 박한영의 인품, 푸근함을 통하여 그 격정의 감정을 추스릴 수 있었다. 이 만남은 곧 민족운동사의 단서이기도 하였다. 두 사람의 만남을 만들어 준 것이 국망이었으니, 이는 곧 나라의 독립으로 나아가야 한다는 방향을 은연중 만들어 준 계기였다고 볼 수 있다.

이 인연은 세속으로 치면 만해가 박한영을 형으로, 불교 내에서는 믿을 만한 선지식으로 평생을 따라 다닌 꼬리표가 되었을 것이다. 만해가 남긴 수많은 한시에는 박한영을 대상으로, 소재로 한 시가 10여 편이나 된다. 이는 만해가 박한영을 어떻게 여기었는가를 말해 주는 단서이다.

석전에게서 마음의 침잠을 도움받은 만해는 그 후 황해도 장단의 화산 강원의 강사로 갔다. 그곳에서 다시 마음을 다잡고 강사에 전념하였다. 그러나 강사 노릇도 그리 오래 가지는 못하였다. 1910년 가을, 일제하 최고의 친일 승려로 지칭되고 있는 해인사 승려인 이회광이 한국불교를 일본불교에 팔아 버렸다는 비판을 받았던 이른바, '조동종 맹약' 사건이 일어났기 때문이다.

당시 한국불교 원종의 종정 자격으로 1910년 9월 일본에 건너간 이회광은 국내 승려 대표들에게 일본불교와 교섭, 협조를 통하여 불교발전을 강구한다는 명목으로 위임장을 가져 갔다. 그러나 일본에 가서는 일본불교의 일개 종파인 조동종의 책임자와 교섭을 하여 조동종 맹약이라는 밀약을 맺고 귀국을 하였다. 그 밀약의 요체는 조동종은 한국 원종이 인가를 받는 데 도움을 주고 원종은 일본불교인 조동종의 한국 포교를 후원하는 것이었지만, 그 이면에는 한국불교의 자존심과 정통성을 팽개쳤다는 우려를 들은 내용이 포함되었다. 이 밀약 내용은 처음에는 알려지지 않았으나, 우연한 계기에 의해 그 내용이 전 불교계에 알려지면서 불교계의 저항과 반발은 전국을 뒤흔들었다.

특히 전라도, 경상도 지역 사찰에서의 반발은 실로 대단한 것이었다. 이러한 반발의 기운이 전국을 강타하여 황해도 화산 강원을 거쳐, 강원도 백담사에서 《조선불교유신론》의 초고를 정리하고 있었던 만해에까지 다달았다. 이 소식을 접한 만해는 즉시 전라도 지방으로 길을 떠났다. 저항, 반대 운동을 주도하기 위함이었다. 그 운동의 최초의 소집처는 광주의 증심사였다. 1910년 1월 초의 증심사 집회는 참여자가 적어 실패하였다. 그러나 만해가 참여하면서 다시 정비되었으며 1910년 2월의 순천 송광사 집회는 성공하였다. 전라도, 경상도 각 사찰에서 참가한 승려들이 다수였고, 집회에서는 조동종 맹약을 분쇄하는 대응체로서 임제종 종무원을 등장시켰기 때문이다. 그리고 그 집회에서 만해는 종무원장 직무대리로 그 운동을 진두지휘하는 등 전면에 나섰다.

당시 석전은 만해와 함께 문자와 언설(言說)로서 그 운동의 성사를 위해 진력하였다. 당시 그 운동의 추진은 4인방이 이끌고 있었는바 박한영, 진진응, 김종래, 한용운이었다. 한용운을 제외하면 그들은 전라도 지리산 일대에서 수학하였던 강학의 대가들이었다. 이중에서도 운동의 확산을 위해 각처 사찰에 통문을 띄운 이는 물론 한용운과 박한영이었다.

이렇듯이 만해와 석전은 한국불교를 지키려는 최일선에 서 있었다. 그 후 이 운동 추진세력은 전국적인 차원으로 운동을 확대시키기 위하여 1912년 5월 서울 인사동에 조선임제종 중앙포교당을 개설하였다. 임제종 포교당 개설의 실무와 지휘는 만해가 담당하였다. 만해는 자금을 모집하기 위하여 각처의 사찰을 순방하였다. 그 결과 1912년 5월 12일 역사적인 포교당 개교식을 거행할 수 있었다. 그런데 그 개설에 박한영은 참가하지 않았다. 대신 민족대표 33인으로 참가한 백용성이 개교사장으로 참가하였다. 백용성은 개소식에 참가하였을 뿐만 아니라, 3년여를 만해와 동고동락을 함께 하며 포교당에서 활동하였다.

그러면 박한영의 그 즈음의 행적은 어떠하였을까? 이 점을 해명하기 전에 포교당의 진로를 먼저 살펴보자. 포교당은 출범한 지 불과 두 달도 안되어 총독부로부터 간판 철거의 명령을 받아, 한용운은 불가피하게 그것을 수용할 수밖에 없었다. 이에 만해는 그 명칭을 조선선종 중앙포교당으로 전환시킬 수밖에 없었다. 그리고 일제는 만해를 일제의 허락을 받지 않고 포교당 건립자금을 모집하였다는 빌미로 재판에 회부하였다.

그러나 만해는 그러한 일제의 강압을 물리치고 그를 따르던 학생, 신도들과 함께 조선불교회, 불교동맹회를 조직하여 또 다른 운동을 추진하였다. 물론 이 노력은 불교 대중화로 귀결되는 것이다. 이즈음 박한영은 친일불교 노선을 걸었으며, 일제 총독부에 유화적인 승려인 이회광과 결합하고 있었다. 즉 일제의 불교정책을 수용한 주지들이 만든 단체인 30본산주지회의원의 노선에 합류하였다.

이는 그 주지회의원이 운영하였던 불교고등강숙의 강사로 활동하였음을 말한다. 1912년 7월 22일 주지회의원 원장 이회광은 박한영을 주지회의소로 초청하여, 과거사는 하늘에 맡기고 지금부터는 불교 발전을 위해 공동으로 노력하자는 제의를 하고, 이 제의를 박한영이 흔쾌히 수용하였다. 그러나 만해는 석전이 불교고등강숙에서 가르친 그 학생들을 이끌고 강숙 밖에서 불교 발전과 일제의 극복을 고민하였다.

바로 이러한 행적이 차별성이면서 이중주인 것이다. 물론 여기에는 만해의 치열성과 석전의 온건함이 있다. 그러나 만해는 석전을 냉소치 않았으며, 석전도 만해를 백안시 하지 않았다. 그것은 후일을 위한 여유이며, 넉넉함이 아니었을까?

3. 불교개혁 지향점의 차이점과 접점

한용운이 일제하 불교 내에서 불교개혁을 위한 치열한 행보를 거듭하였음은 널리 알려져 있다. 그 대표적인 산물은 《조선불교유신론》이었다. 그에 반해 박한영은 불교개혁을 일관적으로 주장은 하였으되 한용운이 실천한 격정적인 개혁은 시도치 않았다. 오히려 석전은 개혁보다는 온전한 개선을, 제도 개혁보다는 정신 개혁을, 전통과 계율을 지키는 개혁을 주장하였다.

그러나 이들의 불교개혁의 공통점은 불교 발전과 식민지 불교의 극복에 있었음은 두말할 나위가 없는 것이다. 한용운의 불교개혁 이론의 완성이자 그의 일생을 통하여 지향하였던 불교개혁의 정수는 잘 알려진 것과 같이 1913년 5월에 간행한 《조선불교유신론》이었다. 그런데 《유신론》은 이미 1910년에 그 대강이 서술되어 있었다. 그러나 만해는 1911~12년의 임제종 운동, 1913년의 대장경 열람을 비롯한 다양한 만행을 마치고 나서야 불교개혁의 대중화를 위해 《조선불교유신론》을 출간하였다.

이로부터 만해 한용운에 대한 그 당시 불교계 내의 찬양과 비판은 더욱 드세어졌다. 그 이유는 저술 내용 중의 일부에서 승려의 취처(결혼) 허용을 주장한 것에 있었다. 임제종 운동 당시부터 한국불교의 중심부에 진입하여 불교개혁, 민족불교 지향을 위한 용광로를 지핀 만해는 이제 《유신론》의 발간으로 논란의 복판에 서게 되었다. 그를 둘러싼 수많은 소리는 더욱 더 기승을 부리게 되었다. 당시 《유신론》은 그가 거주하였던 조선선종중앙포교당이 배포를 담당하였다. 선종 포교당이 홍보하였던 선전 문구(해동불보, 6호 90면)에 "일면(一面)으로 막대(莫大)한 찬상(讚賞)을 득(得)하고 일면으로 무한한 타격(打擊)을 수(受)"한 걸작으로 표기되었음은 그 정황을 단적으로 보여 준다. 우리는 이 문구 이면에 있었던 소리를 들어야 한다.

요컨대 만해는 승려 취처 주장으로 엄청난 구설에 올라야 했다.

그러나 사실 만해는 이미 1910년 5월, 9월 구한국 정부와 일제의 통감부에 승려결혼 허용을 두 차례나 건의하였다. 일부에서는 이 주장을 놓고 민족의식의 여부, 혹은 민족의식의 단계에 대하여 적지 않은 논란이 있었다고 한다. 그러나 그 용기, 불교 현실을 파악하였던 혜안, 과감성은 그 누구도 따를 수 없을 정도였다. 하여간 취처 주장에 대해서는 한때 같은 길을 갔던 백용성도 비판하였으며, 석전 박한영도 반대 입장에 서 있었다고 한다.

당시 박한영은 1913년부터 불교 잡지에 그가 생각하고 있는 불교 개혁의 주장을 펴고 있었다. 그의 논리는 불교의 근본정신을 기초로 하고, 당시 시대 사조를 분명히 인식하는 가운데 새로운 문명의 변화를 직시해야 한다는 인식 위에 서 있었다. 이에 그는 최우선적으로 불교인들의 자각을 강조하였다. 그 연후에 그는 불교 교육과 포교를 강조하였다. 즉 석전은 불교의 근본을 지키면서 불교의 현대화를 주장하였다.

때문에 그는 계율을 지키는 개혁에 서 있었기에 만해가 강조한 승려의 결혼에는 동의할 수 없었다. 이러한 입론에 서 있었기에 후일이지만 1926년에 《계학약전(戒學約詮)》이라는 계율과 연관된 저술을 펴내기도 하였다. 그러나 만해는 자신이 결혼을 함으로써 그의 주장을 실행에 옮겼으며, 석전은 평생을 청정비구로 삶을 마쳤기에 그도 자신의 주장을 실천한 것이다.

한편 1913년에 발간된 《조선불교유신론》의 겉표지에는 "한용운 군저 조선불교유신론 석전산인 첨(韓龍雲君著 朝鮮佛敎有新論 石顚山

人籤)"이라고 기재되어 있다. 근대불교사를 공부하던 시절 필자는 처음 이를 보고, 참으로 의아하였다. 어떤 연고로 자신의 주장과 다른 내용을 출간한 그 책의 '첨(籤)'을 하였는가(필자는 현재 그 '籤'의 의미를 그 책의 제목을 써주었다는 의미인지, 아니면 다른 뜻인지는 단언치 못한다). 요컨대 《조선불교유신론》에 석전 박한영의 이름이 기재된 것이다.

이는 일단은 그 책의 출간을 환영, 동의한다는 뜻일 것이다. 이러한 내용은 요즈음처럼 각박하고 자신과 의견이 다르다고 하여 매도, 인신공격하는 풍토에 비추어 보면 참으로 아름답다. 이 점은 필자가 주장하는 만해와 석전의 포용성, 즉 절묘한 이중주인 것이다. 자신과 다름을 인정하는 만해와 석전의 절묘한 화음으로 볼 수 있다.

필자는 이런 배경에서 만해가 서울을 떠나 설악산 백담사의 오세암으로 돌아와 박한영에게 쓴 시를 주목한다. 여기에서 그들의 따뜻한 마음, 신뢰를 더욱 절감한다.

서울에서 오세암으로 와서 박한영에게	自京歸五歲庵增朴漢永
하늘 그득 밝은 달님, 당신 어디 계시오.	日天明月君何在
온세상 단풍으로 나 혼자 왔소.	滿地丹楓我獨來
달과 단풍 서로서로 잊어 버리고	明月丹楓共相忘
내 마음만 남았기에 데불 곳 헤매오.	唯有我心共徘徊

이처럼 만해는 그의 마음을 석전 박한영에게 기꺼이 나누어 주었

다. 이를테면 서로 신뢰하였다. 자신의 의견과는 다른 불교개혁의 노선을 가졌지만 말이다. 그러나 석전은 불교개혁의 입장에 서면서 일제 식민지 불교에 아부하거나, 타협적인 노선을 가지는 않았다. 이는 3·1운동 직후 불교계에 전개된 정황을 세밀히 보면 알 수 있다. 당시 만해는 민족대표 33인으로 피체되어 1921년 12월 22일 출옥하였다.

당시 그는 옥중 감상을 '지옥에서 극락을 구하였다'는 심정으로 피력하고, 출옥 후에도 불교개혁과 민족운동을 지속하였다. 당시 불교 청년들은 만해의 정신에 감화를 받고 식민지 불교의 극복을 통한 자주 불교 지향을 강력히 전개하였다. 그들의 불교개혁에는 한국불교가 자주적으로 종단(기관, 통일체)을 만들어서 자주적인 불교 발전을 추진하려는 의식이 팽배하였다. 그래서 이 움직임은 통일기관 수립운동으로 불리기도 하였다.

왜냐하면 종단, 기관을 만들려면 우선 사찰령 체제에서 30본산으로 분열된 본산체제를 극복해야 하기 때문이다. 그리고 또 하나의 노력은 식민지 불교 체제를 강화하고 의타적인 불교계를 강화시키고 있는 사찰령을 철폐하자는 운동이 있었다. 이러한 운동의 정신적인 지주는 물론 한용운이었다.

즉 만해는 출옥한 지 얼마되지 않았지만 그 운동의 일선에 서 있었다. 다만 당시에는 출옥한 직후였기에 운동의 최일선에서 진두지휘하지는 못하였다. 이때 박한영은 불교 자주화 운동의 선두에 나서고 있었다. 즉 1922년 4월, 사찰령 철폐를 주장한 2,284명의 연서를 총독부에 제출하면서 불교유신을 위한 건백서를 제출한 위원 15명에 포함되었다. 그러나 일제는 이를 수용하지 않고 시간을 질질 끌고 있었다.

이에 불교청년들은 1923년 1월, 또 다시 사찰령 철폐를 위한 주장을 거듭 강조하였는데, 당시 총독부에 가서 그를 주장한 7인 중의 일원이 바로 박한영이었다. 또한 이러한 불교개혁과 종단 설립을 추진한 움직임의 산물인 총무원이 등장하였을 적에 박한영은 총무원의 자문을 담당하는 의사회 7인의 일원으로 피선되었다.

그런데 당시 박한영은 1916년에 출범한 중앙학림의 강사로 근무한 이력이 있었을 때였다. 즉 요즈음의 관점으로 보면 그는 대학교수를 역임한 당시 최고의 강백으로 이름을 떨칠 때라는 것이다. 이런 신분과 이력에도 불구하고 불교개혁을 위한 일선에 서 있었다. 어찌 보면 만해를 대신하여 그가 개혁의 일선에 나섰는지도 모른다. 이처럼 불교개혁의 노선에서도 그들은 차이와 접점이라는 절묘한 화합을 연출하였다.

4. 3·1운동과 임시정부 설립운동에서 만해와 석전의 역할

1919년 거족적인 3·1운동에 만해 한용운은 불교계를 대표하여 그 일선에 있었다. 그는 불교계를 대표하여 천도교, 기독교 대표들과 그 운동을 지피는 일에 주도적으로 참여하였다. 결국 그는 백용성과 함께 민족대표 33인에 피선되었다. 그리하여 그는 일제의 감옥에 수감되어 갖은 고초를 겪었지만, 결코 기개를 꺾지 않고 청렬(淸洌)한 정신의 진면목을 유감없이 발휘하였다.

그런데 우리는 왜, 어떤 연고로 불교 대표는 한용운과 백용성 단 2명만이었을까에 대하여 생각해 볼 수 있다. 여타의 승려는 들어갈 수 없었는가에 대해서 의문을 가질 수 있다. 구체적으로 박한영은 왜 그 대상이 될수 없었을까? 만해와 석전과의 깊은 연관, 석전의 박학다식, 민족의식 등을 고려하면 더욱 그러하다.

이러한 의문에 대해서 생전의 만해는 시간적인 촉박성을 대표적인 사유로 내세웠다. 이에 대하여 만해를 따랐던 김관호도 의문시하여 만해에게 질문하였다는 비사를 소개하면서 "3·1독립선언 인원 구성에 선생의 희망은 불교인을 다수로 하려고 백초월, 송만공 두 스님과 밀약이 있었으나 너무나 허무하였으니, 임진역사를 회고하고 불교 분기(奮起)를 비교하면 불교의 존재는 문자 그대로 무명(無明)이었다."고 회고하였다.

여기에서도 박한영의 이름은 나오지 않는다. 당시 박한영은 서울 시내의 중앙학림 강사로 활동하였기에 시간이 촉박하였다는 정황은 납득이 되지 않는다. 이 점에 대한 해명은 또 다른 기회를 가져야 할 것이다. 석전의 후학인 운기 스님은 이에 대하여, 매사에 '고집불통'이었던 만해도 석전에게 자문받기를 주저하지 않았는데, 석전을 독립선언 민족대표의 한 사람으로 추대하였으나 막상 이름을 올릴 때 만해의 '과실'로 차질이 생겨 늘 송구스럽게 여기었다고 회고하였다.

다만 3·1운동 직후인 1919년 4월 2일, 만세운동이 전국으로 확대되고 운동이 대중화, 폭력화로 치달았을 당시 인천 만국공원에서 독립운동가들이 모여 3·1운동의 여세를 몰아 우리 민족의 임시정부를 수립하려는 움직임이 있었다. 이 흐름은 기독교계와 유림측이 연합, 주도하였는데 그 움직임에 불교계 대표도 합류하였다. 당시 그들은 4월 16일 서울에서 재차 회합을 갖고 국민대표 25명과 임시정부 각원을 확정하였다.

그 결과 4월 23일에는 국민대표 25명의 이름으로 임시정부 수립에 관한 일련의 요강을 발표하였다. 이른바 '한성 임시정부'의 설립을 말하는 것이다. 이 한성 임시정부는 추후 1919년 9월 임시정부 통합운동이 일어났을 때 정통성을 가졌던 정부였다. 즉 역사적인 상해 대한민국 임시정부의 모체인 것이다. 당시 그 활동의 전면에 있었던 인물은 월정사 승려인 이종욱이다. 그는 그 후 상해를 오가면서 독립투쟁의 일선에 서 있었다. 그런데 또 다른 불교 대표가 바로 박한영이었다.

박한영과 이종욱과의 관계, 국민대표에 피선된 사정 등등에 대해서는 전하는 기록이 없어 더 이상의 추정은 불가하다. 그러나 우리는 여기에서 박한영이 3·1운동시 민족대표에 피선되지 않은 것과 이 문제를 함께 풀어볼 '화두'를 후학들에게 주는 것에 만족해야 할 것이다. 여기에서도 만해와 석전은 이중주를 울린 셈이다.

5. 식민지 불교의 극복을 위한 만해와 석전의 각기 다른 노력

　만해와 석전은 식민지 불교 극복을 위한 고난의 가시밭길을 걸어
갔다. 그러나 그 길 중에서도 우리가 주목할 내용은 교육 분야이다.
암울한 현실하에서는 누구든지 미래에 희망을 걸었으며, 미래의 주
인공을 위해 배움의 씨앗을 뿌렸다. 이러한 일반적인 정황하에서 만
해와 석전이 추구한 교육은 그 차별성이 독특하다.

　만해는 제도권 교육의 밖에서 그 역할을 다하였다. 그가 취할 수
있는 것은 문학과 그의 삶을 전인적인 차원에서 올곧게 보여주는 것
이었다. 즉 만해는 시, 소설, 수필 등 문학을 통해 보다 많은 대중을
지도하면서 민족의 심성을 울렸다. 그리고 그를 부르고, 원하는 곳
에 가서 민족과 나라, 민중을 위해 정열적인 사자후를 토하였다. 그
에 반해 박한영은 제도권 교육의 틀 안에서 역할을 담당하였다. 그
가 실천에 옮긴 것은 1926년 개운사에서의 강원 개설, 1932년부터
지금의 동국대 전신인 중앙불교전문학교의 교수 겸 학장의 근무 등
이 바로 그것이었다.

　다시 말하자면 석전은 제도권 내에서 최고 교육을 담당하였다면,
만해는 제도권 밖인 재야에서 교육을 담당한 것이다. 이 중, 어느 대
상을 최일선으로 불러야 좋을지는 모르겠다. 그러나 여기에서도 이
들 간의 차별성, 이중주가 또 다시 등장하였다. 박한영은 제도권 사
찰인 개운사가 주된 거주처였으며, 만해는 제도권 밖의 사찰인 선학
원 그리고 심우장이 그의 거주처였다. 당시 불교 지성인 혹은 이들

을 추앙하고 따르던 지식인들은 개운사와 심우장을 오고 가면서 배웠을 것이다. 그리고 그 탐방을 통하여 나라와 민족에 대한 심성을 키워갔다.

석전은 중앙불전의 개교 직후부터 교수로 근무하였다. 그가 가르친 것은 염송(拈頌), 유식학이었다. 그러나 만해는 중앙불전 학생을 가르치지 못하고 특강, 즉 심(心)・의(意)・식(識)의 강연(1928. 12. 10), 조선불교의 현상의 강연(1930. 12. 4)을 하였다. 그런데 박한영이 중앙불전의 학장으로 취임한 것은 기이하게도 만해와 연관이 있었다. 그 요지는 다음과 같다. 1931년 전후 불교계에서는 중앙 교단과 지방 사찰 간의 갈등, 사법(寺法) 개정을 둘러싼 내분, 지방 사찰 분납금 미납으로 인한 중앙 재단의 미약 등 다양한 문제가 제기되었다.

그러한 과정에서 중앙불전도 소용돌이에 휘말리며 여러 가지 어려움을 겪고 있었다. 하여간 구체적인 요인은 더욱 따져 보아야 하지만 1932년 5월 12일에 "한용운 선생 신임교장 채용신청서를 제출"하였다는 기록이 중앙불전의 학보지인 《일광》 4호, 70면에 전한다. 당시 교장은 지금의 학장인데, 이 내용에서는 그 제출이 어떠한 배경과 과정을 거쳐서 나왔는지는 전하지 않는다. 하여간 그러한 사실이 있었음은 분명하다. 그러나 만해의 학장 취임은 성사되지 않았다. 대신에 그해 11월에 박한영의 학장 취임 인가가 나왔음이 《일광》 4호, 71면에 전한다. 박한영은 1938년 11월 24일 그 자리를 떠났기에 6년여를 학장으로 재직한 셈이다.

학장을 떠남과 동시에 그에게는 '명예교수'라는 이름이 새롭게 덧붙여졌다. 거기에는 가혹한 일제 식민통치 교육의 정책이 있었을 것이고, 그것을 석전은 거부하였던 것으로 보여진다. 1940년, 박한영은 중앙불전을 완전히 떠났다.

일제 식민지 치하에서 불교계 최고의 학부인 중앙불전의 책임자로 한용운을 인가시켜줄 리는 만무하였을 것이다. 한용운에게는 그 취임 인가를 요청하였다는 사실 하나로도 흐뭇한 일이었을 것이다. 만해는 일선에 나설 수 없었고, 그것은 역시 석전의 몫이었다. 그러나 그들의 인간적인 교류는 결코 변하지 않았을 것이다. 그 즈음에 쓰여진 만해의 다음과 같은 한시는 그것을 엿볼 수 있는 것이 아닌가 한다.

영호 스님의 시(詩)를 받아서　　　　　　　　次映湖和尙

시와 술로 사는 사람 병많은 거고　　　　　　詩酒人多病
문장객도 할 수 없이 늙는 겁니다.　　　　　　文章客亦老
바람 눈이 휘몰아와 글 쓰는데 내리니　　　　風雪來書字
둘의 맘도 엔간히는 어지럽습니다.　　　　　　兩情亂不少

영호 스님은 박한영을 이른다. 미당 서정주는 이 시 셋째 줄에서 "영호와 만해 두 분이 발표한 글에까지 일본 관헌의 간섭이 뻗쳐오고 있었던 걸 암시로서 말하고 있는 것으로 보는 게 옳을 것이라고" 주장하였다. 서정주의 해석도 참고할 수 있지만 만해와 석전 사이의 연민, 그리움의 인간관계가 참으로 절묘하다. 그 절묘성은 서로 다름을 수긍할 수 있는 여유에서 나왔을 것이다.

우리는 만해와 석전이 연출한 그 절묘한 이중주를 어디에서 또 다시 찾을 수 있을 것인가? 아니 찾기보다는 그것을 우리가 만들어야 하지 않겠는가? 그 시절은 어둡고, 서럽고, 눈앞에 눈바람이 휘몰아치던 시절이었다. 지금은 그런 어려움은 갔지만, 새로운 도전은 우리 앞에 놓여 있다. 그러나 그 도전이 무엇인지, 우리의 모순과 과제를 감지하지 못하는 것이 더 큰 문제이다.

사제이자 동지인 아름다운 인연
— 한용운과 김경봉

1. 인연의 울타리

사람은 한 평생을 살면서 많은 사람을 만난다. 그 숱한 사람들중에서도 스승은 여타의 인연과는 비교할 수 없는 각별한 존재이다. 스승과 제자는 육친의 부모와 자식 못지않은 사이인 것이다. 이 글에서 소개하려는 근·현대 통도사의 큰스님으로 널리 알려진 김경봉과 한용운과의 인연이 그렇다.

인연의 출발은 1913년 5월 19일에 시작되었다. 당시 35세(1879년생)였던 한용운이 통도사 강사로 부임하였다. 김경봉은 통도사 강원의 학인으로 22세(1892년생)였다. 당시 만해 한용운은 백담사에서 출가한 이후 일본 유학, 시베리아 여행, 동국대 전신인 명진학교 수학, 명진측량강습소 개설, 표훈사 강사, 화장사 강사, 일본불교와의 합병을 반대한 임제종운동의 주동, 만주지방 순행, 임제종 포교당 개설, 《조선불교유신론》 발간 등 입산 출가 이후 10년간 불교개혁을 주도하던 패기만만한 중견 승려였다. 이런 만해가 통도사에 강사로 부임하였다. 김경봉은 통도사에서 입산 출가하여 통도사 부설 명신

학교를 졸업하고, 보살계와 비구계를 받은 지 얼마 안 된 젊은 청년 승려였다.

이렇게 만해와 경봉은 통도사 강원에서 선생과 제자로 만났다. 그때 만해는 통도사에 소장되어 있었던 대장경을 낱낱이 살피며 불교 대중화에 필요한 자료를 찾아 정리, 요약하였는데, 그 산물로 나온 것이 1914년 4월 30일에 펴낸 《불교대전》이었다. 이처럼 만해는 통도사에서 자신이 갈구하였던 불교대중화의 밭을 갈고 씨앗을 뿌렸다. 그리고 만해는 통도사에서 대장경을 열람하던[1] 그때 통도사 강원의 학인들에게 불교 경전을 가르쳤다. 그때 가르친 경전이 어떤 경전인지는 자세히 전하지 않는다. 그런데 현재 통도사의 스님들에 의하면 만해가 가르친 것의 하나는 《화엄경》이라고 한다. 그래서 통도사에서 제공하는 경봉 스님의 연보 중 1913년의 기록에 "화엄은 만해 화상에게 수학하였다."고 분명히 표기되어 있다.

이렇게 만해에게 화엄을 배우던 경봉은 만해 회상에서 공부를 할 때, 만해가 수업 시간에 월남(베트남)의 망국사를 이야기하면서 우리도 정신을 차리지 못하면 월남처럼 될 것이라면서 우시더라는 이야기를 상좌인 명정 스님에게 전하였다고 한다. 최근 필자는 통도사 호국극락선원장을 맡고 있는 명정 스님을 찾아 이런 저런 이야기 끝

---

1) 그 시절 통도사 보통학교를 다니면서 만해의 차심부름을 하였던 박문성은 "통도 사에서 만해 스님 차시봉을 한 일 년 한적 있소. 만해 스님은 작설차를 좋아했어 요. 찾아오는 사람은 형사나부랑이나 속인 애국자들이었는데 차는 다 내가 끓였 어, 내 손을 거친 작설차 맛이 좋다고 나한테만 시켰으니까."라고 회고했다. 《현 대불교》 1994.10.15, 〈작가 정찬주가 만난 97세 보현행자, 문성 큰스님〉.

에 만해 스님이 울었을 때 경봉 스님을 포함한 학인들은 같이 울지 않았는가를 물어 보았다. 그랬더니 명정 스님은 그것은 경봉 스님에게 여쭈어 보지 못하였다고 말했다. 다만 명정 스님은 만해와 경봉과의 깊은 관계를 잘 몰랐을 때 만해의 시, 〈알 수 없어요〉를 스님 앞에서 암송했는데, 경봉 스님은 만감이 교차되는 듯 심각한 모습을 띠었었다고 증언하였다.

2. 심우장에서의 낭만, 그리고 슬픔

그 후 만해는 통도사를 떠나 서울로 올라왔다. 조선선종 중앙포교당의 포교사를 역임하면서 1917년에는 《정선강의 채근담》을 펴냈고, 1918년에는 종합 교양지 《유심》을 발간하고, 1919년에는 민족 대표로 3·1운동의 최일선에서 활약하였다. 출옥 후에도 지속적인 민족운동을 전개하였다. 그리고 1926년에는 시집 《님의 침묵》을 펴냈고, 신간회와 민립대학 설립운동 등을 주도하는 등 다양한 활동을 전개하면서 일제하 한국사회의 중심에 굳건히 자리잡고 있었다.

한편 경봉은 통도사 강원을 졸업한 이후 1910년대에는 각처 선방을 다니면서 치열하게 수행하였다. 1920년대에는 통도사에서 만일회를 결성하기도 하였다. 그러다 1927년에 통도사 극락선원의 화엄산림법회에서 홀연 깨달음을 얻었다. 이후에는 통도사 강원의 원장, 통도사 주지, 선학원의 전신인 선리참구원 이사장을 역임하였다.

세월은 흘러 1930년대 중반 무렵, 만해는 50대 후반 나이의 노년

이 되었고, 경봉도 40대 중반의 선객이 되었다. 이들이 다시 만난 곳은 만해의 칩거지인 심우장이었다. 심우장은 만해가 1933년경 지인들의 후원으로 지은 집으로, 50대 중반부터 입적한 1944년까지 지낸 곳이다. 지금의 서울 성북동에 있는 만해의 사랑방이자, 수행의 처소였다. 이 때의 만남은 사제지간의 만남이라기보다는 선객으로서의 재회였을 것이다.

경봉은 수행의 일과로서 자신의 행적을 일기로 남겼다. 그리고 근·현대 고승들과 오간 수백여 통의 편지를 잘 보관하였다가 상좌인 명정에게 맡겼다. 덕분에 오늘을 사는 우리들이 당시 선지식들의 향기를 맡을 수 있게 하였으니, 그 섬세하고 사려 깊은 마음 씀씀이에 새삼 머리가 숙여지지 않을 수 없다. 그 일기와 보관된 편지에서 만해와 경봉 사이의 따듯한 사람 냄새와 선기를 엿볼 수 있다. 경봉의 1937년 10월 14일의 일기에[2] 다음과 같이 적혀 있다.

오후 3시에 통(通)·범(梵) 양사(兩寺) 6인이 경성부 222번지 한용운씨 집에 가서 저녁 먹고 돌아오다.

통도사와 범어사의 승려 6명이 한용운의 집, 즉 심우장에 가서 저녁을 먹었다는 것이다. 이 6명에 경봉이 포함되었음은 물론이다. 일기에 의하면, 경봉은 지금의 조계사, 즉 당시의 총본산 각황사의 상량식에 참석하러 와서 10여 일을 서울에 머물렀는데, 그때 심우장을

---

2) 《삼소굴 일지》(극락선원, 1992), 142쪽.

찾았음을 알 수 있다. 함께 심우장을 찾았던 승려 6명도 그 상량식에 참석하였던 인물이었음을 추측하기 어렵지 않다.

1938년 1월 8일의 일기에도 만해에게 서신을 보냈다고 적었는데, 그 서신의 내용도 알 수 있다.[3]

국한문 혼용체로 된 그 서신을 쉽게 풀이하여 제시하면 다음과 같다.

> 심우장(尋牛莊) 목부(牧夫) 화상(和尙)이여, 어느 날 어디서 소를 잃었습니까? 집 이름을 심우장이라고 한 것을 보면 소를 잃음이 분명하고 사람 이름을 목부라고 한 것을 보면 없던 소를 기르는 것이 분명하나이다. 만약 본래 잃지 않았다면 어찌 소를 찾는다 하며 또 만일 소를 잃었으면 어떻게 소를 기른다 합니까? 심우장 목부 화상이여 이러할 때를 당해서 소를 찾고 있습니까? 소를 기릅니까? 찾고 기르는 것을 함께 잃었습니까? 한 구절 법(法)을 보이십시오. 심우장 목부화상이여, 삼각산이 높고 첩첩하여 높은 봉우리는 높고, 낮은 봉우리는 낮아, 바람은 소슬하고 물은 찹니다.

이처럼 경봉은 만해의 처소인 심우장에 빗대어 만해를 목부라 지칭하고 있다. 그 절묘한 풀이는 단순한 말장난이나 해학이 아닌 예리한 선의 진검을 들이댄 것과 같았다. 이렇듯 경봉은 만해에게 《화엄경》을 배우던 예전의 학인이 아니었다. 의연한 선사로 성장

---

3) 《삼소굴 일지》 146~147쪽.

하였다. 이에 대한 만해의 답변은 다음과 같다.

　　　　털과 뿔이 생기지도 않았거니(毛角未曾生)

　　　　어찌 얻고 잃었겠나(有何得與喪).

　　　　목부가 일이 많아서(牧夫還多事)

　　　　부질없이 심우장을 지었네(漫築尋牛莊).

　경봉의 심우장, 목부에 대한 질문에, 만해는 오히려 더욱 파격적인 표현으로 근원적인 대응을 하였다. 이에 대한 경봉의 응대는 다음과 같았다.

　　　　목부가 일을 많이 하였으니(牧夫多役事)

　　　　가히 일등 훈장을 받을 만하오(可受一等勳)

　이렇듯 두 사람 사이에 오고 간 편지에서 사제를 뛰어 넘은 선객의 기개가 살아 숨쉬는 것을 엿볼 수 있다. 그런데 경봉이 보관하고 있었던 서간류를 상좌인 명정이 편집하여 간행한 《삼소굴소식》에 게재된 이 편지를 보면 약간의 의문점이 생긴다. 우선 경봉이 만해에게 보낸 처음 편지의 도입부에 아래의 글로서 시작한다고 나온다.

　경성부 성북정 222번지에 초가집이 한 칸 있으니 한용운 화상이 수도하는 곳이다. 집이름은 심우장이라 하고, 화상의 호를 목부라 하기에 내가 말하기를……

　즉 이 글에 이어서 위에서 소개한 경봉 편지(일지에 있는)가 뒤따라 이어진 것이다. 필자가 추정하기에 이는 경봉이 편지를 보내고 다시 자신의 일지에 옮겨 적는 과정에서 일부를 누락한 결과로 보인다. 명정에 의하면 경봉은 누구에게 편지를 보내면 반드시 그것을 다른 종이에 옮겨 적어 보관하였다고 한다.

　그래서 경봉이 만해에게 전한 편지가 지금까지 전해 오고 있는 것이다. 그리고 편지의 말미에도 본래에는 "바라옵건대 일구를 보내십시오(幸擲一句言)."라는 문구가 첨부되었다. 이렇게 애매한 것은 만해의 편지에 대한 경봉의 응대 편지에서도 나온다. 필자가 위에서 제시한 경봉의 응대한 편지의 두 번째 글귀인 "가히 일등을 받을 만하오."가 《삼소굴 소식》에서는 "차 한 잔 드시구려(可賞一杯茶). 저 것을(薦)"이라고 전한다.[4]

　이것도 추정하건대 경봉이 일지에 옮겨 쓰면서, '저것을' 누락한 것으로 보인다. 그런데 "차 한 잔 드시구려"라는 문장으로 볼 때 이것이 원래의 문장이었는데 경봉이 일지에 적으면서 "가히 일등 훈장을 받을 만하오."로 가필한 것이 아닌가 생각해볼 수도 있다.[5]

　경봉의 1942년 3월 22일의 일지에도 만해의 이야기가 나온다.

---

4) 이상의 내용 확인은 《삼소굴소식》(극락선원, 1998.9), 100~103면의 편지 참조.

5) 이것도 하나의 가정이다. 일기는 매일의 내용을 즉시에 적는 것이라면, 일지는 기록 형식의 글이기에 이런 것이 나왔지 않았는가 한다.

아침 먹고 신경해(辛鏡海)와 성북정(城北町) 심우장(尋牛莊)의 만
해 선사(卍海 禪師)를 방문하고 낮에 차를 마시고 돌아오다.

식민통치가 더욱 더 기승을 부리던 일제 말기에도 경봉은 서울에
오면 심우장에 들러 만해와 함께 차를 마시곤 했음을 알 수 있다. 이러
한 전후사정을 알고 있었던 필자는 2004년 12월 19일, 통도사에서 열
린 "통도사 현대고승의 재조명" 학술세미나에[6] 참석한 후 여가를 이용
하여 극락암에 가서 명정 스님을 만났다. 필자는 명정 스님의 후의로
일지의 일부를 열람할 수 있었는데, 만해와 경봉간의 교류가 화제가
되었다. 그때 명정 스님은 만해와 경봉과의 관계를 다음과 같이 언급
하였다. 즉 경봉과 경봉의 선배이며 당시 통도사를 대표하는 승려인
김구하는 서울에 가면 이따금 심우장에 들렀고, 만해는 찾아온 스님
들에게 식사 대접을 하였다. 그런데 반찬이 시원치 않은 것에 늘 미안
하였던지 만해는 "내가 한 생각을 고쳐먹으면 진수성찬을 차릴 수 있
는데" 하면서 웃더라는 이야기이다. 만해가 말한 '한 생각'을 고친다는
것은 두말할 것 없이 일제에 협조하는 친일의 길임은 분명하다.

그런데 삶의 굴절이 기이한 것은 당시 경봉과 함께 심우장을 찾은
김구하의 행적이다. 김구하(1872~1965)는 1910~20년대에 통도사
주지를 3회 이상 연임하고, 일제하에서는 지금의 총무원장 격인 30

---

6) 구하, 경봉, 월하 스님의 생애와 사상을 주제로 한 세미나였다. 필자는 월하 스님
   의 정화운동에 대하여 발표하였다. 이 세미나는 월하 스님 열반 1주기 추모 기념
   으로 개최되었다.

본사연합사무소 위원장을 지냈으며, 해방 이후에도 조계종 총무원장을 지냈다. 한마디로 말하면 구하는 근·현대 통도사를 대표하는 거물급 승려이다. 그러면서도 그는 1919년의 승려독립선언서에 가명으로 서명을 하고, 비밀리에 상해 임시정부에 군자금을 지원한 기록이 최근 공개되기도 하였다. 그런데 일부 진보적인 인사들에 의해서 식민통치에 협조하였다 하여 친일파로 지목되기도 하였다.

만약 구하가 명백히 친일의 길을 갔었다면 만해는 왜 그와 식사를 같이 하였을까? 만약 자발적이고 정신적인 친일로 돌아섰다면 어찌 만해가 친일파에게 식사 대접을 하고, 찬이 없음을 미안해했겠는가? 또 당신이 친일로만 돌아선다면 진수성찬을 차릴 수 있다고 쓴웃음을 지었겠는가? 쉽게 보아도 구하를 친일파로 단정하기는 어려운 것이다. 만해와 구하의 이런 인연 때문인지는 몰라도, 1930년대 중반 무렵 만해는 통도사의 안양암에 머물렀다고 한다. 만해가 안양암에 머물자 통도사 입구에 있었던 일본 경찰 주재소가 더욱 바빠졌고, 그에 비례하여 통도사 대중들의 불편도 늘어갔다. 이에 만해는 통도사 대중들에게 불편을 끼치는 것이 미안하여 얼마간 있다가 바로 떠났다고도 한다.[7]

그런데 안양암은 예나 지금이나 모기가 많았는데, 만해는 안양암의 모기를 보고 모기의 독한 것을 묘사함과 동시에 그래도 '모기는 동족의 피는 빨아먹지 않는다'는 시를 읊었다고 한다.[8] 여기에서 만

---

7) 이 회고는 통도사의 노장, 시조시인인 성파 스님이 필자에게 직접 말씀해주신 것이다.

8) 〈모기〉라는 시는 《조선일보》 1936년 4월 5일자에 게재되었다. 그 일부 구절은

약 구하와 만해 사이에 믿음이 없었다면 만해는 통도사 안양암에 머물지 못했을 것이다.

이렇게 경봉이 당신의 상좌에게 전한 만해, 구하에 관련된 일화에서 우리는 새로운 사실들을 발견한다. 여기에서 우리는 기록과 증언의 중요성을 확인한다.

3. 경봉, 만해의 탑비를 세우다

1944년 6월 29일, 심우장에서 만해는 이 땅을 떠났다. 장례는 심우장에서 수많은 사람들의 애도 속에 치러지고, 그 유해는 망우리 공동묘지에 묻혔다. 경봉이 이 장례식에 참석하였는지는 알 수 없고, 일지에도 관련 내용은 전하지 않는다. 아마도 참석할 수 없었을 것으로 보인다.

한편 만해가 이 땅을 떠난 얼마 후 나라는 일제의 사슬에서 해방되었다. 만해가 그토록 갈구한 나라의 독립은 이루어졌다. 그러나 강대국의 보이지 않는 손길, 남북한 이념의 대립 등에 의해 나라는 분단의 체제에 놓여지고, 동족간의 처절한 피흘림인 6·25전쟁을 겪어야 했다. 만해가 바라던 해방은 되었지만, 완전한 의미의 독립은 달성되지 못하였으며, 그 사정은 지금도 지속되고 있다.

이러한 나라의 운명처럼, 해방 이후 만해의 정신을 계승하려는 어

"사람은 사람의 피를 서로 서로 먹는데 / 그대는 동족의 피를 먹지 아니하고 / 사람의 피를 먹는다"이다. 전문은 《한용운전집》 1권 88쪽에 수록되어 있다.

러 일들도 순탄치만은 않았다. 만해정신을 계승하려는 제자와 연구자들이 주도한 한용운전집 발간 사업도 수많은 우여곡절을 겪고 1973년 6월에야 성사될 수 있었다. 전집간행위원회는 1948년에 결성되었지만, 6·25로 인해 만해의 자료는 지방으로 갔다 다시 서울로 오게 되었고, 6·25 후에는 전쟁의 후유증으로 추진이 어려웠다. 1958년에 고려대의 연구자 및 학생들을 중심으로 위원회가 재결성되고 일부 작업이 추진되어 원고가 만들어졌지만 출판사 문제로 다시 중단되었다. 그 후 만해의 자료를 보관하던 제자의 집안 문제가 불거져 곤혹을 겪은 후에야 1973년에 신구출판사에서 전집이 간행되었다.[9]

만해전집이 숱한 고생을 겪은 후에야 발간되었던 것과 같은 유사한 사례가 있다. 바로 서울 종로의 탑골공원(파고다고원)에 있는 만해의 탑비이다. 현재 전국의 각처에는 만해의 시비, 동상, 기념 비석 등이 다양하게 건립되어 있다. 그 중에서도 가장 뜻 깊은 것은 3·1운동 당시 학생, 시민 등이 모여서 독립선언서를 낭독하고 만세운동을 처음 시작하였던 탑골공원에 세워진 탑비일 것이다. 이 비석 건립의 이면사에서 우리는 다시 경봉의 이름과 활동을 볼 수 있다.

만해전집이 지지부진하던 그 무렵, 1965년 5월 16일자 《대한불교》의 "5월 9일은 가신 지 21년째의 기일, 이장과 묘비건립 뒤늦게 추진"이라는 보도에서 만해의 망우리 무덤, 묘비가 방치되었음을 전한다.

---

9) 이 내용은 인권환이 《1999년 만해축전 자료집》에 기고한 〈만해학의 전개와 그 전망적 과제〉에 나온 관련 사실을 요약한 것이다.

망우리 공동묘지 한 모퉁이에 풍우에 씻겨 분묘도 없이 버려진 무덤이 하나 있다. 이것이 만해 한용운 선생의 분묘다. 한 뼘 가량 되어 보이는 초라한 비, 그나마 깨어진 비면엔 '한용운지묘'라고 새겨져 있다. 이것이 3·1운동을 전국에서 지휘하고 일제의 가슴을 서늘케 한 독립투사의 안장소다. 오늘날 민족혼이 남아 있는가를 알고자 하는 인사가 있으면 여기 망우리 한용운 선생의 무덤을 찾아보라. 깨어지고 허물어진 채 버려 둔 선생의 묘소를 보고 느끼는 것이 있다면 거기에 대한 명백한 답이 될 것이다.(중략)

이러한 가슴 아픈 사연이 전해지자 불교계에서는 김경봉 스님과 이범향 스님 등이 앞장서 이 일을 추진하고 있는데 12일 선학원에서 여기에 대한 일련의 회합을 가졌다.

망우리에 있었던 만해 묘소의 초라함과 방치된 정경, 그 서글픈 정황이 잘 묘사되어 있다. 이 소식을 접한 불교계 인사들이 5월 12일, 선학원에 모여 대책을 논의하였다. 그 논의에 참석한 인사들 중에 김경봉이라는 이름이 눈에 띈다. 이범향은 지금은 범행 스님[10]으로 불리는데, 당시 선학원 원장을 맡고 있었다.

요컨대 대책회의를 주도한 인물이 본 탐구의 주인공인 경봉인 것이다. 처음에는 사제지간으로, 그 후에는 수행의 도반으로 친근하게 지내다가, 만해가 입적한 이후에는 그 짙은 인연으로 말미암아 만해 묘소 재정비의 주역이 된다. 이 보도가 나간 다음해의 3·1절에는

---

10) 수원 팔달선원에 머무르고 있다.

서울 개운사의 대중, 스님과 여신도 9명이 만해 묘소를 찾아와 묘소를 정비하였다. 그 대중들은 《대한불교》를 읽고 감명을 받아 그 작업을 하였다고 한다.[11] 하여간 이즈음부터 만해의 묘소를 정비함과 동시에 묘비도 새롭게 세우자는 움직임이 일어났다고 볼 수 있다. 1965년 5월 31일, 선학원에서는 만해 묘소 이장 및 묘비건립 추진위원회가 모임을 가졌다. 그래서 이전에 발기한 집행기구를 강화하여, 간사를 두고 모연금 모금을 하였다. 학생과 청년들을 일선에 투입하여 관련 단체와의 유대를 가졌던 것이다.[12]

이 모임에 참여한 인사는 강석주, 양청우, 이범향으로 전한다. 이런 사정을 보면 1965년 5월말에는 만해 묘소 이장 및 묘비 건립추진 위원회가 결성되었음을 알 수 있고, 그 위원장은 경봉일 것으로 추측된다.

그러나 사업은 정상적으로 추진되지 못하였다. 여러 이유가 있었겠지만 불교계 및 일반의 만해에 대한 무관심 때문이었을 것이다. 이에 1966년 5월 중순에는 그 해의 6월 27일 기제사(忌祭祀) 전까지 사업을 완료키 위해 대한불교청년회, 대학생불교연합회, 십선회(十善會),[13] 청년 학생 등이 일선에서 뛰기로 하였다.

사업에 소용되는 재정이 당시 금액으로 약 30만원이 필요했는데, 그때까지 모금된 액수는 20만원이었기에 약 10만원이 부족하였다고

---

11) 《대한불교》 1966.3.6, 〈한용운 묘소를 손질〉. 개운사 주지는 최원철이었다.

12) 《대한불교》 1965.6.6, 〈고 만해 한용운사 묘비건립 추진〉.

13) 필자는 이 단체의 성격을 파악하지 못하였다.

한다. 특히 적극 참여한 청년 학생들은 이 사업을 마치면, 2차로 만해의 유업을 계승하기 위한 출판사업도 기획하였다.[14] 이러한 청년 학생들의 노력에 발맞추어 추진위원회도 사업의 내용을 공고하면서 마지막 피치를 올렸다. 당시 공고한 모연문의 취지문은 다음과 같다.[15]

고(故) 한용운사(韓龍雲師)는 종교가(宗敎家)요, 일대(一代)의 시인(詩人)이요 사상가(思想家)였음은 누구나 다 아는 사실입니다. 더욱이 철두철미한 독립지사(獨立志士)로서 불교계를 대표하여 기미년 3·1운동에 주도적 역할을 하였으며 그 굳건한 투지에 뜨거운 존경을 보내고 있는 것입니다. 그런데 이 스님이 가신 지도 벌써 21개 성상(星霜) 애통하게도 망우리 공동묘지엔 누구하나 찾는 이 없는 폐허에서 조국을 걱정하고 계시다는 것을 생각할 때 우리들 남아 있는 후래(後來)로선 뼈아픈 통절과 책임을 느끼지 않을 수 없어 이에 스님의 묘지 이장(移葬)과 건비(建碑)를 위한 추진을 발기하게 되오니 모든 강호제위(江湖諸位)는 모쪼록 이 뜻 깊은 사업에 적극 참여하시길 바랍니다.

이 취지문에는 사업의 예산이 25만원인데, 모금액으로 기록된 것이 15만원, 현금으로 들어온 것은 43,000원으로 제시되어 있다. 이에 모금액에 기록한 사람은 속히 그 약속액을 납부토록 부탁하고, 아직 동참하지 않은 사람들에게도 사업에 동참해주길 호소하였다. 그 현

---

14) 《대한불교》 1966.5.29, 〈묘소 이장 묘비 건립, 만해 한용운스님〉.

15) 《대한불교》 1966.6.19의 하단 광고문안.

금 접수처는 선학원이었고, 그 실무 내용을 공고한 승려는 이범행이었다.[16] 당시 추진위원회에의 고문에는 이효봉, 이청담, 이갑성, 김법룡, 이효상의 인명이 보이며, 위원장은 김경봉으로 나온다. 부위원장에는 조명기, 박광, 박종화, 이한상이 나오며 재정위원은 이범행, 강석주, 박청하였다.

위원회와 청년학생들의 노력으로 만해의 묘소 이전과 묘비 건립 추진이 어느 정도 진척되기는 했지만 뚜렷한 결과로 연결되지는 못하였다. 일례로, 1966년 6월 26일 조계사에서 개최된 한용운 제사를 보도한 내용에 의하면, 총예산 30만원에서 10만원만 입금되었다고 한다.[17]

그런데 만해 묘소를 이전하려 하였다면 그 장소로 어디를 염두에 두었던 것일까? 당시 《대한불교》의 보도에는[18] 그 장소가 화계사 뒷산이라고 한다. 그런데 왜 하필이면 화계사 뒷산이었을까? 당시 대한불교청년회에 관여한 인사에 의하면, 대한불교청년회에서는 만해가 독립운동가이기에 당연히 국립묘지에 안장되어야 한다고 주장하였다. 그러나 만해의 유족으로, 딸인 한영숙은 국립묘지로 이장하는 것을 반대하였다고 한다.

만해의 묘소에 두 번째 부인인 한영숙의 모친이 합장되어 있는데,

---

16) 이범행은 이전 이범향인 바 이름을 개명한 것이다.

17) 《대한불교》 1966.7.3, 〈만해 21주기 26일 조계사서 엄수〉. 추진위원인 범행이 보고를 하고, 박청하에 의해 의식이 집전되었다.

18) 위와 같음.

만약 만해의 유해만 국립묘지로 이장하면 부인의 이장 장소가 문제
되기에 반대하였다는 전언을 필자는 들었다. 그래서인지는 몰라도
이후 만해의 묘지 이장 사업은 일시 중단되었다. 묘지 이장 장소가
논란이 되었지만, 새로운 묘지에 세울 비석은 돌을 구입하여 비문을
새겼다고 한다. 1968년 3월경의 이 같은 정황을 《대한불교》 3월 17
일자 보도인 "조계사 뒤뜰에 뒹구는 한용운 선사의 비" 제하의 기사
에서 알 수 있다.

조계사 뒤뜰, 갓석과 대석이 따로따로 떨어진 채 거적에 쌓인 비신
(碑身) 하나가 진흙 속에 뒹굴고 있다. 주위를 오가는 뭇 사람들은
그것이 무엇인지, 언제부터 그렇게 있는지를 모른다. 알고자 하지도
않는다. 동네 아이들만이 밟고 오르내리면서 즐거운 놀이터로 삼을
뿐, 여기 이렇게 망각지대에 버려져 있는 비석의 연혁은 2년 전 '만해
한용운선사 입비 추진위원회'가 발족되면서 비롯된다. 만해 선사가
이 겨레에 기여한 업적은 '불교'라는 한정된 울타리를 넘어 선다. 경
봉 스님을 위원장으로 하여 구성된 '입비 추진위'에 참여한 인사들이
사회 각계 인사들을 망라하고 있는 데서도 만해 스님의 폭넓은 족적
을 더듬어 볼 수 있다.

그러나 거창하게 발족한 '입비 추진위'가 그 동안 해놓은 일이라고
는 비석을 다듬어 비문을 새겨 넣은 채 방치해 둔 것이다. 경봉 스님
의 위촉받아 입비 사업을 주관하여 온 남곡 스님은 '적당한 터를 얻지
못하여 일이 늦어지고 있다'고 지연 이유를 밝힌다.

현재까지 입비 기금에 협조한 단체와 인사는 동대, 동국학원, 이한상씨, 범행 스님, 석주 스님 등 손꼽을 정도로서 전부 13만원이 각출되었다. 비문은 운허 스님이 기초하여 김충현 글씨로 새겨졌다. 언제 세워질지 막연한 이 비석은 독지가의 부지 기증에 의존하는 수밖에 없다는 것이 남곡 스님의 말이다.(중략)

만해 스님을 다시 볼 수 있게 할 비석은 이 이상 더 조계사 뒷뜰에 뉘어져 있게 할 수 없다는 것이 불교계의 강력한 여론으로 대두되고 있다. 지난날에도 여러 번 시도되었다가 제대로의 결실을 보지 못한 채 용두사미로 그친 만해 한용운 선사 기념사업도 불교 종단이 앞장서 추진함으로써 만해 스님의 지혜를 오늘에 심는 운동이 지금 당장 일어나야 한다.

우선 비석은 구입하여 운허 스님의 문장과 서예가 김충현의 글씨로 새겨져 있었지만, 그 건립 장소가 확정되지 않아 조계사 뒤뜰에 방치되었다는 것이다. 위에서 살핀 화계사 뒷산, 국립묘지 등은 거론도 되지 않는 형편이다. 이 사실을 보도한 《대한불교》에서는 당시 조계사에 뒹굴던[19] 비석 사진도 게재하면서 "조계사 뒤뜰에 눈비를 맞으며 시체처럼 뒹구는 만해 한용운의 비. 이 비를 세울 한 뼘의 터가 그리 없는가"하고 묘사하며 탄식하였다. 이 보도가 나간 후, 비석 건립 관련자들은 묘비 건립의 장소를 확보하기 위한 노력을 하

---

19) 백담사 회주인 조오현과 불교인권위원회를 이끌고 있는 박진관도 그 정황을 필자에게 확인해 주었다.

였다. 만해의 24주기 추도법회 기사[20]에 그 정황이 보인다.

1968년 6월 4일 조계사 대웅전에서 만해의 24주기 제사가 거행되었다. 그 제사에는 장로원장 이청담, 만해의 친구인 박광, 만해의 딸인 한영숙 등이 참가하였으며, 의식의 집전은 강석주,[21] 남곡 스님이 거불, 헌공, 축원, 독송 등을 진행하였다. 그날 조계종 재무부장으로 이 사업을 맡았던 남곡이 사업의 경과를 보고하였는데, 파고다공원을 예정하여 비석 건립을 추진하고 있지만 아직 확정은 되지 않았다고 언급하였다.[22]

이때에는 묘소 이전은 중단되고, 만들어 놓은 비석을 어느 곳에 세울 것인가가 문제되었던 것 같다.

이처럼 1960년대 중후반에 만해의 묘소 이전 및 묘비 건립 등과 관련하여 숱한 우여곡절이 있었으나, 1970년 3월 1일 3·1절을 기해 일단락되었다. 만해의 탑비가 파고다공원에 정식으로 세워졌던 것이다. 이를 보도한 《대한불교》 기사를 살펴보면 다음과 같다.[23]

---

20) 《대한불교》(1968.6.9), 〈고 만해 스님 추도법회〉.

21) 강석주는 최근 입적한 석주 스님으로, 강석주는 만해의 《님의 침묵》이 발간될 때 선학원에 머무르며 그 시집의 판매 대금 회수, 책방에 배달 등 만해의 심부름을 하였다. 박진관이 만해에 관심을 갖게 된 것도 박진관이 1968년 해인사를 떠나 선학원에 머물면서 강석주에게 만해의 이야기를 많이 듣게 된 것에서 비롯되었다고 필자에게 전해주었다.

22) 《대한불교》 1968.6.9, 〈고 만해 스님 추도법회〉. 이를 추진한 인물은 선학원 원장인 범행, 칠보사 주지인 석주 등이다.

23) 《대한불교》 1970.3.1, 〈용운 만해대선사비 건립, 3·1절 기해 파고다공원에〉.

3·1독립운동의 민족대표 33인 중 한 사람인 용운당 만해대선사비가 거종단적인 인사들로 구성된 용운당만해대선사비 건립 추진위원회(경봉 위원장)에 의해 3·1절을 기해 파고다공원에 건립했다. 공원 동쪽에 자리 잡은 이 비석은 높이 3미터, 둘레 2미터, 직육면체, 흑색 남포색으로 만든 비엔 흰 화강암으로 깍은 갓(지붕)을 위에 얹고 대리석을 밑에 받쳤다. 비석 앞과 뒤 양쪽에는 2천여 자에 달하는 스님의 일생의 행적을 새겼으며 오른쪽에 비건립추진위원들의 이름이 적혀 있다. 예서, 국한문 혼용으로 새긴 비문은 역경원장 운허 스님(봉선사)이 짓고 김충현씨가 썼다.

우여곡절 끝에 파고다공원에 자리 잡고 지금까지 서 있는 용운당 만해대선사비는 비록 최선이 아닌 차선의 선택이기는 했지만, 그것은 추진위원회[24]의 정성으로 건립되었고, 그 이면에는 경봉이라는 주역이 묵묵히 서 있었다.

이를 기념하여 대한불교청년회에서는 1970년 6월 20일, 서울교육회관 8층에서 대한불교청년회 창립 50주년을 기념하며 만해 한용운

---

[24] 비석에 전하는 추진위원회는 다음과 같다.
    고문 : 이청담, 박광
    위원장 : 김경봉
    부위원장 : 조명기, 이한상
    총무위원 : 손경산, 김남곡
    재정위원 : 강석주, 양청우, 이범행
    위원 : 이운허, 이춘성, 이석호, 김자운, 김동화, 박서각, 김운학, 중앙총무원 직원 일동, 중앙종회의원 일동, 본사 주지 일동

을 추모하는 강연을 개최하였다. 강연의 연사 및 주제를 보면 양주동이 〈만해의 생애와 '불청'운동〉, 서정주가 〈만해의 문학정신〉, 김관호가 〈만해의 일화〉, 박완일(대불청 사무총장)이 〈불청운동의 회고와 나아갈 길〉 등이었다.[25]

이를 계기로 만해에 대한 연구는 물론 만해 선양사업이 본격화되었다고 볼 수 있다. 예컨대 만해 일화가 연재되고,[26] 만해전집이 발간되었음은 그 예증이 아닌가 한다. 경봉의 나이는 그때 여든이었다.[27]

만해와 경봉의 인연은 만해의 제자인 이춘성(1891~1977)에게서도 확인할 수 있다. 만해의 세 제자 중 한 명이었던 춘성은 만해의 선을 계승하면서도 만해의 선을 자신의 색깔로 변용한 특이한 이력을 갖고 있다.[28]

이러한 춘성이 경봉에게 서신을 통해 "어떤 것이 부처님 사리인가(如何是佛骨)?"라고 질문하였다. 이에 대하여 경봉은 "한양에는 곡식이 귀하다(漢陽穀貴)."라고 응답하였다고 한다.[29]

이 편지가 언제 주고받은 것인지는 알 수 없지만 춘성과 경봉간에

---

25) 《대한불교》 1970.6.14, 광고 〈불청 50주년 기념 대강연회〉. 《대한불교》 1970.6. 28, 〈'만해 추모의 밤' 성황〉 및 사설 〈불청운동의 회고와 전망〉 참조. 그리고 《法輪》 25호(1970년 8월호)에서는 양주동과 서정주의 기념 강연 요지를 게재하였다.

26) 육산(정광호)은 《대한불교》에 1970년 6월 21일부터 13회에 걸쳐 만해 한용운의 일화를 연재하였다.

27) 그는 1982년 91세로 입적하였다.

28) 만해와 춘성과의 인연은 졸고, 〈생활선의 계승과 구현-한용운과 이춘성〉 《유심》 18집(2004년 가을) 참조.

29) 《삼소굴 소식》 268쪽.

오고 간 선기(禪氣)도 예사롭지 않다. 만해의 비가 파고다공원에 세워질 그 무렵에 춘성이 경봉에게 보낸 편지가 있다.[30]

애국자의 역사와 비석은 나라를 위하고 우리들을 위하여 서대문 감옥에서 삼 년간을 계실 때에 귀가 얼어 빠지고 발가락이 얼어 빠진 것, 이것이 한용운 선생의 비석이요 역사라고 생각하는 바입니다.

삼월 일일을 당하면 독립기념식을 행할 때에 한용운, 백용성 그 두 분의 이름을 낭독할 때에 그 두 분 참석한 것이 불교의 광명이요 불교의 서광이라고 생각하는 바입니다.

이것이 천지에 찬 비석이요 천지를 울리는 땡땡 소리가 나는 비석이요 역사라고 생각하는 바입니다.

비석을 하시고 역사를 모집한다는 것이 한용운 선생을 위해서 좋은 예찬이오나 한로축괴(韓獹逐塊)라고 생각하는 바입니다. 그러하오나 선생을 위해서 기금을 그와 같이 모집하셨다고 하오니 너무나 감축하고 감사하옵니다.

춘성은 소위 제자라고 하면서 부끄러운 땀을 어찌 하오리까. 성의껏 하십시오.

한용운 선생 열반시에 신체는 화장을 모시옵고 그때의 유골을 박광(朴洸)이라고 하는 사람이 무덤에 모신다고 하고서 모시고 망우리 고개로 모시고 가서 거기서 성분을 하고 모셨답니다.

안승철 선생이 금년 봄에 한용운 선생의 역사를 묻기에 답서를 아

---

30)《삼소굴 소식》370~371쪽.

니하고 덮어둔 것이 이것입니다.

경봉당 자네 들어보게. 경봉당이 물으니 내 되잖은 지견으로 사실을 적어 보냈으니 그리 아소.

12월 10일

망월사 이춘성

이 편지는 만해의 비를 세울 때, 필요한 만해의 행장을 보내달라는 경봉이 편지에 답한 글이다. 여기에서도 춘성의 선기가 예외 없이 나온다. 감옥에서 귀와 발가락이 얼어빠진 것이 비석이라는 표현으로, 3·1절 행사 때에 나오는 이름이 바로 비석이라는 것이 그것이 아닌가! 그러면서 춘성은 당신의 스승을 기리는 도반인 경봉에 대해서는 깍듯한 예의를 차리고, 당신이 제자이면서도 그 일에 미온적임을 자괴하는 심정이 여실히 드러난다. 경봉은 춘성의 그 정성과 선기를 파고다공원에 서 있는 만해의 탑비의 근처에 흩뿌렸을 것이다.

지금도 그 비석의 주위에는 경봉, 춘성의 우정이 살아 있지 않을까? 경봉은 십대의 학인시절, 자신을 가르쳐 준 스승에 대한 은혜를 60년이 지난 뒤에 몇 배로 갚았던 것이라고 필자는 보고 싶다.

생활선의 계승과 구현
─ 만해와 이춘성

    만해 한용운의 정신은 한국 근대사의 중심에 굳건히 서 있었음은 널리 알려져 있다. 이러한 만해에 대한 연구는 문학, 독립운동, 불교 등의 분야에서 다양하게 시도되어, 만해 관련 연구자료도 수백여 편에 달하고 있다. 그럼에도 불구하고 아직도 만해정신의 근원, 본질, 특성 등에 대한 연구는 완결되지 않았기 때문에 앞으로도 끊임없이 재검토해야 할 것이다.

    만해 탐구에 있어서 1차적으로는 만해와 관련된 제반 사실의 총체적, 세부적인 분석이 최우선일 것이다. 이러한 분석은 물론 만해가 살았던 당대의 동향, 사상 등에 기반을 두어야 할 것이다. 그리고 2차적으로는 만해의 입적 후 그의 사상, 행적, 연구, 시각 등에 관련된 종합적인 분석도 매우 긴요하다. 여기에는 만해 연구의 동향, 만해에 대한 우호성과 배타성, 만해의 계승 문제 등이 구체적으로 거론될 수 있을 것이다.

    이러한 시각과 관련하여 필자가 관심을 갖는 분야는 만해의 제자는 누구인가이다. 만해의 제자로 칭할 수 있는 범주와 그 대상자의 범위 문제이다. 불교에서 말하는 상좌, 법제자만을 그 대상으로 보아야 하는가, 아니면 만해를 직접 만나서 감화, 영향을 받았던 대상자들 전체를 제자로 보아야 하는가이다. 예컨대 일제시대에 불교청년운동을 하였던 청년 승려들은 만해의 제자인가, 아닌가? 이런 문제는 만해의 계보학, 만해정신의 계승이라는 문제에서 한 번은 검토되어야 할 사항이다.

이에 본 고찰에서는 만해의 제자로 널리 알려진 이춘성을 소개하고자 한다. 이춘성은 만해의 상좌(시봉)로서 1903년부터 만해가 입적하였던 1944년까지 만해를 뒷바라지한 승려로 알려져 있다. 만해의 제자를 구체적으로 전하는 자료는 1970년 서울 탑골공원에 세워진 '만해용운당대선사비'이다. 이 비문을 쓴 인물은 이운허인데, 그는 봉선사를 거점으로 수행, 포교, 역경 사업에 전념하였던 한국 현대불교의 큰스님이다.

이운허는 춘원 이광수의 6촌간 형제이며, 불교에 입문하기 이전에는 만주에서 독립운동에 매진하였으며, 일제하에서는 강원의 학인들을 이끌고 이청담과 함께 불교개혁에 앞장서고, 60~70년대에는 역경사업에 헌신한 승려이다. 때문에 그가 쓴 이 비문은 비교적 신뢰할 수 있는 것이다. 그 비문에는 춘성 창림(春城 昌林), 동파 연하(東坡 延夏), 용담 초안(龍潭 初眼)을 만해의 법윤(法胤), 즉 제자로 기술되어 있다. 이 대상자 중에서 춘성 창림이 바로 이춘성이다. 동파 연하가 어떤 인물인가에 대해서는 필자도 구체적인 내용을 전혀 알지 못하며, 용담 초안은 해방공간의 불교계에서 불교혁신운동을 하다 월북한 김용담이라는 인물이다. 이제 이춘성과 만해와의 인연의 실타래를 풀면서 이춘성을 만나 보자.

1. 만해와의 인연

만해와 이춘성의 인연은 어디에서 시작되었는가? 이 점을 설명하기 위해서는 이춘성의 행적을 구체적으로 전하는 행장이 있어야 가능하지만, 만족스러운 기록이 부재하다. 지금껏 이춘성에 대한 대중적인 글은 몇 편이 있지만, 그 글에서 말하고 있는 이춘성의 행적에 대한 근거와 그 확인이 애매하여 신뢰하기는 어려운 형편이다. 필자가 관련 자료를 찾다보니, 이춘성이 속랍 87세로 입적하였던 1977년 8월 22일 직후의 조계종단의 기관지 《불교신문》의 전신인 《대한불교》 710호(1977. 9. 4)에서 〈춘성대선사 열반〉, 〈춘성 스님 행장기〉라는 간략한 글을 찾을 수 있었다. 여기에 의하면 이춘성은 강원도 신흥사 입구의 설악동 출신으로[1] 1891년 3월 30일생이었다. 이춘성은 그의 나이 11세에 1901년 백담사로 입산하였으며, 1903년에 만해를 은사로 출가하였다고 한다.[2]

일단 여기에서 그가 만해와의 인연이 백담사에서 시작되었음을 확인하였다. 그러나 그가 만해를 은사로 득도하였다는 1903년에 대해서는 의문점이 있다. 지금껏 만해의 입산, 출가설은 다양한 설이

---

1) 어느 글에서는 그의 출생지를 강원도 인제군 원통리라고도 한다.

2) 일설에는 그가 9세 때에 모친을 따라 신흥사를 찾아 불공을 올리는 중에 불상을 보고 느끼는바가 있어, 출가하려고 하였으나 부모의 반대로 출가하지는 못하였다고 한다. 이에 4년 후에 백담사로 입산하였다는 것이다.

있었지만 그의 자필 이력서에는 그를 1905년 1월로 제시하였다. 그렇다면 만해가 27세로 정식의 승려로 득도하기 이전에 어떻게 그의 제자가 득도할 수 있는가? 물론 만해의 입산도 1차 출가, 2차 출가로 구분할 수 있고 현재 〈건봉사 염불만일회연기비〉(1904)에는 '용운 봉완'이라는 이름이 전한다. 이 비문의 기록을 신뢰한다면 이춘성의 1903년 득도는 설명이 가능하다. 그런데 《조선불교유신론》을 집필하던 1910년 여름 무렵, 그 원고를 마무리하면서 만해가 이춘성에게 하였던 말을 보면 이춘성과 만해와의 인연은 1910년으로 보아야 한다.

당시 만해는 이춘성에게, "마침 내가 이것을 마무리할 때 너는 나의 시봉이 되었다. 그러니 너는 내 정신을 이어서 장차 이 땅의 산문을 새 시대에 맞게 활짝 열어라."고 하였다고 한다. 일단 이 글에서는 이춘성의 출가 시점의 신뢰에 대한 시비는 접고자 한다.

1910년 8월 만해는 백담사에서 그의 불교사상을 대표하는 《조선불교유신론》을 집필하였다 이때 이춘성은 그 작업을 보좌하였으며, 당시 그 정황을 우리에게 자세히 전하고 있다.

스님은 그 때 여름 내내 쓴 글을 나에게 다 맡기고 "이것을 네가 잘 간수하되 그냥 두지 말고 밤마다 조금씩 읽어 보아라. 앞으로 새 시대의 불법은 이 글 가운데에서 찾도록 하여라. 그렇다고 노스님이나 여러 큰스님들이 가르치는 바를 업수히 여겨서는 지옥에 떨어진다."라고 말씀하였어. 스님은 늘 밤에 "왜놈의 머슴살이 같으니라구!"

하고 혼자 욕설을 퍼붓는 일이 많았지. 나에게 글을 맡긴 다음 날 새벽에 바랑도 놓아둔 채 보따리를 하나 들고 백담사를 떠나셨지.

《조선불교유신론》의 원고 뭉치를 이춘성에게 맡기고 백담사를 떠날 때의 사정이 잘 묘사되어 있다. 만해가 백담사를 그리 급히 떠난 것은 이른바 한국불교를 일본불교에 종속시키려는 친일승려 이회광의 조동종맹약을 분쇄하기 위해 전라도로 가기 위함이었다. 1910년 8월, 나라가 일본에게 빼앗기던 그즈음에 만해는 불교개혁의 청사진을 가다듬고 있었는데 바로 그 현장에 이춘성이 있었다.

그해 그 무덥던 여름, 백담사에는 이따금 소나기가 맹렬하게 내렸다. 이 때 만해는 베잠방이만 걸친 몸으로 글을 쓰고 있었는데 이춘성은 그 소나기를 맞으며 갑자기 옷을 집어 던지고 마당으로 나아가, 덩실 덩실 춤을 추었다. 이에 갑작스런 소나기를 구경하던 노승들은 옷을 다 벗고 불알을 흔들면서 춤을 추는 이춘성을 보고 망연자실하였다. 지나가는 소나기가 그치자 만해는 이춘성에게 "옷을 벗으라고 하였지, 옷 벗고 춤을 추라고 하였느냐!"고 질책을 하였다. 이에 대하여 이춘성은 이렇게 대답했다. "옷 벗으면 춤밖에 출 게 있습니까? 스님의 불사가 회향하려는 때, 그리고 때마침 기다린 비가 오니 기쁘지 않겠습니까?"이로부터 만해와 이춘성의 진하디 진한 인연은 깊어 갔다. 파격의 계승, 선의 구현이 여기에서 시작되었다.

2. 수행은 어떠하였는가

　　이춘성은 만해의 제자로서 어떤 수행을 하였는가? 만해의 제자였기에 특별한 공부를 하였는가에 대하여 의문점을 가질 수 있다. 불교근대사를 개척하였던 박경훈은 이 점에 대하여 평소 궁금증을 갖고 있었다. 그는 만해 스님이 상좌인 이춘성에게 글을 배우지 못하게 하였다는 사실과 만해 자신은 결혼을 하였으면서도 당신의 제자인 이춘성에게는 결혼을 하지 않고 청정비구로 살게 했는가에 대한 의문을 갖고 있었다.

　　박경훈은 환속하기 이전에는 정금오의 제자로 출가하여 스님 생활을 하던 1950년대 후반 조계사에서 이춘성을 만나 그 의문점을 물어보았다. 당시 박경훈은 총무원장을 하던 정금오를 시봉하면서 조계사에서 머물고 있었다. 그 시절에는 승려들이 서울에 오면 머물 곳이 적당하지 않아 조계사의 대웅전에서 잠을 자기도 하였다. 그때 승려들은 조계사 대웅전에서 방석을 두세 개 깔고 눕고, 배 위에 방석을 올려 놓고 잠을 자기도 하였다.

　　이춘성은 말년을 보낸 망월사에서도 젊은 수좌들이 담요를 덮고 잠을 자는 것을 마땅치 않게 여기고, 아무도 모르게 담요를 불태워 버렸다. 수좌가 안락한 잠자리를 하면 결코 참다운 수행이 아니라는 생각에서 나온 행동이었다. 그 때 불태워진 것은 담요와 함께 두터운 오버나 사치품도 포함되었다. 그 후 이춘성은 조계사 대웅전에서 장좌불와를 하면서 참선으로 밤을 지새곤 하였다. 물론 그 때에도 방석 몇 개만이 이춘성에게 필요하였다.

이 때 박경훈은 이춘성에게 만해 스님은 상좌인 스님에게 왜 글공부를 못하게 하였는가에 대해서 질문을 하였다.

"그거야 내가 하기 싫어서지. 하지 말란다고 하고 싶은 것 내가 안 하나."

"스님이 가지고 계신 조선어독본을 빼앗았다고 들었는데요."

"그렇긴 했지. 어떤 궁녀가 나에게 글을 배우라고 책을 주었지. 그 것을 스님이 빼앗았지."

"그 때, 무슨 말씀이 없었습니까?"

"어설픈 글은 왜놈의 앞잡이밖에 될 게 없다는 게야. 차라리 무식한 편이 왜놈 앞잡이도 피하고, 그 편이 낫다 이 말씀이야."

"글공부는 그렇다 하지만, 왜 장가드는 것은 막으셨습니까?"

"우리 스님 말씀이, 무식한 놈이 권속은 무슨 재주로 먹여 살리느냐 이거야. 당신도 권속을 못 먹였으니 옳은 말씀이야."

이런 대화(《월간 불광》, 1995년 12월호, 〈스님의 그늘〉 참조)를 하면서 박경훈은 만해의 독단과 이율배반을 더 진하게 느꼈다고 회고하였다. 그러나 필자는 이 정황을 전해 듣고서 이춘성이 글공부를 안 하였다는 것에 대해서는 믿지 않았다. 이와 관련하여 《한용운평전》을 펴낸 고은은 그 평전 작업을 위해 이춘성을 만났는데 이와 관련해서는 다음과 같은 증언을 기록하였다. 즉 만해는 이춘성에게 중노릇 잘하라는 요지의 말을 하였다는 것이다.

　내 중노릇은 세인들이 대승이니 뭐니 보살이니 나한이니 말하고 있으나 중노릇이라고 할 수 없다. 돌아다보건대 증상만(增上慢)으로 가득한 업로(業路)였구나. 부디 임자나 중노릇 잘해라. 중노릇은 나나 만공한테 배우지 말고 심산의 무명화, 심산의 이름 없는 계행 납자(戒行 衲子)한테 가서 배우도록 해라. 부디 중노릇 잘해라.

　자신의 중노릇, 즉 수행자로서는 내세울 것이 없다는 솔직담백의 고백이다. 나아가서 결혼생활에 대한 회의도 깃들어 있는 것으로 보인다. 자신은 실패한 중노릇이지만 제자에게는 좋은 중노릇을 해야 한다는 간곡한 권유를 하였던 것이다. 좋은 중노릇을 하려면 불교 교학에 정통하고 투철한 강백은 아니어도 기본적인 글공부는 하였을 것이라고 필자는 생각한다.

　이에 필자는 일제시대 관련 자료를 살피면서 이춘성에 대한 다양한 자료를 찾을 수 있었다. 그것을 정리하면 다음과 같다.

　　1920 : 조선불교청년회 발기인

　　1928 : 건봉사 강원, 기신론과정 수료

　　　　　건봉사 봉명강우회 망년회에서 강연(주제, 고진감래)

　　1929 : 개운사 강원 제2회 졸업식, 대교과 삼현부(三賢部) 수료

　　1930 : 각황교당(조계사 전신) 동화대회 연사(주제, 하수분 맷돌)

이를 유의하여 보면, 이춘성은 일제하 불교라는 정황하에서 글공부는 한 것으로 보아야 할 것이다. 다만 만해가 강조한 교학, 선학, 불교대중화, 역경 등의 기준에는 미치지 못하지만 말이다. 그리고 위에서 소개한 〈춘성 스님 열반〉에 전하는 행적에는 이외에도 1915년에 석왕사 강원 대교과 수료, 1920년 신흥사 주지, 1925년 석왕사 주지,3) 1930년 만공회상에서 수행 등이 전한다. 그러나 이 기록은 신뢰하기 어려운 측면이 있어, 절대적인 수긍은 할 수 없다. 예컨대 이춘성은 만해가 3·1운동 민족대표로 인해 서대문형무소에 수감되었을 때 옥바라지를 하였다. 당시 이춘성은 한 달에 한 번씩 면회를 갔는데, 그 과정에서 만해가 독립에 대한 자부심을 쓴 명문인 〈조선독립의 이유서〉의 초고를 받아 외부로 유출한 당사자가 바로 이춘성이었다.

만해는 조선독립에 대한 명분, 당위성 등을 일체의 책을 참고하지 않고 집필하여 일제의 재판관에게 제출하였다. 만해는 바로 그 원고의 저본을 나누고, 똘똘 말아서 옥 밖으로 나가는 자신의 옷의 갈피에 숨겨 내보냈고, 이춘성은 항일 불교청년운동을 철저히 수행한 김상호에게 전달하고 김상호는 이를 상해의 임시정부에 제공하였던 것이다. 이런 시절에 신흥사 주지를 하였다고는 이해가 되지 않는다. 다만 그 시절에 신흥사에서 일정한 책임(소임)을 맡을 수는 있었

---

3) 간혹 구체적인 근거 없이 이춘성이 신흥사와 석왕사 주지를 하였다고 한다. 그러나 필자가 보기에 신흥사 주지의 가능성은 수긍할 수 있지만 석왕사 주지를 하였다는 것은 신뢰할 수 없다. 그는 석왕사는 대본산의 사찰인바 이춘성이 그곳의 강원을 마쳤다는 사실에서 그를 인정하기 어렵다.

을 것이다.

한편 위에서 나온 '글공부는 전혀 안 하였으며, 하지 못하게 하였다'는 것을 믿기 어렵다. 만해 제자라고 지칭받을 정도의 글공부만 안 하였을 뿐이다. 여기에서 우리는 만해가 글공부를 권유하지 않은 이면을 되새겨 보는 것이 만해 정신을 찾는 길이라는 생각이 든다.

3. 만해 정신의 계승은 어디에서

이춘성은 만해 정신을 계승하였다고 볼 수 있는가? 글공부가 미진하였다면 어떤 측면에서 만해 정신을 계승하였는가? 그것은 선(禪)의 철저한 구현에서 찾을 수 있을 것이다. 이춘성은 한국 현대불교사에서 파격, 보시, 무애, 거침없는 삶을 산 대명사로 불리우는 큰스님이었다. 이를테면 이춘성의 삶은 곧 선이었으며, 그의 삶은 선방이나 절안에 갇혀 있는 좁스러운 참선은 결코 아니었다. 일반 대중과는 거리기 있는 선도 아니었으며, 알듯 모를 듯하는 법문을 하면서 부처를 파는 싸구려 선승도 아니었다. 요컨대 그는 자신의 삶을 선으로 실천하였으며, 자신이 곧 부처임을 알게 해주었던 것이다.

그러면 만해는 선을 어떻게 바라보았는가? 만해에 대한 호칭은 매우 다양하지만 그중에는 선사도 분명하게 있다. 탑골공원에 세워져 있는 비석에는 분명 '선사'라고 새겨져 있다. 그러므로 우리는 만해의 선에 대한 인식을 살펴볼 필요가 있다. 만해는 1907년 건봉사에서 최초의 선 수행인 참선을 하였지만, 그 이후에는 번잡한 독립 운동, 불교대중화의 일선에서 치열한 활동을 하였기에 제도권에서의 선 수행은 하지 않았다.

간혹, 백담사와 오세암에 머물면서 참선을 하였지만, 이 때의 수행도 제도권에서의 수행과는 거리가 있는 것이었다. 그보다는 도회지 인근에 세운 자신의 집인 심우장에 칩거하면서 자신만의 독특한 수행을 하였다. 때문에 만해의 선은 생활선이라고 하겠다. 그리고 그는 선에 대해서 깊은 관심을 갖고 적지 않은 선 관련 글을 남기었다. 만해는 〈선과 인생〉(《불교》 92호, 1932. 2)에서 선을 다음과 같이 피력한 바 있다.

선이라면 불교에만 한하여 있는 줄로 아는 것이 보통이다. 물론 불교에서 선을 숭상하는 것이 사실이다. 그러나 선을 일종의 종교적 행사로만 아는 것은 오해다. 선은 종교적 신앙도 아니요, 학술적 연구도 아니며, 고원한 명상도 아니요, 심적(沈寂)한 회심(灰心)도 아니다. 다만 누구든지 아니하면 아니될 것이오. 따라서 누구든지 할 수 있는 지극히 평범하고 필요한 일이다. 선은 전인격의 범주가 되는 동시에 최고의 취미요, 지상의 예술이다. 선은 마음을 닦는, 즉 정신수양의 대명사다.

만해는 선을 이처럼 지극히 생활 차원으로 내려 놓았다. 그리고 동시에 선을 누구든지 할 수 있는 것으로 대중화시켰던 것이다. 그리고 만해는 선 수행, 그 자체가 목적이 될 수 없다고 보았다.

　선학자는 고래로 대개는 산간암혈에서 정진하게 되었으나, 선학을 종료한 이후에는 반드시 출세하야 입니입수(入泥入水) 중생을 제도하는 것이요, 뿐만 아니라 수학할 때에도 반드시 산간암혈이 아니면 아니되는 것은 아니다.

　즉 선 수행의 궁극에는 중생 교화가 있는 것이며, 선 수행도 산간 암혈에서만 행하는 것도 아님을 강조하였다. 이 같은 선의 이해는 인간이 세간에 머문다 할지라도 마음의 번뇌를 떨쳐 버리고 소요 자재할 수 있음을 알려주는 것이다. 만해의 선은 생활선이었다. 나아가서 그 생활선은 생활의 현장에서, 삶의 모든 행적에서 나타나는 것이다. 이를 만해는 '활선(活禪)'으로 자리매김을 하였다. 이러한 만해의 선 이해는 아래의 글에 잘 나오고 있다.

　선이라는 것은 고적(枯寂)을 묵수(墨守)하는 사선(死禪)이 아니요, 기봉(機鋒)을 활용하여 임운등등(任運騰騰)하는 활선(活禪)이다. 선은 능히 위구(危懼)를 제하고, 선은 능히 애상(哀傷)을 구(驅)하고, 선은 능히 생사를 초(超)하는 것이다. 이것이 얼마나 큰 수양이냐.

　만해의 생활선, 활선을 계승하고 나아가서는 그를 뛰어넘었던 인물이 바로 이춘성이었다. 그는 만해를 시봉하다 자신만의 수행을 위하여 1930년에는 만해의 곁을 떠나 수덕사 만공 스님에게로 갔다. 만공은 만해와도 절친한 사이라 수덕사로 갔는지는 알 수 없지만 수덕사 선방에서 본격적으로 선의 세계에 입문하였다. 만공으로부터 화두를 받아 치열한 수행을 한 그는 그 이후 전국을 돌아다니며 참선을 하다, 경기도 양주의 흥국사에서 깨달음을 얻었다. 개오(開悟) 이후 전국 각처의 선방을 순방하면서 자신의 선을 탁마하였다. 그러나 만해가 입적하였을 적에는 심우장으로 달려와 만해의 마지막 가는 여정을 정성껏 치렀다.

이춘성은 1960년 이후에 망월사·보문사 주지를 역임하였다는 기록이 있고, 말년에는 성남의 봉국사에 머물렀다고 한다. 그가 종단의 소임을 보았다는 기록은 없고, 전국 각처의 선방에서 수행을 하였다는 풍문만은 전한다. 그에 관한 기행과 비사는 이루 말할 수 없다. 그는 비록 승복은 입었지만 무애자재(無碍自在)한 삶을 살았고, 원초적 자유를 누렸으며, 타인을 의식하지 않는 언어와 법문을 구사하였다.

한번은 그가 머물던 화계사에서 새벽에 문을 꽝꽝 두드리는 소리가 나서, 젊은 스님이 나가 문을 열었다. 문을 열어 보니, 이춘성이 팬티 바람으로 서 있었다. 이춘성이 "왜 문을 늦게 열었느냐!"고 호통을 쳤다. 문을 연 스님이 옷은 어찌하였는가를 물으니, 지나가는 거지에게 주었다는 것이었다.

이춘성은 남루한 옷을 입은 승려를 보면, 자신의 옷을 자주 바꾸어 입었다. 특히 새 옷을 입으면 더욱더 자주 바꾸어 입었다. 그 이유를 물으면 자신은 시주를 받을 곳이 많기에 문제가 없다는 이야기였다. 그가 조계사 대웅전에서 수행을 할 때에는 신고 있는 양말이 흰 것과 검은 것, 색이 맞지 않는 짝짝이를 신고 있었다. 이에 옆에 있던 스님이 그것을 보고 웃음을 띠자, "별놈 다보겠구나. 따로 따로 보지, 두 발을 함께 보고서 분별심을 낸다."고 하였다.

그는 망월사 주지를 맡고 불사를 한 적이 있었다. 당시 망월사는 돌로 법당을 지으려고 준비중이었다. 그 때 신도가 불사에 쓰라고 건네준 봉투가 있었는데, 마침 지나가는 병이 든 수좌가 와서 약값을 달라고 하였다. 이에 이춘성은 그 불사 봉투를 그냥 통채로 주어버렸다. 수좌가 내려간 후 옆에 있던 스님이 아니 불사할 돈을 그냥 주면 어떻게 하느냐고 짜증을 내었다. 그러나 이춘성은 돌부처보다 생불(生佛)을 공양하는 것이 더욱 낫다고 하였다. 망월사 시절의 파격은 다양한 이야기 거리를 우리에게 준다. 한번은 불사에 쓰려고 절 인근의 나무를 베었는데, 그것이 산림법 위반으로 걸렸다. 이에 경찰이 와서는 이춘성을 취조하였다

경찰이 이춘성의 인적사항을 조사하였다. 성이 무엇이냐고 묻자, 이춘성은 "우리 아버지 신두(腎頭)요."라 하였다. 경찰이 그 말을 알아듣지 못하자, 이춘성이 "그 물건은 당신이나 나도 가지고 있으며, 살았다 죽었다 부활을 자재하는 자지요." 하였다. 경찰은 더 이상의 말을 잇지 못하였다. 그 직후 경찰은 고향이 어디냐고 물었다. 이에 대해서는 "우리 어머니의 보지 속이요." 하였다. 이처럼 이춘성은 신선, 파격, 진실의 선, 격외도리를 보여 주었다.

이춘성의 탈속한 무애도인, 무집착, 무소유 정신은 다양한 행적에서 나타난다. 특히 그의 욕쟁이 법문은 유명하다. 이춘성이 기차를 타고 지방을 가는데, 기독교의 전도사가 기차 안에서 전도를 하였다. 그 전도사는 이춘성에게도 예수의 부활을 이야기하면서 예수를 믿으라고 하였다. 그러자 이춘성은 "뭐 죽었다 살아났다고? 나는 여태 죽었다가 살아나는 것은 내 자지밖에 못 보았어."라고 하니 주위의 승객들이 박장대소하였고 그 전도사는 얼굴을 붉히고 황급히 그 자리를 떠났다고 한다. 또 한번은 박정희 대통령 부인인 육영수 여사의 생일날이라 하여 열린 법회에 가게 되었다. 그 법회에는 고관대작과 승려, 여성불자들이 가득하였는데 법석에 오른 이춘성은 "오늘은 육영수 보살이 지 에미의 뱃속에 들어 있다가, 응아하고 보지에서 나온 날이야." 하였다. 듣고 있던 대중은 서로 얼굴만 바라보고, 어찌 할 줄을 몰랐다고 한다.

그의 순수, 가식없는 선의 본질은 그가 입적하기 6개월 전 그가 입원하였던 병원을 찾은 당시 《대한불교》 편집국장(이향봉)과의 대화에서도 찾을 수 있다. 그 신문에는 무애도인, 대자유인, 해탈경계를 넘나드는 춘성스님이라고 소개하였다. 당시 그 대화의 요지를 정리하면 다음과 같다.

문 : 큰스님! 스님은 낳아 길러 주신 세속의 어머님이 뵙고 싶지
   않으세요.
답 : 그럴 때 부처님을 생각해라. 부처님을.

문 : 아파 계신 스님께서도 화두가 성성하십니까?

답 : 여시여시(如是 如是)다.

문 : 스님, 몸이 아픕니까, 마음이 아픕니까?

답 : 뼈가 썩어 든다. 이 자식아!

문 : 언제쯤 이 세상을 떠나실 것 같아요.

답 : 당장이라도 옷 벗고 싶다.

문 : 마지막으로 이 세상에서 그림자를 거두시며 웃으시겠어요, 울

겠어요.

답 : 미친 놈! 별 것 다 묻네.

문 : 저는요, 요즈음 매우 흔들거리고 있어요. 저처럼 젊은 스님들

의 방황을 차단할 수 있는 생명의 말씀을 하나 주시죠.

답 : 법등명 자등명(法燈明 自燈明)이다. 일체가 환몽(幻夢)이야.

문 : 가시면 어디로 가시나요.

답 : 모든 것이 한구멍으로 빠진다.

문 : 한구멍이 무엇을 뜻하나요. 쉽게 말씀해주십시오.

답 : 한구멍에 빠지되 털끝만큼이라도 빠진다는 생각이 있으면 십

만팔천 리야.

문 : 스님께서는 죽음 뒤의 저쪽의 세상(來世)을 믿으시나요.

답 : 필요없다. 군두더기다.

문 : 사후세계에 대한 일반인들의 관심이 매우 큰데요. 그럼 내생

　　이 없다는 말씀인가요.

답 : 필요없어. 미친 놈아!

문 : 스님께서 90평생에 가장 기억에 남으시는 가장 슬픈 이야기를

　　좀 들려주세요. 여인을 사랑한 이야기라든지…….

답 : 미친 놈이 별 것 다 묻네.

문 : 죽음이 막상 다가서면 두려울 것 같은데요. 스님께서는 죽음

　　이 두렵지 않으세요.

답 : 마음이 매우 평화롭다.

문 : 제가 만일 큰스님을 벼랑 위에서 밑으로 밀쳐 버리며, 지금의

　　경계가 어떠시냐고 물으면 뭐라고 답해 주시겠어요.

답 : 씨팔놈아! 떨어져 보지도 않고 어떻게 답해?

문 : 저는 요즈음 가짜 인생을 살아가는 느낌이 짙은데요. 진짜배

기 인생을 살아갈 수 있게 도(道)의 정수를 저에게 남기고 가
시지요.

답 : 좆 같은 놈아, 주고 받는 게 도인 줄 아냐?

문 : 스님께서 열반에 드신 후에 사리가 나올까요, 안 나올까요?

답 : 필요없다. 필요없다.

문 : 사리가 안 나오면 신도들이 실망하실 테인데요.

답 : 씨팔놈의 자식! 신도 위해 사나?

문 : 인생을 회향하시며 후회 같은 것은 없나요.

답 : 일체가 환몽이야, 다아 쓸데 없다.

문 : 스님의 크신 법의 주장자를 어느 곳에 꽂고 가시겠습니까?

답 : 아무 수용이 없어.

자신의 입적을 예상하였는지는 몰라도 이춘성은 1977년 8월 22일
입적하였다. 속세의 나이 87세였다. 그의 다비식은 화계사에서 거행
되었는데 종정 이서옹을 비롯하여 운허, 월산, 월하, 혜정, 성준 등
승속을 막론한 2천여 명이 참가하였다. 당시 이서옹 종정은 영결식
에서 법어를 다음과 같이 하였다.

춘성노사 노니신 곳

삼세(三世)의 불조(佛祖)도 엿볼 수 없도다

이 세상에 걸림없이

한바탕 진탕지고

어데로 가시는고

서울 가두(街頭)에 전신(全身)을 나투시도다

돌(咄)

이춘성의 삶은 걸림이 없는 대자유인의 그것이었다. 그의 행장기를 적은 《대한불교》에서도 그를 "일의일발(一依一鉢)로 남북자재 소요(南北自在 逍遙), 무(無)를 부르며 상(相) 남기지 않아"로 표현하였다. 이춘성의 해탈 자재한 삶은 그가 말년에 머물던 화계사에서 인연을 맺은 이숭산(행원)의 조문에서도 잘 나타난다.

춘성 사숙님

스님의 할(喝)은

때로는 활불활조(活佛活祖)하고

때로는 건곤(乾坤)을 모두 쳐부수며

때로는 삼라만상을 길러 내시었으니

어허 능사능활 능종능탈(能死能活 能縱能奪)의 활구 도인(活口 道人)의 할이라 아니 하겠소이까.

스님께서 건져 주신 대도무문(大道無門)과 설두무골(舌頭無骨)은 일체 무애인(無碍人)의 발자취였습니다.

방할자성리(棒喝自性裏)에 간류록화홍(看柳綠花紅)이다.

속환 사바(速還 娑婆)하야 보리도 중생하소서.

당시 이 조문을 쓴 이숭산은 미국에서 포교활동에 매진하였는데, 이춘성의 입적 소식을 듣고 당신이 생각한 이춘성의 진면목을 표출하였다.[4]

지금껏 필자는 이춘성의 생애를 조명하면서, 그의 치열한 행적은 만해정신을 계승한 것으로 보고 그 단상을 제시하였다. 비록 만해로 상징되는 지성의 일부분만을 계승하였다고 볼 수는 있지만, 만해 정신의 재창조가 아닌가 한다. 그 일부분은 만해 선으로 요약되는 활선(活禪)이다. 이춘성은 만해 선의 철저한 구현자였던 것이다. 그러나 그는 만해의 활선을 단순히 전달, 이행하는 것에 만족치 않고 자신의 독특한 선의 세계를 펼쳐 나갔다. 필자는 아직 이춘성의 선의 세계에 대한 석절한 이름을 찾지는 못하였다. 이 점은 필자와 이 글을 읽는 독자들이 함께 풀어갈 과제인 것이다.[5]

---

4) 그 조문의 말미에는 "미국에서 분향하옵고 숭산합장하야 하늘을 보고 呵呵大笑 세 번하고 땅을 보고 아이고 아이고 세 번 하나이다"라 하였다.

5) 필자는 2009년 3월에 춘성의 일대기, 일화 등을 정리한 《춘성》(새싹)을 펴냈다. 만해와 춘성 간의 보다 깊은 정보를 제공하기에 참고하기 바란다.

아름다운 추억, 역사가 되다
― 만해와 효당, 그리고 다솔사

1. 만해와 효당의 인연

만해 한용운은 20세기 한국불교를 대표하는 승려이다. 그러나 만해의 행적과 그가 지향한 이상은 승려에서 머물 수 없다. 그는 독립운동가로, 시인으로, 소설가로, 불교개혁론자로, 저술가로, 사상가로 다양한 족적을 우리에게 남겼던 것이다. 그의 행적과 사상은 수많은 사람들에게 영향을 주었다. 그의 영향은 그가 생존한 당시에도 그러하였지만, 사후에도 지속되고 있다. 때문에 만해는 한국인의 정신적인 고향으로 자리잡고 있다.

이에 본고에서는 만해와 일제하의 불교청년운동과 항일민족운동의 중심에 있었던 효당 최범술과의 인연의 실타래를 알아보고자 한다. 이를 통하여 우리는 만해가 정신사의 큰 나무였음을 재확인하고, 나아가서는 만해에게 영향받은 일군의 인물들에게 다가갈 수 있는 실마리를 찾게 될 것이다.

만해와 효당이 직접적으로 만나고, 효당이 만해에게 일정한 영향을 받게 된 것은 아마도 1930년대 초반 불교청년운동의 구도일 것이다. 보다 구체적으로는 만해가 당수로 추대된 만당의 등장과 연계된다고 보겠다. 그러나 그 이전부터 효당 최범술은 승려로 출가하였으며, 거족적인 3·1운동의 일선에서 참여하였다. 이에 효당이 만해를 만나기 이전의 행적을 정리할 필요성이 제기된다.

효당 최범술은 1904년 경남 사천군 서포면에서 출생하였다. 4남3녀의 넷째 아들로 태어난 그는 1910년 고향의 사립학교인 개진학교를 입학하였지만, 재학중 일본인 교사 배척과 동맹휴학 사건으로 퇴학당하고 서당에서 한문을 수학하였다. 그 이후 곤양공립보통학교에 편입하여 졸업을 하였다. 졸업 이후, 효당은 당숙이 운영하는 서당에서 사서를 배우다가, 부친과 함께 선대 조상을 위한 행사에 참가하기 위하여 다솔사를 방문하였다. 당시 효당은 다솔사의 스님이 읽는 경전소리를 듣고 출가의 발심을 갖게 되었다.

1917년 그의 나이 14세에 부모의 승낙을 받아 다솔사로 입산, 출가하였다. 입산 후에는 염불을 배우다 곧 해인사의 지방학림에 입학하었나. 해인사에시는 임환경 스님을 은사로 수계하였다. 1919년 3·1운동이 일어나자 서울에서 내려온 독립선언서 등사 책임자로 활약하였다. 이에 그는 대구까지 가서 미농지 1만여 장을 구입하여 3000여 매의 선언서를 등사하고 대구, 경주, 양산 등지로 그를 배포하였다. 당시 효당은 합천읍내의 장날을 이용하여 일제의 우체국, 면사무소를 습격하고 전화선을 절단하였다. 나아가서 그는 다솔사에도 와서 지역 유지들에게 선언서를 나누어주었으며, 고향의 친구들에게도 선언서를 제공하였다. 그러나 그 과정에서 일본경찰에 체

포되어 곤양헌병분견대에 끌려가 야만스러운 폭행을 당하였다. 효
당은 이후 진주검사국으로 끌려갔으나, 만 15세가 되지 않아 석방되
었다.

이후 효당은 해인사 지방학림을 졸업하고 다솔사로 돌아왔다. 그
러나 효당은 학업을 지속하기 위해 일본으로 건너갔다. 때는 1922년
6월이었다. 일본에 건너간 그는 학비를 벌기 위해 신문배달원, 엿장
수 등 갖은 고생을 다하였다. 그럼에도 불구하고 무정부주의 독립운
동가인 박열을 만나 독립운동을 하였다. 그 과정에서 효당은 일제에
게 피체되어 8개월을 구속당하였다. 그 이후에는 학업에 전념하였는
데, 1923년 4월 일련종 입정중학교에 편입학, 1926년 물리학교 입학,
1927년 대정대학 예과에 입학한 사실이 그를 말해준다.

효당은 학업을 하면서 재일불교청년운동에 가담하였다. 1927년 4
월 재일조선불교청년회에 가담하여 간부로 활동하였다. 학업중인
1928년에는 다솔사 주지로 피선되기도 하였다. 그는 재학중 동경 유
학생들을 결속하여 불교와 일반 철학을 연구하는 연구회인 삼장학
회를 조직하였다. 한편 1929년 봄에는 대정대학 불교과에 정식 입학
하였다. 그리고 불교청년운동의 재조직의 일환으로 1931년 3월에 등
장한 조선불교청년동맹 동경동맹의 집행위원으로 활약하였다.

이상과 같은 내용이 효당이 만해를 만나기 이전의 행적이다. 효당
이 만해를 만난 시점은 기록상으로는 정확치 않다. 물론 효당은 만
해를 해인사 지방학림에 입학 당시부터 풍문으로 들어 알고 있었을
것이다. 더욱이 그가 일선에서 참여한 3 · 1독립선언서 등사 및 배포

의 인연을 만든 당사자가 만해가 아니었던가.

2. 항일 비밀결사, 만당에서

효당이 만해를 만난 계기는 불교계 항일 비밀결사체였던 만당(卍黨)이었다. 만당은 불교청년운동의 지하 단체였지만 불교의 자주화를 기하면서 식민지 불교체제를 극복하기 위한 목적으로 1930년 5월경 결성되었다.

즉 만당은 1928년 3월에 재기한 조선불교청년회의 활동을 더욱 활성화시키려는 의도와 침체일로에 있었던 당시 불교 교단을 쇄신하겠다는 열정이 어우러져 가시화된 것이었다. 만당이 등장하기 이전 불교청년운동은 동지연결의 부재, 통일정신 박약 등 그 자체내의 문제점이 적지 않았다. 바로 이 모순을 타개하기 위한 강력한 결사체가 바로 만당이었다. 당시 만해는 만당의 영수로 추대되었다. 만당의 이념은 강령인 정교분립, 교정확립, 불교대중화에서 찾아볼 수 있다.

현전하는 여러 기록을 분석하면 만당의 결성이 1930년 5월이라는 것은 의심의 여지가 없다. 그러나 만당을 결성시킨 주체에 대해서는 약간의 이견이 없지 않다. 이에 관련해 대흥사 출신 승려로 3·1운동 당시 서울시내에서 선언서를 배포하였으며, 3·1운동 이후에는 만주로 건너가 군관학교에 입학하였던 박영희 스님의 증언이 있다. 박영희는 이후 1928년 중앙불전에 입학하여 향학을 불태우기도 하였다.

그는 《불교신문》 1989년 3·1절 70주년 대담기사, 〈조선민중은 노예의 삶을 거부했다〉에서

> 아마 내가 중전 3학년 때라고 생각하는데 어느 날 만해 스님이 학교로 나를 찾아오셨어. 그리고 비밀 결사를 조직할 것을 지시했지. 그래서 옛날 함께 운동을 했던 최범술, 이용조, 강재호, 박근섭을 만나 탑골 근처에서 막걸리 한잔씩 마시고 결사불변(結社不變)의 맹세를 했지. 그 뒤 점차 동지를 규합했는데 30~40명을 확보했지.

라고 하였다. 요컨대 박영희가 만해의 지시를 받아 만당을 결성한 주도자의 한 사람이 효당이라는 것이다. 박영희는 《법륜》지 174호(1973. 8)의 〈광복절에 생각한다〉의 특별대담인 김어수(당시 중앙포교원 법사)와의 대화에서도 그의 입장을 동일하게 개진하였다.

그러나 만당의 증언을 남긴 이용조는 《대한불교》 1964년 8월 30일자 기고 글인, 〈내가 아는 만자당(卍字黨) 사건(事件)〉에서 조학유, 김법린, 이용조, 김상호가 만당 결성의 주역이라고 회고하였다. 이용조는 2차 당원으로 박영희를 포함한 다수의 불교청년과 중앙불전 재학생을 지목하면서도 효당에 대해서는 언급치 않았다. 다만 동경에도 만당의 지부가 조직되었는데, 그 책임자는 김법린이었으며 당원의 일원에 효당이 포함되었다고 하였다. 한편 만해를 지근거리에서 만난 선암사 출신 승려였던 조종현은 만당을 최범술을 포함한 불교청년 19

인이 조직한 비밀결사로 일제에 항거하며 투쟁하였다고 회고하였다.

그런데 정작 효당 자신이 정리한 인생회고록, 〈청춘은 아름다워라〉(《국제신문》, 1975년 연재물)에는 만당과 관련하여 자신의 국내에서의 참여 및 역할에 관한 내용은 전혀 남기지 않았다. 효당이 만당의 결성 초창기부터 관련되었는가는 더욱 세밀히 따져 보아야 한다. 다만 그가 일본에 유학을 갔지만 방학 기간에는 귀국하여 다솔사 주지역할을 하면서 서울에 상경하였을 가능성도 있다. 때문에 그 상경시에 박영희와 접촉하였을 개연성은 충분하다고 보겠다. 그러나 분명한 것은 효당은 만당의 당원이었다는 점이다.

효당은 1933년 2월 일본 대정대학 불교학과를 졸업하였다. 졸업 직후에는 국내 불교청년운동의 총집결체인 조선불교청년총동맹의 중앙집행위원장으로 선출되었다. 즉 그는 졸업과 동시에 청년운동의 맹장으로 부름을 받은 것이다. 조선불교청년총동맹은 이전 조선불교청년회의 부진을 극복하기 위해 새롭게 등장한 불교청년운동의 총집결체였다. 이 총동맹에는 신식학문을 공부하고 있는 불교청년들뿐만 아니라 조선불교여자청년회를 비롯하여 강원에서 공부하고 있던 학인들도 가담하였다. 비구니 스님으로 유명한 김일엽, 김법린의 부인 박덕순, 시조시인으로 유명한 조종현 등이 바로 그 당시에 새롭게 가담하여 운동을 하였던 멤버들이었다.

총동맹이 발족하였던 1931년 3월에는 김상호가 중앙집행위원장이었으며, 1932년에는 허영호가 위원장을 역임하였다. 그런데 허영호가 위원장을 맡을 무렵 청년운동 내부에는 운동 노선을 둘러싸고 이

견과 갈등이 내재하였다. 그리하여 그 대립은 청년운동, 만당 등의 진로에도 부정적인 영향을 끼칠 가능성이 엿보이고 있었다. 바로 이 같은 시기에 효당이 불교청년운동의 책임자로 피선된 것이다. 이는 효당의 민족정신, 불굴의 운동정신 등에 대한 신뢰에서 나온 것이 아닌가 한다.

이에 효당은 국내 불교청년운동계의 부름을 받고 귀국하였다. 그는 다솔사 주지를 역임하면서 불교청년운동의 재정비라는 당면 과제를 해결해야만 되었다. 그러나 효당이 귀국하여 보니 불교청년운동계나 중앙교단의 상황이 매우 악화되어 있었다. 만당의 내분이 청년운동 노선뿐만 아니라 종단의 노선까지 불똥이 튀었던 지경이었다. 그 요인은 만당 당원인 허영호와 정상진 간에 전개된 교무원 출자자본 40만원을 둘러싸고 전개된 상이한 현실인식이었는데, 그 대립은 급기야 불교계 내의 본산간의 갈등으로 이어졌다. 또한 만당의 당원인 김상호가 만당 내부 약속인 중앙교단 간부에 진출치 말자는 것을 어기고 교무원 이사에 취임한 것도 그 내분을 더욱 부채질하였다. 또한 만당의 당원이면서 불교청년운동의 이론가인 이용조는 그 같은 실정에 환멸을 느끼고 만주로 떠나기도 하였다. 이 구도하에서 당시 유일한 잡지인 《불교》사도 문을 닫게 되었다.

이러한 상황에서 청년운동의 책임자로 등장한 효당은 그러한 갈등의 구도에서 배척을 받고 있는 불교청년들을 보호하면서, 일면으로는 만해를 후원하고 있었다. 효당 그가 이러한 생각을 갖게 된 것은 만해 한용운이 문제 해결에 최선을 다하라는 은근한 '권고'에서

나온 것이었다. 효당은 그 정황을 자신의 회고록에서 다음과 같이
밝혔다.

> 그리하여 중앙에서 실직한 김법린 전가족, 허영호, 한보순과 불교
> 계와는 딴판이지만은 김범부 선생과 그 전가족(범부 선생은 물론 동
> 생 김동리 씨도) 등의 생활을 다솔사로 데려와 내가 맡았고 만해선생
> 의 생활상의 책임도 져야했다. 어쨌든 다솔사는 배일 항일의 근거지
> 가 되었다.

당시 효당은 김법린, 허영호, 김범부, 김동리 등의 생활뿐만 아니
라 만해 한용운의 생활까지 부담하였던 것이다. 이에 다솔사는 이러
한 민족진영 인사들의 후원처가 되었다. 효당은 그러한 역할에 대하
여 일제와 투쟁을 하기 위한 환경의 조성으로 보고, 자신이 굴복하
면 민족 진용은 완전히 무너질 것이라는 생각을 갖고 있었다. 그러
므로 그 즈음의 효당은 다솔사기 배일과 항일의 근거지였다는 자부
심을 갖게 되었다. 이런 사정과 관련하여 조종현이 만당은 그 후반
기에 다솔사가 근거지였다고 증언하였음도 유의할 내용이다.

한편 효당은 귀국 후 불교청년운동을 재정비하였다. 우선 효당은
불교청년운동의 비밀결사체인 만당의 해산을 결정하였다. 이는 만
당이 존속하면서 내분이 일어나는 것은 곧 일제에게 발각되고 수많
은 희생이 따를 것을 대비한 것이었다. 이에 대하여 효당은 다음과
같이 자신의 심정을 회고하였다.

　나는 이해 4월 중순 어느 날 불교청년회관 근처의 동해루라는 곳에서 만당의 당원들을 불러 모았다. 이 자리에서 만당의 해체를 제의했다. 도꾜에서 불령사(不逞社)를 통해 투쟁한 경험이 있는 나로서는 이 같은 비밀결사가 이로울 것이 없다고 생각했다. 이 같은 비밀결사는 자칫 잘못하면 총독부 당국에 역이용 당하여 동지간에 불화가 생길 우려가 있었다.

　이러한 효당의 제의에 일부 당원은 아쉬움을 표하였고, 일부 당원은 동의를 하였으나 결론은 효당의 의견대로 집행되었다. 이 날의 비통한 심정은 재일불교청년들의 기관지인 《금강저》 21호(1933.12)의 〈18인 인상기〉에 잘 나온다. 효당은 만당의 해산 이후 불교청년 총동맹의 간부를 개선하면서 청년운동의 체제 정비를 단행하였다.

　그 후 효당은 지금의 동대사대부속여중고의 전신인 명성여학교의 교장으로 취임하였다. 이 학교는 당시 불교계가 경영하는 최초의 여자학교였다. 그리고 1934년부터는 다솔사에 초등과정의 광명학원을 세워 그 인근의 농민자제들을 교육시키고 있었다. 그 학원의 강사는 김동리가 주로 담당하였다. 김동리는 다솔사에서의 경험을 그의 문학작품에 반영시킬 수 있는 영양분을 얻었던 것이다. 김동리의 대표적인 소설인 등신불은 바로 이곳에서 탄생하였다. 한편 효당은 다솔사에 불교전수강원을 열고 있었다. 이 강원의 강사는 자신을 비롯하여 김법린, 강고봉, 김정설 등이 맡았다.

　이처럼 다솔사는 효당의 주도하에 새로운 기풍이 일고 있었다. 이에 일제 당국은 다솔사를 항일 모의하는 곳이 아닌가 하며 감시를 기울이고 있었다. 더욱이 다솔사에는 김법린, 김범부 등 당시로서는 기라성 같은 지식인이자 우국지사들이 거주하며 공부를 하였으니 말이다. 만해 한용운도 그러한 인물의 중심이었음은 물론이었다. 그리고 다솔사의 이러한 정황이 세간에 알려지면서 다솔사는 국내의 유지, 즉 민족운동에 뜻을 갖고 있는 인물들이 드나들게 되었다. 심지어 운동의 방략으로 사회주의 노선을 채택한 부류들의 왕래도 있었다. 효당은 이러한 정황을 재정비된 만당으로 여길 정도였다. 요컨대 항일의 근거처로 인식하였던 것이다.

당시 다솔사에는 효당의 방 앞에 자그마한 금잔디밭이 있었다. 그래서 다솔사에 머무는 인사들은 그 잔디밭에 머물며 다양한 토론을 하였다고 한다. 간혹 일본 경찰이 오면 햇볕을 쬐는 모습을 보이기도 하였다.

그러나 호사다마인지 1938년 8월 최범술, 박근섭, 장도환, 김법린 등이 진수서에 섬거뇌는 것을 시작으로 박성희, 김범부, 노기용, 척운동, 김수정 등이 계속하여 피체되었다. 만당의 발각으로 인해 당원의 검속은 6차례나 지속되었다. 이런 정황은 만당의 검거 선풍으로 말할 수 있으나 그 경과와 내용은 정확치 않다.

다만 이용조의 회고에는 만당이 발각되어 김법린, 장도환, 최범술(효당), 박근섭 등 20여 명이 피검되었다고 전하였다. 그리고 피검된 인물들이 만당의 당수로 작고한 조학유를 내세웠고 만당에 관한 문서가 전연 없었기에 만해에게 화가 미치지 않았다. 만당이 결성될 적에 이용조는 만당의 당수로 만해를 마음속으로만 모시고 자주 왕래하면서 자문만 받자고 주장하였다. 만해에게는 당수라는 것을 알리지 않았다는 것이다. 이는 만해를 당수로 정식으로 내세우면 언제인가 조직이 탄로날 경우 그 화가 만해에게 미칠 것을 차단하려는 의도에서 나온 것이라고 하였다. 이에 이용조는 만당이 발각되었지만 만해에게 피해가 안 간 것을 불행 중 다행으로 여겼다. 당시 만해는 그를 따르던 만당 당원들이 일제에 피체되자, 각지의 구속처를 돌아다니며 면회를 시도하였으나 일제는 그를 냉정하게 거절하였다. 그런데 이 사건으로 효당은 일제에 피체되었지만, 정작 자신의 회고록에는 그를 소략하게 정리하였다. 그러나 조종현은 이에 대하여 당원 최범술은 세 차례의 옥고를 겪었다고 증언하였다.

그리고 효당은 1939년 여름 다솔사 강당에서 일본의 승려 40여 명을 초청하여 법회를 열었다. 순수한 불교와 학문에 대한 강론을 위주한 법회였는데, 그 법회에는 한국불교의 스님들도 참석하였다. 그 법회를 '기묘다솔사안거(己卯多率寺安居)'라고 효당은 불렀다. 그 법회가 개최된 다음 달, 다솔사에서는 만해 한용운의 회갑을 기념하는 잔치가 열렸다. 그때 만해는 회갑 기념으로 다솔사 경내에 향나무를 기념식수로 심었다고 한다. 지금도 그 향나무는 잘 자라고 있을 터이지만……

3. 만해를 기리며

　이처럼 효당은 그 암울한 일제치하에서 만해와의 돈독하고 특별한 인연을 키워가고 있었다. 그러나 만해는 8·15해방이라는 조국의 광복을 미처 보지 못하고 1944년 6월 29일 입적하였다. 입적 직후 효당은 만해가 머무르던 심우장을 찾아가서 만해의 서가를 정리하였다. 이 인연은 만해의 유품을 효당이 보관할 수 있는 계기를 준 것으로 보인다. 당시 서가를 정리하였던 효당은 만해의 '자서로서 기초된 참으로 허무러진 문건', 즉 독립선언서를 토대로 하고 봉은사 승려인 홍태욱이 보관한 인쇄된 선언서와 대조하여 해방된 직후에 발간된 불교잡지인 《신생》 창간호(1946.3)에 〈기미운동과 독립선언서〉라는 제목의 글을 기고하였다.

　효당은 해방공간의 불교교단에서 총무부장을 역임하였는데, 《신생》 3집(1946.8)에도 〈고 만해선생 대기(大碁)를 당하여〉라는 글을 기고하였다. 만해의 해방 이후 첫 제사인 대기(大碁: 서거 1년 후의 제사)에 즈음하여 당시 교단간부들은 만해의 산소를 참배하였다. 그 참배의 동참자는 효당 최범술을 비롯하여 박윤진, 장도환, 허영호, 박영희, 김잉석, 오택언, 유성갑, 박달준, 유영숙, 정일택 등 총무원, 신생사, 불교청년당의 간부, 유족, 문도, 지인들이었다. 그 중 장도환은 《신생》 3집에 〈만해선생 산소 참배기〉를 기고하였다. 그리고 이용조는 1948년 1월호의 《불교》지에 〈만해대선사 묘소를 참배하고〉를 기고하였다. 그 내용에는 1947년 10월 15일의 만해 묘소 참배의 사정이 전하고 있다. 당시 그 참배에는 김법린 총무원장을 위시하여 박영희, 오택언, 이용조, 정종갑, 정진섭 등이 참여하였다. 이처럼 해방공간 교단 중심인물들은 만해의 생애와 사상을 기리고 있었는데 이는 효당이 교단 중심부에 있었음과 무관한 것은 아니었다.

만해가 입적하자 그의 유품과 소장 자료는 친구였던 화가 박광이 보관하였다. 박광은 만해의 자료를 갖고 유고 간행을 서둘렀으나 당시 어수선한 사회의 실정으로 그 성과를 기하지 못하였다. 1948년에 가서야 한용운전집 간행위원회가 결성되었다. 당시 그 위원회에 가담한 인물은 박광, 박영희, 최범술, 김법린, 박근섭, 김적음, 허영호, 장도환, 김관호, 김용담 등이었다고 한다. 그러나 일의 성과가 빛을 보기 이전에 6·25가 발발하여 그 자료는 대구로 내려왔다가 다시 서울로 올라가야 하는 비운을 맞으면서 제대로 보관되기가 어려웠지 않았나 생각한다. 전쟁이 끝난 후에도 전집이 간행될 정도의 사회 전반적인 안정은 어려워 전집은 한동안 간행되지 못하였다.

그 자료를 보관하였던 박광은 1957년에 가서야 만해와 인연이 남다른 효당에게 인계되었다. 효당에게 전집 간행을 부탁하였음은 물론이었다. 한편 1958년 고려대 내의 고대문학회에서도 만해전집 간행을 시작하였다. 이에 고려대 작업팀(조지훈, 임종국, 박노준, 인권환 등)은 효당과 접촉하여 전집간행을 착수하였다. 그 결과 상호 합의하에 1958년 7월 경 새로운 한용운전집간행위원회가 결성되었다. 그리하여 작업팀은 다솔사에 내려가 그 실무 작업을 하기에 이르렀다. 마침내 그해 겨울 경에는 거의 원고가 작성되었다. 그러나 통문관의 주인인 이겸로와 전집간행의 구두계약까지 완료하였으나 성사는 안 되었다.

그 이후에도 만해의 유고를 보관하였던 효당의 불교계 내부의 일과 가사 등의 문제가 중첩되어 전집 간행은 더 많은 시일을 요하게 되었다. 마침내 1970년 초부터 세 번째의 간행위원회가 결성되고 재작업이 시작되었다. 당시 그 작업에 관여한 인물은 최범술, 민동선, 김관호, 문후근, 박노준, 인권환 등이었다. 그리고 이어서 신구문화사와 계약을 맺어 1973년 6월 전 6권의 전집을 세상에 내놓게 되었다.

이처럼 만해 전집이 간행될 수 있었던 저변에는 효당의 만해에 대한 애틋한 마음이 있었다. 그리고 다솔사가 만해정신의 구현처가 되었음에는 효당과 만해와의 인연이 자리 잡고 있음을 기억해야 할 것이다. 따라서 다솔사는 만해를 연구하는 학자, 만해를 그리워하는 수많은 이들의 탐방처가 되었다. 그러나 작금의 다솔사가 아직도 만해의 체취가 살아 있는지 사뭇 궁금하다. 더욱 만해가 심었다는 그 향나무와 우국충정을 논하던 금잔디 밭은 푸르른 자태를 뽐내고 있는지 말이다.

천진보살의 평생의 정신적 사표
— 만해와 강석주

1. 서언

지난 2006년은 만해 한용운의 대표 시집인 《님의 침묵》이 발간된 지 80년이 되는 해이다. 《님의 침묵》은 한국 근대문학사의 금자탑으로, 만해를 영원한 시인으로 만든 시집이다.

필자는 평소 1926년 5월에 간행되었던 《님의 침묵》을 누가 가장 먼저 보고, 손에 넣었을까 하는 궁금증을 갖고 있었다. 그러던 중 이런 저런 만해 관련 자료를 찾다가 그 당사자를 알게 되었다. 그는 《님의 침묵》을 발간한 회동서관이라는 출판사에 가서 그 책을 인수하여 한용운에게 전달한 열여덟 살의 선학원 행자였는데, 바로 그가 범어사 출신 승려였던 석주 스님이다. 석주 스님은 조계종의 총무원장, 포교원장, 칠보사 조실, 원로의원을 역임한 큰스님이다. 강석주는 승려로서의 일평생을 무욕으로 일관하며 보살행을 실천한 천진보살로 널리 알려졌다. 그는 만해의 정신을 올곧게 구현하다 2004년 11월 14일, 96세를 일기로 입적하였다.

강석주는 위와 같은 만해와의 인연을 간직하면서 만해가 입적하고, 해방된 그날부터 만해에게 이어받은 만해정신을 조용히 실천에 옮겼다. 그리고 만해가 머물렀던 선학원에서 만해를 시봉하며 보고 들은 만해 이야기를 후대의 사람들에게도 전해 주었다. 또한 만해정신을 계승하는 추모 사업도 남모르게 도와주었다. 그리하여 만해 한용운이 한국 역사에서 민족적인 인물로 자리 잡게 되는 데 강석주의 헌신도 결코 배제할 수 없다.

그러나 강석주는 만해 정신을 나름대로 실천하면서도 자신의 행동을 결코 과시하지 않았다. 아무도 모르게, 어찌 보면 그 자신도 느끼지 못할 정도로 행할 뿐이었다. 필자는 강석주의 기록, 발언 등을 접하면서 그는 왜 불교의 재산통합·포교·역경·교육 등에 중점을 두고 불교를 개혁하려는 청년 승려들을 지속적으로 감싸 안았는지에 대하여 관심을 갖게 되었다. 특히 좌파적인 노선이라고 매도를 당하였던 해방 공간의 불교혁신운동에 대하여 강렬한 지지를 보내었던 것에 대하여도 납득할 수 없었다. 그러나 강석주라는 삶과 만해 한용운과의 인언의 스펙트럼을 조응하면서 그 이면의 실체를 알아보고자 하였다. 그것은 만해정신의 실천이었다.

이에 이 글에서는 강석주의 삶과 만해 한용운의 인연의 터울을 살피고, 강석주의 삶을 만해정신의 실천이라는 관점에서 그 단면을 정리해 보고,[1] 이를 통하여 필자는 만해정신 계승이라는 화두에 새로

---

1) 한상범은 석주의 삶을 만해정신의 계승이라는 점에서 그 단면을 최초로 살폈다. 한상범, 〈만해정신의 산 증인〉, 《크신 원력 수미산을 넘어, 석주 큰스님 94회 탄신 기념문집》, 석주 큰스님 문집간행위원회, 2002.

운 지평을 더하고자 한다.

2. 선학원에서 만해를 시봉하며

강석주는 1909년 경북 안동군 북후면의 옹천 마을에서 5형제의 둘째로 태어났는데, 세속의 이름은 계술(啓述)이었다. 그는 어릴 적부터 마을 인근의 봉서사라는 절에 나가며 불교와의 인연을 갖고, 일곱 살 때부터 사익재라는 글방에 나아가 《천자문》《명심보감》 등의 한문 공부를 하였다. 공부에 재미를 붙인 그는 집안 농사일을 하다 말고 글방으로 도망쳐 책을 보다가 부모에게 혼나기도 하였다. 그러나 집안 형편이 어려워지면서 공부를 할 처지가 못 되었다. 이에 그의 부모는 강석주를 서울 가회동에서 필방을 운영하면서, 친척 아이들을 불러다 하숙을 치며 돌보아 주었던 9촌 아저씨(강두희)에게 보내 신학문을 배울 수 있도록 하였다.

1922년 열네 살의 강석주는 신학문을 배우겠다는 희망을 안고 서울로 향하였다. 안동에서 소 떼를 몰고 서울의 송파 우시장으로 가는 소장수를 따라 500리 서울 길을 닷새 동안 걸어서 서울의 아저씨 집에 도착하였다. 강석주는 이때부터 아저씨 필방에서 잔심부름을 하며 지냈다. 그러나 9촌 아저씨의 가세가 썩 좋지 않아 신학문을 배울 처지가 못 되었다. 그런데 그 필방에 자주 드나드는 단골손님 중에 선학원의 승려인 김남전 스님이 있었다. 김남전은 항일불교의 근거처인 선학원(서울 안국동)을[2] 창건한 주역으로, 선필로 명망을 떨치던 선객이었다.

당시 선학원은 전국 선방의 수좌들의 중앙본부로, 선우공제회라는 수좌들의 자율조직의 거점이기도 하였다.[3] 그 시절 내로라하는 선객들이 자주 들러 가는 선풍의 중심 사찰이 선학원이었다.

그런데 강석주가 필방에서 머문 지 1년쯤 되었을 때, 9촌 아저씨가 남의 사업 보증을 선 것이 잘못되어 큰 빚을 짐에 따라 아저씨는 데리고 있던 아이들을 고향으로 돌려보냈다. 그러나 강석주는 그의 부모님이 형제 가운데 한 사람은 스님으로 만들고 싶다는 말씀을 기억하였던 아저씨의 배려로 인하여 선학원으로 보내지게 되었다. 물론 거기에는 선학원에 심부름 다니면서 알게 된 선학원 원주를 보던 젊은 승려가 강석주에게 선학원에 와서 같이 공부하며 지내자고 권유한 것도 작용하였다.

강석주는 선학원의 행자로서 인생의 새로운 전기를 맞이하였다. 1923년 봄, 열다섯 살이던 강석주는 이로부터 김남전을 은사로 사미행자승으로 변신을 히였다. 당시 선학원에는 김남전, 김석두, 강도봉, 한용운 등 네 명의 승려만이 상주하고 있었다. 이때부터 강석주의 매운 시집살이, 행자생활은 시작되었다. 꼭두새벽에 일어나 도량을 청소하고, 새벽예불 준비, 대중들의 공양 준비, 장보기, 스님들 심부름, 빨래, 방에 군불 때기, 통나무를 도끼로 패어 쌓아 놓기 등

---

2) 서울 종로구 안국동 50번지에 소재하였던 선학원은 지금도 선학원의 이름으로 활동하고 있다. 전국 선원 500여 개의 본부(재단법인)의 사찰(중앙선원)이기도 하다.

3) 졸고, 〈일제하 선학원의 운영과 성격〉, 《한국근대불교사연구》, 민족사, 1996.

이 그가 해야 할 일이었다. 행자는 강석주 혼자였으니 갖은 고생을 면할 수 없는 처지였다. 하루해가 어떻게 갔는지도 모를 정도였고, 스님들에게 무슨 잔소리를 듣지나 않을까 노심초사하며 지내게 되었다.

그 시절 강석주가 기억하고 있는 만해는 행자인 자신에게는 말 한마디도 건네지 않고, 자그마하고 단단해 보이는 몸으로 비구승들에게 호통을 칠 때 이외에는 항상 무표정의 얼굴이었다고 한다. 아마도 그때는 만해가 3·1운동의 주역으로 일제에 의해 3년간을 형무소에 수감되어 있다가 나온 직후라 비타협과 강직성이 몸에 배여 있었기에 강석주는 그렇게 기억하였을 것이다. 만해는 자신에게 엄격한 만큼 선학원의 대중들의 허물도 간단히 여기지 않아서 만해에게 걸리면 불호령이 떨어지곤 하였기에 강석주는 감히 범접하기 어려운 존재였다. 선학원의 온갖 허드렛일을 전담하였던 행자인 강석주는 만해의 입에서 어떤 말이 나올까 하고 조바심으로 바라보며 지냈다.

그때 강석주는 여느 젊은이처럼 세상에 대한 궁금증도 있었고 신학문을 배우고 싶은 마음도 있었으나 선학원의 열악한 형편 때문에 뜻을 접을 수밖에 없었다. 그저 염불을 익히고, 절의 자질구레한 일만이 그를 기다리고 있었다. 더욱이 은사인 김남전은 강석주에게 사적인 용무로 인한 일체의 바깥출입도 금하였다. 밖에 나가면 속세의 바람을 탄다는 염려에서 나온 조치였다.

그런데 절에 들어온 지 몇 달이 지날 즈음 김남전이 선학원을 장기간 비우게 되었다. 강석주는 이 틈을 이용하여 종로의 청년회관에 있는 야학을 나갔다. 거기에서 이희승, 최현배의 한글 강의도 들었다. 이때 강석주는 《초등 대한역사》《대한 국어문법》《조선문전》《개벽》 등을 구해 읽고, 은연중 일본의 식민통치에 대한 저항의식을 키워 가기도 했다. 그리고 한밤중에는 동대문 옆에 있었던 스케이트장에 가서 매서운 겨울바람을 맞으며 스케이트도 탔다. 그때 강석주는 사회 친구들도 사귀었는데, 어느 날 그 친구들과 함께 만주로 건너가 독립운동을 하자는 약속을 하였지만 그것을 실행하지는 못하였다. 은사가 없는 틈을 타 그의 곁을 떠나는 것은 스승에 대한 은혜를 저버리는 것이기 때문이었다.

이러한 바깥출입, 속세와의 만남은 김남전이 다시 선학원에 돌아오면서 6개월 만에 자연 중단되었다. 그 무렵 모두가 잠이 든 한밤중에 요란하게 대문을 두드리는 소리가 나서 강석주는 대문에 나가보았다. 만해가 술을 거나하게 먹고 "우리나라는 기필코 독립할 거야! 그날을 위해 축배 삼아 한 잔 했지."라고 큰소리로 말하였다. 술에 취해 팔을 휘저으며 자신의 방으로 들어가는 만해의 뒷모습을 보며, 강석주는 나라를 잃은 선각자의 고뇌와 비애를 가슴속에 뚜렷하게 새겨 놓았다.[4]

강석주는 만해를 시봉하는 일이 고역으로만 여겨지지는 않았다. 고뇌하는 만해, 그의 고민은 몸 전체에 배어날 수밖에 없었을 것이다. 이 점에 대하여 강석주는 아래와 같이 회고하였다.

---

4) 《월간 해인》 176호(1996.10), 〈나의 행자시절, 선학원에서 보낸 고된 시집살이 여섯 해-석주 스님〉.

만해 스님을 선학원에서 시봉했지만 평소에는 말씀도 별로 없으시고 무척 근엄하셔서 보통 사람들은 말을 붙이기가 힘들 정도로 근엄한 행동거지를 견지하셨지요. 스님은 특히 올바른 사상을 갖지 못한 사람은 만나지도, 곁에 가까이 하지도 않을 만큼 무척 엄격했습니다.[5]

근엄한 행동거지는 만해 자신의 고민과 사상을 가다듬으려는 표출이었다. 당시 만해는 청년 학생들에게 인기가 많아 이곳저곳을 다니면서 강연을 하였다. 그러나 강연이 없을 때에는 후원의 독방에 머물며 서화를 하였다. 만해의 방에는 종이, 붓, 먹물이 항상 놓여 있었다. 또한 화단의 화초를 키우고 금붕어를 기르는 일도 만해의 일과에 포함되었다. 대중의 승려들에게는 '중놈들'이란 표현을 하면서 화를 내고 호통을 치며 지냈지만, 화초와 금붕어에게는 미소를 띠우며 지냈다. 이런 만해의 지근거리에 강석주가 있었음은 물론이었다.

만해는 공식적인 강연의 무대에 서면 열변을 토하지만, 그 무대에서 내려오면 고뇌하는 지성, 차가운 모습으로 되돌아오곤 하였다고 강석주는 회고한다.

만해 스님은 평소에는 별 말씀이 없었지만, 변재가 출중한 분이셨어. 당시에는 각 종교계의 인사들이 모여 공동 강연회를 열었는데, 만해 스님께서는 뛰어난 변재로 청중들을 사로잡아 제일 인기가 좋

---

5) 강석주, 〈만해 스님을 기루며〉, 《만해새얼》 2호(1996년 가을).

으셨지.

강연회가 끝나면 기독교계 인사들은 미리부터 '질문을 하지 마라'고 하고는 어떤 질문도 받지 않았지. 그러나 만해 스님은 달랐어. 누구나 질문을 하라고 하셨고, 청중들은 스님께 몰려들어 질문 공세를 퍼부었지. 그러면 만해 스님께서 조목조목 정확하고 시원한 답변을 해주셨어. 나중에는 사회자가 나서서 '미안하지만 나중에 개인적으로 질문하라'며 떼어놓을 정도였으니까.

그토록 박식한 분인데 그분의 방에 들어가면 이상하리만큼 책이 한 권도 없었어. 그 힘이 어디서 나온 것이겠는가? 바로 스님의 정진력이요, 도력이야.[6]

강석주는 만해의 방을 청소하러 가보면 책 한 권도 없었고, 강연 준비를 위해 따로 참고도서를 보지 않았으면서도 강연을 그렇게 잘할 수 있는 이유를 알게 되었다. 만해는 이미 그 이전에 모든 책을 다 보았다는 것이었다. 이때부터 강석주도 다양한 책을 구해 읽기 시작하였다. 인근의 인사동 책방에 나아가 조선교육협회에서 발행한 교과서와 다양한 교양 및 역사 서적을 사서 읽었다. 그리고 문학 잡지, 시사잡지를 구독하고 《조선일보》, 《동아일보》를 꾸준히 보았다. 이로써 강석주는 만해를 단순히 시봉하는 행자에서 만해 정신을 배우려는 젊은 학승으로 변모하였다.

한편, 만해는 자신의 강연을 듣고 선학원으로 찾아오는 사람들에

---

6) 김현준, 《도심 속의 도인 석주 큰스님》(효림, 2005), 23~24쪽.

게 매우 냉담하게 대하였다. 그래서 그 방문객들은 실망을 하고 발걸음을 돌리는 것이 예사였다. 이러한 민족 지성의 몸가짐을 행자시절의 강석주는 이해할 수 없었다. 가끔 만해의 방에 군불을 때는 일도 강석주의 몫이었지만, 웬만한 날씨에 불을 넣으면 여지없이 불호령이 내렸다. 차디찬 감옥에서 수행을 하였기에 그랬는지 알 수 없는 일이었지만, 강석주는 차가운 방에서 자고 나서는 새벽에 일어나아침을 준비하는 아궁이에서 불을 지피며 몸을 녹일 수밖에 없었다.

그 시절 만해는 서울의 선학원과 강원도 백담사를 오가며 자신의 길을 묵묵히 가고 있었다. 그런데 1926년 봄과 여름에는 여느 해와는 다른 일이 만해와 강석주에게서 일어났다. 당시 그 정황을 강석주의 회고에서 살펴보면 다음과 같다.

백담사에 계시다가 선학원에 오시면 내가 군불도 넣어 드리고 밥도 지어 드렸지. 《님의 침묵》이 나왔을 땐, 내가 직접 책방에 나누어 주고 수금(收金)도 해 갖다 드렸지. 그런데 《님의 침묵》은 당시엔 별 반응이 없었어. 책이 잘 안 팔릴 때였으니까. 《님의 침묵》 총판은 '회동서관'이라고 을지로 근처에 있었지. 한선생(스님은 만해 스님을 존경하는 뜻에서 한선생이라 표현하신다)은 기미만세운동 뒤 감옥에서 한 3년 사시고 나온 후여서 그런지 말씀도 잘 안 하시고 남들이 우스운 얘기를 하면 겨우 웃는 정도였지. 좀처럼 허튼 말하는 법이 없었어.[7]

---

7) 《월간 봉은》 불기 2537년 6월호(복간 9호), 〈특별대담/내가 본 한국불교근세사 :

추위가 조금씩 풀리면서 한용운 선생의 시집 《님의 침묵》 출간 준비로 나는 매우 바빠졌다. 출판, 배포, 수금에 이르기까지 선생의 모든 잔심부름을 내가 도맡아 했기 때문이다. 책은 '회동서관'이라는 출판사에서 168페이지의 초판본으로 출간되었다. 책이 나오던 날 나는 그렇게 기쁠 수가 없었다. 따끈한 시집을 들고 한용운 선생에게로 달려갔다. 선생은 매우 흡족해 하시며 칭찬에 인색한 분이었지만 수고했다며 어깨를 한 번 툭 쳐주셨다. 그 동안 책에 실릴 시들을 읽어가면서 선학원과 회동서관을 오가며 책이 나오기만을 손꼽아 기다렸다. 시집이 나오자 선생이 일러준 곳을 찾아다니며 책을 전해주고 밤이 되면 시집을 펴보곤 했다. 출판 당시 시집은 별 반응이 없는 듯했지만 곧 의식 있다는 젊은이들 사이에서 애독서가 되어 갔다.[8]

위와 같은 강석주의 회고에 의하면 강석주는 《님의 침묵》과 떼려야 뗄 수 없는 인물임이 분명하다. 강석주라는 이름은 《님의 침묵》의 이면사, 근대문학사에도 필히 수록되어야 할 대상이다. 즉 강석주는 《님의 침묵》이 발간되어 나온 그날, 회동서관에서[9] 그것을 받아들고 부지런히 선학원에 있었던 만해에게로 달려 왔음이 분명하

<hr>

봉은사조실 석주 스님과 성문 스님의 대화〉.

8) 《유심》 7호(2001년 겨울), 〈내 마음 속의 만해/석주 스님, 아! 만해님은 아직 내 곁에 있습니다〉, 10쪽.

9) 회동서관은 지금의 조흥은행 본점 자리(서울시 남대문로 1가 14번지)에 있었다. 본래는 '고제홍서사'라는 서적상에서 출발하였으나, 1907년부터 회동서관으로 상호를 바꾸고 출판업으로 변경하며 민족계 서점으로 성장하였다. 《한겨레신문》, 2005년 5월 18일 〈'회동서관'을 아십니까〉 참조.

다. 시집 발간을 고대하였던 만해도 평소와 달리 심부름을 하였던 강석주를 칭찬까지 해주었다는 것이다. 시집이 나온 이후, 강석주는 《님의 침묵》을 책방에 배포하고, 그 수금을 하는 일도 맡았음이 분명하다.[10]

그런데 여기에서 《님의 침묵》의 원고를 회동서관에 전달한 당사자가 강석주였는가는 정확하지 않다. 그럴 가능성은 있지만 필자가 직접 전하여 주는 관행을 생각해 볼 때, 이 점은 신중한 검토가 요망된다.[11]

그러나 강석주가 《님의 침묵》을 최초로 받아 본 인물임은 분명하다. 강석주는 《님의 침묵》을 배포하면서, 밤에는 시집에 실린 시들을 읽은 독자였다. 어찌 보면 강석주가 최초의 독자일지도 모른다. 공식적인 문단사에서 《님의 침묵》을 최초로 평한 문학인은 주요한이었지만, 공식적인 독자는 강석주가 최초일 것이다. 당시 그는 〈나룻배와 행인〉을 좋아하였다. 강석주로서는 만해의 평상시 행동, 즉 무표정하고, 냉랭하고, 차가운 인상과 달리 《님의 침묵》에 실린 시들이 부드럽고, 여성적인 느낌이 배어 나옴을 납득할 수 없었다. 다

---

10) 강석주는 2001년 6월 28일, 선학원 《선원》의 기자인 류봉수와의 대담에서 "《님의 침묵》은 내가 인쇄하고 책 만드는 것을 도와드렸어요"라고 하였다. 《선원》 75호(2001.7.1) 4면의 〈특집 선학원 창건 80년, 석주 스님에 듣는다(1)〉.

11) 이 점은 위에서 인용한 《유심》의 회고 글을 분석하면 알 수 있다. 그 글을 유심히 살피면 강석주의 육성을 그대로 옮긴 것이 아니라 편집자 혹은 제3자가 수정, 가필하였음을 알 수 있다. 필자가 추정하건대 그는 강석주를 만나, 증언을 청취하여 그 녹취글을 작성한 당사자의 주관적인 판단이 일부 들어간 결과라 이해된다. 한편 《불교신문》 조병활 기자는 필자와의 대담에서 당시 강석주는 《님의 침묵》 출간 비용을 후원해 주었다는 말을 강석주에게 들었다고 말하였다.

만, 화초를 기르고 금붕어를 돌보던 그 모습을 떠올릴 뿐이었다.

《님의 침묵》이 출간된 이후의 정황에서 강석주는 우리에게 귀중한 정보를 전하고 있다. 그 내용은 우선 만해가 머물던 선학원의 인근 학교인 덕성여고 여학생이 찾아와서는 "여기에 《님의 침묵》을 쓰신 한용운 스님 계십니까?"라고 묻고는 만해 스님에게 전해달라고 흰 편지봉투를 내밀어, 그것을 만해에게 전해 주었다는 것이다. 그 편지를 받은 만해는 그 자리에서 펴 보고는 평상시답지 않게 싱긋 웃었다고 한다.

다음으로는 만해의 시에 수없이 나오는 '님'과 관련해서 그 대상이 실존인물을 모델로 하였다는 것이다. 당시 선학원 대중 승려들은 만해가 오세암에서 시를 쓸 때 서여연화라는 미색의 보살과 함께 살았다는 소문을 놓고 수군대었다는 것이다. 강석주는 그 보살을 만나보지는 못하였지만, 《님의 침묵》이 나오기 이전에 선학원에 있는 만해를 찾아왔다고 한다. 이 같은 정황과 관련해서 필자는 오세암에서 같이 살았다는 것은 그 지근거리에서 만해를 시봉하였을 가능성이 있다고 추론하고 있다. 한편 신흥사의 인근 암자인 안양암에서 만해와 서여연화 보살이 함께 살았다는 저간의 이야기도 전하고 있다. 문학평론계에서도 만해가 시의 소재로 대상화한 '님'이 실재 인물을 모델로 하였을 가능성은 개진되었지만, 아직은 보편적으로 인정되지 않고 있다.

1926년 《님의 침묵》을 발간한 만해는 1927년부터는 민족 단일운동체였던 신간회의 간부로 활동하며, 더욱더 활동의 폭을 확대시키고 있었다. 만해는 신간회의 창립에 발기인으로 참여하고, 중앙집행위원과 경성지회장으로 활동하였다. 이러한 신간회 활동과 관련해서 강석주는 다음과 같이 회고하였다.

그 당시 만해 스님이 신간회 서울지부 회장을 하셨거든. 그 회의도 다 선학원 법당에서 하고 그랬어요. 뜻 있는 이들이 많이 왔다 갔다 하던 때였지.[12]

만해가 머물던 선학원의 법당이 신간회 운동의 핵심 거점이었다. 선학원의 행자로 만해를 시봉하던 강석주도 어느새 속세의 나이로 스무 살의 청년이 되었다. 세상물정도 알게 되었고, 만해정신도 어느 정도 체득하였으며, 행자노릇 6년을 지내면서 절의 가풍도 거의 익히게 되었다. 이제 강석주는 새로운 변화를 시도하였다. 만해도 1927년부터는 출가 사찰인 백담사의 본사인 건봉사에 자주 머물고 있었다. 1928년 초반, 강석주는 선학원에서의 생활을 마치고 강원으로 가서 공부하려는 마음을 내고 있었다.

그러나 선학원의 살림살이를 도맡아 하는 자신의 역할로 인하여 그것은 쉽지 않았다. 일시적으로는 마음이 흔들리고 게을러져 은사인 남전 스님의 꾸지람도 들었다. 그런데 그 무렵, 선학원에 들른 범어사 경산 스님의 "석주도 이제는 강원공부를 시킬 때가 되었다"는

---

12) 《불교저널 21》 통권 115호(2001.4.10), 〈큰스님의 사자후, 서울 칠보사 조실 석주 큰스님〉.

말을 계기로 범어사로 내려가게 되었다. 그의 짐 꾸러미 한켠에는 만해의 《님의 침묵》이 담겨 있었음에서,[13] 강석주의 만해정신의 체득은 간단한 것이 아니었다.[14]

1928년 2월 1일, 행자인 강석주는 사미십계와 정일이라는 법명을 받고 정식 승려가 되었다. 이후 그는 범어사 강원에서 공부하게 되고, 1933년 3월 18일 강원 대교과를 졸업하였다. 그는 다시 선학원으로 돌아왔다. 은사인 남전 스님을 시봉하기 위함이었다. 이때 은사인 남전으로부터 석주(昔珠)라는 법호를 받았다.

당시의 만해는 선학원을 떠나 서울의 외곽인 성북동에 심우장을 지어 놓고 따로 살고 있었다. 선학원에도 약간의 변화가 일어나 재정의 빈곤을 타개하기 위한 차원에서 재단법인 선리참구원이 등장하였던 것이다. 이때 그는 서기를 보면서 선학원 살림살이를 맡게 되었다. 그러면서도 수행의 끈을 놓지 않으려고 오대산 상원사 선방의 방한암 회상에서 한철을 지냈다. 상원사에서 《범망경》까지 배워 선학원으로 돌아왔으나, 은사인 김남전이 1936년 4월 28일에 입적하였다. 강석주는 마음을 다시 추스르고 금강산 마하연, 덕숭산 정혜사, 묘향산 보현사 등의 선방을 다니며 수행을 지속하였다.

이렇게 범어사 강원과 각처 선방에서의 수행을 거친 이후 만해와

---

13) 강석주를 면담한 조병활은 강석주가 《님의 침묵》 몇 권을 가지고 가서, 범어사 승려들에게 나누어 주었다고 하였다. 다만 그 권수를 정확히 기억하지는 못하였다고 필자에게 전해 주었다.

14) 강석주는 선학원에서 만해를 자주 뵈었기에 만해의 영향을 많이 받았다고 고백하였다. 위의 《선원》 참조.

강석주의 인연이 어떻게 전개되었는지는 잘 알 수 없다. 그러나 1939년 음력으로 7월 12일, 만해의 지인들이 서울 동대문 부근의 사찰인 청량사에 모여 있었다. 그날은 만해의 회갑이었다. 참석한 인사는 홍명희, 오세창, 박광, 이원혁, 장도환, 김관호, 권동진, 박윤진, 노기용 등 20여 명이었다. 그들은 만해의 회갑을 축하하고, 식사하면서 기념 휘호도 작성하였다.

바로 이 자리에 강석주도 참석하였다. 예전에 선학원에서 만해를 시봉할 때는 열다섯 살의 소년이었지만, 세월은 흘러 서른 살의 당당한 승려가 되어 있었다. 그때 강석주는 만해를 민족의 '태양(太陽)' '거성(巨星)'으로 표현하고, '만해대선사(卍海大禪師)의 수신(壽辰)'을 축하한다고 휘호하였다.[15]

이제 강석주는 선학원에서 온갖 허드레 일만 하던 행자가 아니었다. 그는 만해에게서 체득한 민족정신을 바탕으로 다양한 수행을 거친 중견 승려였다. 아마 그날 만해와 석주는 진한 재회를 하였을 것이다. 그리고 강석주는 만해에게 쓴 곡차를 한 잔 올리지 않았을까 생각된다.

1940년 강석주는 범어사로 다시 내려갔다. 부산 동래의 금정선원의 책임자를 역임하기도 하였지만 일제의 사슬에 의해 움직임 자체가 간단치 않았다. 일제는 강석주도 징병의 대상으로 삼으려 하였기에 만주로 피신할 계획도 세웠다. 다행히 범어사 노전 소임을 보면서 일제의 눈초리를 피할 수 있었다. 바로 이렇게 강석주가 고통을

---

15) 《만해선생 송수 화첩》(만해선생 壽帖) 참조.

받을 무렵, 1944년 6월 29일 만해는 심우장에서 그의 최후를 맞았다. 전하는 기록을 종합하면, 강석주가 심우장에서의 장례식에 참석했다는 정황은 찾을 수 없다. 그러나 범어사에서 그 소식은 들었을 것이다. 장례식에 가지는 못하였지만, 그의 마음 한 곁에 굳건하게 자리 잡은 만해정신은 여전하였을 것이다.

3. 만해정신을 실천하며

1945년 8월 15일, 해방이 되던 그날 강석주는 범어사에 있었다. 강석주는 다음날 부지런히 짐을 꾸리고 준비하여 서울로 올라왔다. 그때 범어사 승려였던 김법린을 위시한 다수 승려들이 일제하의 불교 교단을 부인하고, 교권 인수와 교단개혁을 위해 조계사로 올라온 것과 무관치 않은 행보였다. 서울에 온 강석주는 선학원을 근거로 자신이 해야 할 일을 생각하였다. 당시 강석주의 판단은 전하고 있지 않지만, 결과적으로는 선학원에서 불교혁신의 활동이 일어나고 있었다.

나는 당시에 선학원에 있으면서 혁신입장에 섰지. 조명기(전 동대총장), 정두석(전 동대총장), 백석기(당시 서울시 사회국장), 장상봉(월북), 곽서순(월북) 씨 등과 일주일에 한 번씩 모여 토론도 하고 그랬어. 그때 우리는 "정치적인 데 참여하지 말고 오로지 불교혁신만 전력하자"고 약속을 했어. 그건 끝까지 잘 지켜진 편이야. 열심히 했어. 전문학교도 하나 세우고, 혁신정책도 연구해서 총무원에 건의도 많이 하고 그랬지.

그런데 총무원이 묵묵부답이야. 그래 이 총무원 갖고는 안 되겠다 생각해서 '대한불교총본원'이라는 간판도 조계사에 새로 걸고 그랬지. 나중에 여성단체하고 이종익 씨가 했던 단체하고 힘을 합해 '불교혁신연맹'이란 걸 조직하여 힘을 모았어. 위원장을 경봉(鏡峰, 전 통도사 조실) 스님이 하셨지. 사회적으로 토지개혁운동이 한창일 때 우리도 논의하여 '무상몰수 무상분배'를 결의하기도 했지. 그게 좌익 주장하고 같다고 좌익이란 모함도 들었지.[16)

선학원이 불교혁신의 핵심거점 역할을 하였던 것이다. 불교혁신의 내용과 지향은 강석주의 현실인식과 무관할 수 없는 것이었다. 당시 기라성 같은 불교혁신론자들과 선학원에서 1주일마다 모여 불교혁신책을 연구하고 그것을 총무원에 제출하였다.[17) 그러나 당시 교단은 재야의 혁신단체가 건의한 방안을 적극적으로 수용하지 않았다. 이에 재야 혁신단체는 총단결하여 불교혁신연맹을 결성, 교단과 대응적인 노선을 표방했다.[18) 그 결과는 개별적인 총무원의 설립이었는데, 강석주가 머무르던 선학원은 혁신단체와 함께 전국불교

---

16) 위의 《월간 봉은》과 같음, 〈특별대담〉, 10쪽.

17) 강석주는 《법륜》(1989.8)에 〈교단의 혁신을 위한 조선불교총본원의 활동〉을 기고하였다.

18) 졸고, 〈불교혁신총연맹의 결성과 이념〉, 《한국근대불교의 현실인식》, 민족사, 1998.

도총연맹을 결성하고, 그 기반하에서 조선불교총본원을 조직하였
다.[19]

이처럼 강석주는 해방공간에서 불교혁신을 고민하고, 그것을 실
천에 옮기려는 치열한 활동을 하였다.[20] 그러나 교단 집행부와의 이
질적인 이해관계 때문에 그것은 잘 이행되지 않았다.

필자가 이 시기 불교사의 움직임을 연구하면서 느낀 소회를 강석
주의 노선과 관련하여 개진하고자 한다. 당시 교단 집행부와 재야
혁신단체 간의 갈등 및 대립의 저변에는 일제하 불교의 부산물인 대
처승 문제가 자리 잡고 있었다. 교단 집행부는 대처승을 인정하는
대중불교를 주장하면서 이것이 만해의 노선이라고 강조하였다. 그
러나 혁신단체는 일제하 불교의 관행을 부정하며 대처승은 정식 수
행 승려로 볼 수 없다는 취지에 의거하여 수좌승을 불교의 중심에
놓고 교단을 개혁하려는 구도를 갖고 있었다.

교도제라고 불리는 그 대안은 요컨대 청정 비구승 중심의 교단 개
혁이었다. 당시 대처승이 절대 다수를 차지하는 것이 현실이었기에
양측의 갈등은 쉽게 봉합되지 않고, 이렇게 상이한 현실인식은 두
개의 총무원이 등장하는 사태를 낳았던 것이다. 그런데 양측의 핵심

---

19) 졸고, 〈전국불교도총연맹의 결성과 불교계 동향〉, 《한국근대불교의 현실인
    식》, 민족사, 1998.

20) 《선원》 76호(2001.8.1), 〈선학원 창건 80주년, 석주 큰스님에게 듣는다, 2〉. 이 회
    고에서 "선학원에서는 나 혼자 다니다가, 당시 이사장이셨던 경봉 스님과 부이
    사장인 용담 스님이 적극적으로 참여하게 되었죠. 용담 스님은 만해 한용운 스
    님의 제자이셨죠."라고 하였다.

에는 모두 만해의 제자들이 자리 잡고 있었다. 교단 집행부에는 총무원장인 김법린을 비롯하여 최범술, 유엽, 장도환 등이 핵심이었는데 이들은 항일 비밀결사체인 만당의 주역으로서 만해를 따르고 민족운동을 하였던 부류이었다.[21]

그에 반해서 선학원, 재야 혁신단체는 위원장인 김경봉, 부위원장인 김용담 그리고 강석주 등이 주도하였다. 전자에 포함된 대부분은 결혼을 한 대처승이었다. 그에 반해 후자는 비구승,[22] 혹은 결혼한 대처승이었지만[23] 비구승 중심의 교단 재건을 옹호하였다.

이렇게 해방공간에서 만해의 추종자들은 분열되었다. 그러나 그들은 각기 만해의 정신을 계승한다고 자임하였다. 이렇게 해방공간이라는 변화된 현실에서 만해의 제자들이 만해의 일부분을 계승하며 그를 정통으로 인식하였던 역사의 아이러니를 추후 어떻게 평가할 것인가의 과제가 우리에게 놓여 있다.

그러나 해방공간의 불교개혁은 미군정의 우익 중심의 정책, 또한 김구의 남북연석회의에 동참한 혁신인사들이 북한에 잔류하였던 문

---

21) 해방 당시 불교청년당 당원이고, 조선불교학생동맹 위원장이었던 이외윤은 이를 "그때 중앙총무원장이나 불교유학생이나 지성인은 한용운을 가장 존경했죠. 총무원장 김법린, 최범술, 오태근 등 모두 만당 출신이야. 중간에 변절한 사람도 있었지만 청년들도 만해를 흠모했고 불교의 민족운동, 사회사상에는 만해가 월등했어요. 그 뒤를 이어야 했기 때문에 조선불교의 혁명이라고 했죠."라고 하였다. 《22인의 증언을 통해 본 근현대 불교사》(선우도량, 2002), 150쪽. 이런 내용은 이외윤이 《주간불교》에 기고한 〈나의 불교적 편력〉(1986.7.20)에서도 해방 직후 교단의 중심인물이 '만당관계 인사'가 중심이었다고 개진하였다.

22) 강석주는 일제 말기 범어사에 있을 때 결혼하라는 청을 거절하였다.

23) 김경봉과 김용담은 결혼한 이력이 있었다.

제, 혁신파 내부의 분열 등 다양한 요인이 결합되어 중도 하차되었다. 급기야 당시 일어난 6·25로 인하여 불교혁신은 물거품이 되고, 혁신계열은 빨갱이로 매도당하였다. 6·25 때 혁신계열의 대표인 김경봉은 양산경찰서로 끌려가 고문을 받았고, 서울에 있었던 강석주는 수복 후 종로경찰서에 끌려가 3일간 고초를 겪었다.

한편 해방공간에서 강석주가 남다른 애정을 쏟았던 사업이 있었는데 한글선학간행회의 활동이었다. 선학원에 있었던 한글선학간행회는 한문으로 된 불교경전을 우리말로 펴내 불교대중화를 기한다는 의도하에 1948년 1월 30일에 한글 선학 제1권을 펴냈으니 《선가귀감》이었다. 저작자는 한글선학간행회였고, 발행소는 선학원이었다. 인쇄는 마포형무소에서 하였으며, 비매품으로 간행되었다. 이 책의 특이점은 서산 대사의 《선가귀감》을 완전한 우리말로 펴낸 것이다.[24]

그리고 그 책의 말미에는 선학간행회의 450여 명의 회원 명단이 진하는데 승려, 사찰, 재가신도와 김구, 이승만, 김규식, 이범석 등을 포함한 일반 국민들이 참여하였다. 이 선학간행회의 이사장이 이운허였고, 부이사장은 강석주 당신이었다고 회고하였다.[25]

그리고 흥미로운 것은 그 책의 실질적인 번역자가 만해의 제자로 불교혁신활동의 주역이었던 김용담이었다는 점이다. 이에 대한 강

---

24) 이 책의 역경 측면에서의 의의는 윤창화, 〈해방 이후 역경의 성격과 의의〉, 《대각사상》 5집(2002)의 138~146쪽의 내용을 참조할 것.

25) 《선원》 77호(2001.9.1), 〈선학원 창건 80년, 석주 큰스님에게 듣는다, 3〉.

석주의 회고를 참고해 보면 다음과 같다.

> 용담 스님은 만해 스님의 제자야. 교학에 아주 밝았지. 용담 스님
> 께서는 《선가귀감》을 번역할 당시에 어린 학생들에게까지 이해할
> 수 있는가를 일일이 물어보고 정성을 다해 번역하셨지. 그래서인지
> 50년이 지난 오늘날에도 용담 스님의 《선가귀감》 번역본을 따라올
> 책이 없는 것 같아. 그런데 이 《선가귀감》을 마포형무소에 있던 인
> 쇄기로 찍는 바람에 교정을 제대로 보지 못했어. 그래서 흡족하게 출
> 간되지 못하였지. 이 점이 지금도 아쉬워.
>
> 용담 스님은 김구 선생이 사회단체연석회의에 참석하러 북쪽에 갔
> 을 때 동행을 하였다가 돌아오지 않으셨지. 나중에 교계의 어느 스님
> 이 용담 스님의 원고로 《선가귀감》을 재출간하면서 자신이 편역한
> 것처럼 만든 일도 있었지. 얼마 전 나는 한 출판사에 내가 갖고 있는
> 판권을 넘겨, 용담 스님의 이름으로 새롭게 출간하였어.[26]

파란 많은 해방공간에서 선학간행회를 조직하고 《선가귀감》을
만들어 낸 강석주의 원력에는 만해의 역경을 통한 불교대중화 정신
이 관통하고 있었다.[27]
강석주와 함께 역경불사에 참여한 김용담은 법명이 '초안(初眼)'으

---

26) 《도심 속의 도인 석주 큰스님》, 76~77쪽.
27) 만해의 역경에 대해서는 졸고, 〈일제하의 역경〉, 《대각사상》 5집(2002), 57~58
   쪽, 66~67쪽의 내용을 참조할 것.

로 덕숭산 만공 회상에서 수행을 한 선객이었다.[28] 탑골공원에 서 있는 만해의 비석에는 김용담이 만해의 제자로 새겨져 있다. 김용담은 1948년 4월 19일 강석주에게 "신의주에 있는 동생을 만나겠다" "이북에서 정리할 것이 있다."는 말을 남기고 김구 선생과 함께 정당 사회단체 대표자 연석회의에 참석하기 위해 월북하였다. 그러다가 6·25가 터지자 서울로 내려와 남조선불교도연맹의 간부로 활동하다 9·28 수복 때 다시 이북으로 올라갔다.[29]

김용담이 이북으로 올라간 50여 년 동안 강석주는 김용담의 이름, 김용담이 펴낸 《선가귀감》에 대한 남에게 말 못할 이야기를 가슴에 묻고 살았다. 2002년 6월 10일, 필자는 억수같이 쏟아지는 비를 맞으며 칠보사로 향하였다. 탄허 스님과 강석주와의 인연을 인터뷰를 하기 위함이었다. 대화 도중과 인터뷰가 끝날 즈음에 필자는 강석주에게 김용담에 관한 질문을 하였다.[30]

그 내용은 위에서 필자가 소개한 내용과 대동소이하다. 대화 말미에 필자는 김용담을 높이 평가하고 조속한 시일 내에 재평가와 복권이 이루어져야 한다고 언급하였다. 그때 강석주의 눈에 희미한 눈물 그림자가 어리는 것을 보았고, 김용담을 그리워하는 듯한 그의 약간

---

28) 강석주의 증언에 따르면 그는 일제 말기에는 처자식이 있었다고 한다. 남한에 김용담의 아들과 손자가 생존하고 있는데, 필자는 손자인 김하림과 통화한 적이 있다.

29) 《방상굴 법어》(월정사, 2003), 부록, 〈탄허 스님에 대한 원로스님의 증언과 인터뷰(2)〉, 458쪽.

30) 그 내용은 위의 《방상굴 법어》에 수록되어 있다.

높은 톤의 억양을 필자는 들었다. 강석주는 김용담의 《선가귀감》이 해방 이후 제일 잘된 번역이라는 것을 강조하고 조만간 그것을 다시 복간할 예정이라고 하였다. 필자가 대담을 마치고 돌아가려고 할 때 당신의 큰 우산을 내주며 배려해 준 따듯한 손길을 잊을 수 없다.

그로부터 두 달 후, 김용담의 《선가귀감》은 효림출판사에서 '용담 스님 역주'라는 이름으로 당당히 이 세상에 다시 나왔다. 그 책의 말미의 〈용담 스님의 선가귀감을 다시 펴내며〉라는 글에서 강석주는 시중에 여러 《선가귀감》의 번역본이 있지만 용담 스님의 것을 따라올 수 없는 것은 용담 스님이 심혈을 기울였기 때문이라고 하면서, 용담 스님의 이름으로 다시 출간한 것이 그 동안 미루어 왔던 숙제를 마친 듯이 마음이 후련하다고 적었다. 얼마나 아름다운 기억이며, 추억이고, 인연의 매듭인가. 그 매듭은 곧 만해정신의 구현이라 아니할 수 없다.

만해의 역경정신을 계승한 강석주는 불교정화가 진행되는 와중에서도 역경사업을 함께 했던 이운허와 뜻을 같이 하여 수많은 경전을 번역하여 간행하도록 하였다. 이운허는 번역을, 강석주는 재정과 출판을 담당하였다. 1950년대에 나온 《범망경》《한글금강경》《정토삼부경》《사미율의 요략》《보현행원품》 등은 이러한 구도에서 나온 것이었다. 정화운동이 일단락된 직후인 1961년 강석주는 법보원을 설립하여 이운허, 김탄허, 한길로, 김달진, 박한영, 이종익 등이 번역한 경전, 어록, 선시 등을 법보시, 무상으로 출판하여 보급하였다.[31]

특히 최초의 불교사전인 이운허의 《불교사전》도 법보원에서 펴 냈다. 강석주의 역경을 통한 불교대중화는 동국대부설 동국역경원 부원장을 맡고, 이전 법보원의 판권을 동국역경원에 넘겨주었던 것 에서도 찾을 수 있다. 동국역경사업진흥회 이사장, 동국역경원 한글 팔만대장경 역경사업 후원회장을 맡은 것에서도 그의 원력과 만해 정신의 계승을 거듭 확인할 수 있다.

이렇게 강석주는 자신만의 독특한 방법으로 만해정신을 실천하였 다. 그러면 강석주는 만해를 어떻게 평가하였는가? 이와 관련하여 강석주는 2편의 글을 남겼다. 《불광》 41호(1978.3)의 3·1절 특집, '한용운 사상의 원천'에 대한 기고문인 〈한용운 선생을 다시 생각한 다〉에서 만해를 선각자로 본다고 단언하였다. 그리고 반세기가 지난 지금도 만해가 주장한 《조선불교유신론》의 불교개혁을 해결하지 못 한 것이 많다고 보고, 참선과 경학공부는 물론 다른 공부까지 철저 히 하신 분이었다고 회고하였다.

그 후 마해 한용운 탄생 100주년 기념강연회에서[32] 강석주는 "한 용운의 불교사상"이라는 주제의 강연을 하였다. 그날 강석주는 강연 의 서두를 다음과 같이 시작하였다.

오늘이 만해 스님이 이 땅에 인연한 지 100세가 되는 날이고 보니 스님의 사상과 행동의 실천 윤리 덕목이 다시금 새로워지며 스님의

---

31) 윤창화, 〈불교경전 한글화와 석주 큰스님〉, 《크신 원력 수미산을 넘어》, 2002.
32) 그것은 조계사에서 1979년 7월 29일 개최되었다.

생각함에 감회가 깊습니다.

만해 한용운 스님은 근대 한국의 가장 위대한 선구자임에 틀림없
습니다. 스님이 남긴 여러 방면의 업적들은 그 방면에서 각각 빛나고
있습니다. 민족을 생각하는 그의 철저한 애국애족의 정신에 있어서
나, 인간정신을 노래한 문학에 있어서나, 불타사상의 가장 투철한 실
천가로서도 그러합니다.

스님은 미망한 근대 한국의 가장 옳은 노선을 가장 옳게끔 그어 나
간 하나의 지표가 되고도 남습니다. 나는 오늘 여기서 만해(萬海) 스
님의 불교정신에 대하여 몇 가지 살펴보려고 합니다.[33]

이렇게 서두를 마친 강석주는 만해의 불교사상을 불교유신운동과
대중불교운동의 실현자, 선교(禪敎) 일치의 불교사상, 보살사상으로
대별하여 강조하였다. 그리고 강연의 말미를 다음과 같이 장식하였다.

만해 한용운 스님의 위대한 정신은 오늘도 우리 겨레의 꺼지지 않
는 영원한 등불이 되어 빛나고 있으며 스님이 계신 이 역사는 외롭지
않습니다.[34]

강석주는 만해의 불교사상, 정신을 철저하게 인식하고, 확신하였
다. 강석주가 정화운동에 참여하며 종단 재건에 남다른 헌신을 한

---

33) 강석주, 〈한용운의 불교사상〉, 《법륜》 128호(1979.10).
34) 위와 같음.

것도 사실은 만해정신의 계승이었다. 종단이 어려울 때면 늘 종단의 수호에 나섰거니와 총무원장을 세 번이나 역임하였음은 그 단적인 예증이다. 그 외에도 그는 본사주지 세 차례를 비롯, 종단 비상시기에 책임자를 맡았지만 한 번도 자진하여 그 직책을 맡지 않았다. 늘 추대에 의해, 주위의 강권에 의해 임무를 수행하였을 뿐이었다.

그러면서 자신이 하지 못한 불교개혁을 위해서 후배 승려들을 감싸고, 후원하는 일을 마다하지 않았다. 그럴 때에 강석주가 강조하였던 것은 불교 재산통합이었다. 불교 재산통합을 통하여 불교의 포교, 교육, 역경 등 다양한 불교대중화 사업을 기해야 한다는 소신을 갖고 있었다. 이런 구도와 방법이 바로 만해가 일관되게 주장한 불교개혁이었음은 두말할 나위가 없는 것이다.

1980년대 중반 조계종 내의 청년승려들이 주도한 이른바 개혁의 기치를 내세운 비상종단시에도 강석주는 그 좌장의 역할을 수행하였다. 비록 비상종단의 개혁 실험은 실패하였지만, 그 지향만은 귀한 것이었다. 비상종단의 핵심이었던 이성문의 질문과 그에 대한 강석주의 답변은 그것을 단적으로 보여 준다.

성문 : 스님께선 선학원운동이나 혁신운동, 정화운동, 그리고 80년대 중반 비록 실패하였지만 저희들과 같이 '비상종단'에도 적극 나서주시고 해서 젊은 사람을 가장 잘 이해해 주시는 종단에서도 드문 어른으로 정평이 나 있습니다. 그런 입장은 언제부터 가지게 되었습니까?

석주 : 선사들 전통이 깃든 선학원 때부터였겠지. 그리고 강원에

있을 때 〈김옥균전〉을 반갑게 읽었지. 개화사상가 김옥균은 독실한 불교인이었지. 김옥균의 개혁정신에 감동해 많이 울기도 많이 울었어. 그리고 해방 후 혁신운동 영향도 있을 테고. 그런데 지금 불교계의 어려운 처지를 자기 문제로 여긴다면 혁신적인 생각을 하지 않는 사람이 이상한 거야. 개혁해야 돼. 그게 중흥하는 길이야.[35]

강석주는 선학원 때부터 개혁사상이 시작되었고, 해방공간 불교혁신운동의 영향으로 철저한 개혁정신을 갖게 되었음을 고백하였다. 강석주가 고백한 그 저변에 만해정신이 있었음은 분명한 것이다. 이 대담에서 강석주는 1980년대 후반 조계종단의 혁신의 대상은 사찰재산 공개와 불교재산 통일이라고 주장하였다. 그러면서 강석주는 젊은 승려들이 각성하고, 단결하면 불교혁신이 가능하다는 의견도 피력하였다.

2001년 3월 말, 94년 종단개혁의 실체인 실천승가회의 주역인 임효림과 가진 대담에서도 위와 같은 기조는 여실하게 드러났다.

효림 : 후학들이 종단을 어떻게 운영해 갔으면 하는지 충고나 당부하고 싶은 말씀은 없으신지요.

석주 : 지금 종단이 여러 면에서 어려움이 많은 걸로 알아요. 신도도 많이 줄고. 나는 늘 이런 생각을 했어요. 사찰들 재산을 다 통합했으면 좋겠어요. 불국사를 예를 들어 말하면, 지금 문중에서 지은 절

---

35) 위의 《월간 봉은》, 11쪽.

이 아니거든요. 신라 때부터 내려오는 절인데 관광 사찰로 들어오는 엄청난 그 수입을 왜 거기 있는 사람들만 마음대로 하는지. 신흥사든, 불국사든 그 수입을 다 중앙에서 통합해서 거기 있는 사람들한테는 예산을 풍부하게 주고, 총무원에 가져다가 인재양성이라든지, 역경사업이라든지 쓸 데 많잖아요? 꼭 필요한 곳에 써야 한다고 봐요. 예전에 정화운동할 때도 재산통일하자는 데 찬성하는 사람은 아무도 없데요. 재산공개하자고 해도 안 하고, 공개하는 게 좋다고 해도 끝까지 반대한단 말이지. 재산통일은 꼭 해야 돼요. 그거 안 하면 안 돼! 정화하자면서 문중이 뭐고……. 아직 한참 멀었어. 생각이 덜 됐단 말이지.[36]

이러한 주장을 할 때 강석주의 속세 나이는 93세였다. 80년을 불교라는 터전에 살면서 수많은 경험을 하였을 진짜 노익장인 강석주의 마음속에 가장 강렬한 불교개혁이 사찰재산의 통합과 그를 통한 불교대중화 사업이었다.

이렇듯이 강석주는 90평생을 만해정신의 실천이라는 화두를 갖고 옹골차게 살아왔다. 강석주가 불교개혁의 차원에서 헌신한 것은 그 밖에도 어린이포교, 중앙승가대학의 건립 및 운영 등 교육불사, 노인복지 등을 찾을 수 있다. 또한 만해정신의 계승의 일환으로 추진된 탑골공원의 만해비석 건립,[37] 한용운 전집의 발간 및 보급, 만해

---

36) 위의 《불교저널 21》.
37) 졸고, 〈사제이자 동지인 아름다운 인연―한용운과 김경봉〉, 《유심》 2005년 여

기념관 건립[38] 등 다양한 불사에도 그의 정성과 이름을 확인할 수 있다. 이러한 내용의 정리는 후일을 약속하며 강석주의 만해정신 계승의 정리는 여기에서 일단 접는다.

4. 결어

지금까지 만해 한용운과 강석주의 인연을 정리하여 보았다. 그 정리한 내용을 몇 개로 대별하는 것으로 맺음말을 대하고자 한다.

첫째, 강석주의 회고, 증언을 통하여 우리는 1920년대 중반 무렵, 선학원을 무대로 전개된 만해의 행보와 그 내용을 충실하게 파악할 수 있었다.

둘째, 해방공간 불교혁신의 내용을 파악함과 동시에 그 활동 공간이 선학원이었음을 알게 되었다. 만해의 제자들이 교단 집행부와 재야 혁신계열 및 선학원으로 나뉘어 불교개혁을 추진하였다. 그러나 그들의 행보는 결과적으로 만해정신 계승의 이질화를 초래하였다. 여기에서 우리는 만해의 계보학의 천착이 요망됨을 다시금 확인한다.

름호.

38) 전보삼, 〈평상심으로 큰 가르침 주신 우리 스님〉, 《크신 원력 수미산을 넘어》, 2002. 만해기념관(남한산성)에는 강석주의 만해사상 특강 원고, 강석주의 유묵(만해가 매천 황현을 추모한 시, 만해가 안중근의 의거를 소재로 한 시, 만해 옥중시)이 전시되어 있다. 그리고 이 기념관과 백담사의 만해기념관 앞뜰에는 만해의 시, 〈나룻배와 행인〉을 강석주가 쓴 유묵으로 새긴 비석이 서 있다.

셋째, 만해정신 계승자로서의 강석주 분석을 통해 우리는 조계종단 내부의 만해정신 구현이라는 새로운 시각을 얻었다. 강석주는 조계종의 총무원장, 원로의원을 역임한 핵심적인 승려였다. 이러한 그가 만해정신을 갖고 있었음은 예사로운 것이 아니다.

넷째, 이성문, 임효림으로 상징되는 조계종단 내 개혁 지향세력을 바라보는 하나의 관점을 다시금 확인하였다. 불교계에서는 1970년대 초반은 민족불교, 1970년대 후반부터 1980년대 중반까지는 민중불교라는 새로운 이념의 도전을 받고, 일부 승려들은 그것을 적극 수용하였다. 그리고 그 수용 주체들이 불교개혁을 추진한 전위 역할을 한 것을 부인할 수 없다. 이런 정황과 관련하여 그 주체들이 만해 한용운을 어떻게 인식하였고, 운동의 방략에 만해정신을 수용하였는가의 문제가 추후 탐구해야 할 과제라 하겠다.

강석주는 2004년 11월 11일 자신의 삶의 변화를 예감하였는지 서울 봉은사의 종루에 걸 주련을 쓰다가 떨어진 낙엽을 보고 다음과 같은 게송을 지었다고 한다.

96년의 세월 되돌아보니	廻顧九十六年事
마치 왕자가 구걸 다니는 듯했네	一似懷珠傭作擔
오늘 아침 무거운 짐 내던지니	貧今朝放下煩重
옛 모습 오롯이 본 고향이로구나	本地風光古如今

이 게송을 쓰고, 3일 뒤인 11월 14일 강석주는 그의 마지막 거주처

인 온양 보문사에서 입적하였다. 세수 96세, 법랍 81세였다. 11월 18일, 그의 출가사찰인 범어사에서 조계종 원로회의장으로 그의 영결식이 거행되었다. 승려로서의 일평생을 만해정신 구현 속에서 살다 간 그는 적멸의 세계로 갔다. 앞으로 강석주와 같은 승려가 또 다시 나올 것인가. 그것은 필자만의 염려는 아닐 것이다.

불교청년들을 단련시킨 용광로
― 한용운과 김법린

　　만해 한용운은 한국 근대의 문학사, 독립운동사, 불교사, 지성사 등 다양한 방면에서 큰 영향을 끼쳤음은 널리 알려진 사실이다. 그 결과 만해에 대한 연구는 단행본, 논문, 대중적인 글을 포함하면 무려 8백여 편에 달한다. 그러나 만해에 대한 총체적인 연구는 아직도 만족할 만한 수준에 이르지는 않았다고 보여진다. 본 고찰에서 살피는 만해 한용운과 범산 김법린(梵山 金法隣)의 인연의 소묘를 비롯하여, 최근 만해와 관련된 다양한 인물들과의 연계를 고찰하는 것은 만해 연구의 폭을 더욱 넓히려는 기초 작업이라 하겠다.

　　이렇듯이 만해를 중심에 놓고 만해 당대에 함께 살았던 다양한 인물들과의 상호 관계를 집중 조명함으로써 만해의 정신적인 범주와 그 파장을 새롭게 이해할 수 있다. 그런데 우리가 새로운 관점으로 보아야 할 것은 만해와 인연이 있고, 혹은 단순히 영향 받았던 인물들도 간과해서는 안 되지만, 만해의 영향을 받아 그를 자신의 삶의 준거로 삼고 다양한 분야에서 활동한 인물들에 대한 조명도 결코 놓칠 수 없다는 것이다. 요컨대 만해정신의 계승자에 대한 이해가 요청된다. 달리 말하자면 만해의 정신은 누가 계승하였으며, 어떠한 측면이 계승되었으며, 계승이 미흡하였다면 그 이유는 무엇인가 등등에 대한 의문점을 풀어주어야 한다.

이러한 초점에서 범산 김법린과 한용운과의 여러 관련은 우리의 관심을 촉발케 할 것으로 기대한다. 김법린은 중앙학림 출신으로 3·1운동에 참여하였고. 3·1운동 이후에는 중국 상해로 망명하여 독립운동을 지속하였으며, 프랑스 유학을 거쳐 귀국한 1920년대 후반에는 불교청년운동과 불교의 자주화 운동의 선봉에 있었다. 8·15 해방 이후에는 조계종 총무원장, 문교부 장관, 국회의원, 동국대 총장을 역임한 근현대 불교의 중심인물이었다. 그런데 이러한 그의 다양한 행적에는 만해의 그림자가 짙게 깔려 있었다. 지금부터 우리는 그 그림자의 실체에 접근해 보도록 하자.

1. 3·1운동이라는 도도한 물줄기의 중심에서

만해와 범산이 만나 다양한 인연을 맺게 된 것은 추정하건대 1918년의 중앙학림이라는 교정의 공간으로 보인다. 당시 만해는 일제에게 나라를 빼앗긴 이후 임제종운동 참가, 《조선불교유신론》 간행, 《불교대전》 발간, 조선불교회 및 불교동맹회의 주도, 백담사의 오세암에서 깨달음을 치열하게 겪고 1918년 상경하여 종합적 계몽 잡지인 《유심》을 발간하였다. 은해사 출신 승려인 범산은 범어사로 그 소속을 바꾸어 1917년에는 중앙학림에 입학하여 불교사상을 공부하고 있었다.

당시 한용운은 중앙학림의 교수는 아니었지만 중앙학림에 왕래하고, 특강을 하였다. 더욱 그 때의 만해는 이미 전 불교계에 명망을 떨친 이후이기에 범산을 비롯한 중앙학림의 학생인 청년승려들은 만해를 익히 알고 있었던 터이었다. 그런데 만해가 백담사에서 상경하여 만든 잡지인 《유심》은 청년들의 교양과 수양을 강조하였기에, 불교청년들과의 상호간에 공통적인 관심사도 있었을 것이다. 하여간에 이런 여러 요인들은 만해와 범산을 스승과 제자로서 자연스러운 인연을 만들게 하였다고 본다. 범산은 만해보다 20년이 뒤진 나이였다.

그리하여 범산을 비롯한 중앙학림 학생들은 《유심》 발간 사무소이자 만해의 거주지인 종로구 계동 집을 자주 방문하여 민족의식을 키워 가고 있었다. 특히 범산은 《유심》이 주관한 문예 현상(1918. 10)에 '철아(鐵啞)'라는 필명으로 〈희(喜)와 노(怒)〉 주제의 작품(보통문, 1행이 24자이고 40행인 문장)으로 응모하여 '선외 가작(選外佳作)'으로 뽑혔음이 전하고 있음에서 그 인연은 남달랐다고 보인다.

요컨대 만해의 의도에 부합하는 청년으로 더욱 다가왔던 것이다. 만해와 범산의 가장 뚜렷한 인연은 1919년 3·1운동의 전개과정에서 나왔다. 1919년 2월 28일, 역사적인 3·1운동 전야의 그날 만해는 범산을 비롯한 중앙학림의 청년승려 10여 명을 자신의 집으로 소집하였다. 만해는 그날 밤 10시, 학생승려들에게 3·1운동의 준비과정, 학생들이 추진할 일, 불교계가 당연히 그에 동참한 사정, 그 전후 내용을 비밀에 부쳤다가 고백한 사정 들을 소상하게 알렸던 것이다.

그런데 필자의 뇌리에 스치는 초점은 만해가 불러서 갔고, 그 결과로 그들이 만세운동의 최일선으로 나갔다는 내용이 아니다. 즉 만해가 3·1운동에 참여한 사정, 불교계와 유교계의 민족대표 초빙, 당시 의지, 독립선언서 수정 등 세세한 내용을 후일에 자세히 알린 당사자가 바로 범산 김법린이라는 것이다. 만약 범산이 자신이 보고 들은 일화를 우리에게 기록으로 남기지 않았다면 만해의 3·1운동에 대한 이해는 매우 미진하고, 소략하였을 것이다. 범산은 자신이 보고 들은 그 날의 정황을 《신생》 창간호(1946. 3)에 〈사화(史話), 삼일운동과 불교〉라는 제목으로 기고하였으며, 《대한불교》 1964년 9월 6일의 〈한국불교 항일투쟁 회고록〉에도 기고하였다. 거듭 말하자면 만해의 3·1운동은 범산에 의해 살아났다고 해도 지나치지 않을 것이다.

범산은 그 기록에서 만해의 표정을 "선생의 얼굴은 평소의 근엄한 표정을 감추시고 대사의 결행에 만족한 비장한 환희에 가득 차 있으셨다."라고 전하였다. 그야말로 민족적 거사를 앞둔 팽팽한 긴장감을 여실히 느낄 수 있다. 당시 만해는 학생들에게 3·1운동 관련 제반 사실을 전하면서 헤어지기 직전에는 다음과 같은 말을 하였다고 한다.

군등(君等)과 이제 분수(分手)하면 언제 만날지 알 수 없다. 조국의 광복을 위하여 쾌연히 나선 우리는 아무 애(碍)도 없다. 포외(怖畏)도 없다. 군등(君等)도 우리의 뜻을 동포제위(同胞諸位)에게 널리 알려 독립완성에 매진하라. 특히 군등(君等)은 서산사명(西山泗溟)

의 법손(法孫)임을 굳게 기억하여 불교청년의 역량을 잘 발휘하라. 밤이 벌써 자정(子正)이니 빨리 물러가라.

투철한 민족의식이 여실히 드러나고, 거사를 앞두면서도 불교청년들을 일깨우는 지사적인 면모가 함께 나타나고 있다.

주지하는 바와 같이 만해는 명월관에서의 민족대표의 독립선언식에 참가하여, 민족대표를 대표하는 기념 연설을 하고 만세 삼창을 주도하였다. 그리고 그 즉시로 일제에 피체되어 갔다. 옥중에서도 만해는 일제의 회유를 뿌리치고 철창철학이라는 자신만의 꿋꿋한 자존의 길을 걸어갔다. 한편 범산은 만해의 집을 나와 인사동 선종 포교당에서 중앙학림의 동료 학생들과 함께 만세운동의 추진과 참가에 대한 역할 분담을 나누었다. 그 결과 범산은 자신의 연고 사찰인 범어사 만세운동을 담당하였다.

이에 그는 3월 1일, 〈독립선언서〉를 서울 시내에 배포하고 탑골공원의 독립선언식에 참가한 이후 3월 5일에는 경부선 열차를 이용하여 부산 범어사로 내려왔다. 범어사에 도착한 그는 범어사 원로 승려를 찾아 서울의 상황을 전하고, 범어사 중견 승려와는 범어사 만세운동을 상의하였다. 마침내 범어사 만세운동은 3월 18일 뜨겁게 타올랐던 것이다. 당시 범어사의 학인, 승려, 인근 주민들은 태극기와 선언서, 격문을 들고 대한 독립만세를 힘껏 불렀다.

범어사 만세운동을 주도한 범산은 그 직후 서울로 올라왔다. 그러나 일제의 탄압으로 더 이상의 독립운동이 불가능하자 그는 동지들과 함께 그해 가을경 상해로 망명하였다. 중국 상해로 망명한 그는 동지들과 상의하여 〈혁신공보〉라는 비밀 소식지를 제작하여 국내로 침투시키는 활동을 하였다. 그 후에는 국내 불교계의 중심 승려를 상해로 초청, 군자금을 모집하면서 나아가 국내 불교계의 독립운동의 역량을 총집결하여 일제에 대항하는 조직체를 만들었다. 그것은 이른바 의용승군(義勇僧軍) 조직이었다. 전국 주요 사찰을 거점으로 일제에 대항하는 조직체인 추밀부(樞密部)를 만들고 승려들을 의용 승군으로 전환시키는 것이다.

그러나 이런 활동으로 그는 일제의 추적을 받아 지속적인 독립운동은 매우 어렵게 되었다. 이에 그는 일제의 감시를 피하기 위한 차원에서 중국 남경의 금릉대학에 입학하여 영어와 중국어를 배웠다. 지속적인 공부를 위해서 1920년 10월, 그는 중국인의 장학금을 받아 프랑스로 떠났다. 프랑스에 건너간 그는 청소부를 하면서 불어를 배우고, 고등학교에 다녔다. 그곳에서 한인친목회를 만들었으며, 불어가 능숙해지자 1923년 11월에는 소르본대 철학과에 입학하여 1926년 7월에 졸업하였다. 이런 그의 배움은 후일 민족운동을 지속할 수 있는 역량으로 전환되었다.

범산이 이처럼 프랑스 유학을 하였을 당시 만해는 서대문형무소에서 일제의 간악한 구속에 맞서고 있었다. 만해는 그 수감을 단순한 감옥으로 여기지 않고, 참선 수행의 도량으로, 지속적인 독립운동을 위한 모색의 터전으로 활용하였다. 만해와 범산은 3·1운동이라는 민족적인 물줄기의 중심에 함께 있었다. 3·1운동 직후에는 일

제의 탄압으로 구속, 피신을 하였지만 거기에 머물지 않고 후일의
지속적인 운동을 위한 자기 정비, 성찰을 위한 기간으로 만들었다.
그러나 우리가 유의할 것은 범산의 그 행적은 만해라는 정신적인 울
타리에서 배태되었다는 점이다.

2. 서울에서의 재회, 민족불교의 재건

만해와 범산이 서울이라는 공간에서 다시 만나 민족운동을 지속
한 것은 1928년 1월경이다. 만해는 1922년 출옥 후 지친 심신을 추스
르면서 민족운동의 모색을 기하였다. 그러면서도 학생, 청년, 사회
층의 초청강연을 통하여 민족의식 계발에 앞장섰다. 그리고 자신의
내면 깊은 곳에서 나오는 주체할 수 없는 문학적인 정열을 담은 기
념비적인 시집인 《님의 침묵》과 《십현담주해》를 발간하여 또 다른
측면에서 그 시대를 아름답게 하였다. 한편으로는 당시 사회에서 전
개된 물산장려운동, 민립대학 설립운동에도 동참하였다. 그러나 이
운동은 만해가 직접적으로 주도한 운동이라기보다는 동참의 차원에
서 참가한 것으로 생각된다.

필자가 보기에 만해의 2단계 민족운동은 1927년 신간회의 발기 때
부터로 볼 수 있다. 신간회 운동은 좌우합작으로서 민족운동 단일체
였는데, 당시 민족운동의 분립화인 좌우파의 분열을 극복한 항일투
쟁의 단일 대오였다. 만해의 이념은 좌·우에 편향되지 않은 민족
고유의 정신이었기에 만해가 신간회 운동의 주역으로 참가함은 당

연한 행보였다. 만해는 신간회의 발기자로서 그리고 경성지부 지회장으로 그 일선에 서 있었다.

바로 이러한 신간회 운동이 본격화될 즈음 범산은 프랑스에서의 유학을 마치고 귀국하였다. 더욱이 그는 귀국 이전인 1927년 2월 벨기에 브뤼셀에서 개최된 세계피압박민족 반제국주의대회에 조선 대표로 참가하여 조선독립의 당위성을 떨쳤다. 이 대회는 세계 각처에서 124개 단체의 147명이 참가하였는데, 그는 이극로, 이미륵, 황우일과 함께 조선 대표로 참가하였다. 조선 대표는 일제 침략의 부당성과 침략당한 조선의 현실을 외국 대표들에게 알리기 위한 문건인 〈조선의 문제〉를 제작, 배포하였다.

이 문건은 독일어, 영어로 써진 8페이지 분량의 소책자였다. 문건의 초안을 누가 작성하였는지는 알 수 없지만, 영어 번역은 김법린이 한 것으로 추정된다. 당시 대회에서 김법린은 신문기자단에게 대회에 참가한 배경과 소신을 영어로 연설하였다. 2월 10일에 열린 본회의에서도 김법린은 조선인에 대한 일본인의 압박을 탄핵하는 기조연설을 능숙한 불어로 하였다. 대회에서는 제국주의와 식민지 압박에 대항하고 민족 자유를 위한 대연맹을 창립시키고 집행위원을 선출하였으며, 아세아 문제에 대해서는 아세아민족회를 설치하도록 정하였다. 아세아민족회는 조선, 중국, 인도, 시리아에서 각 1명을 선발하였는데 조선측 대표로 범산 김법린이 선출되었다.

대회가 종료된 후 범산은 일단 프랑스로 돌아갔으나 1927년 12월 룩셈부르크에서 열린 피압민족대회의 간부회에 참석하여 한국의 실정을 보고하였다. 그리고 네덜란드에서 기차를 타고 시베리아를 경유하여 1928년 1월 14일 귀국하였다. 당시 국내 불교계 종단인 교무원에서는 그의 귀국 보조경비를 지원하기로 결의하였으니, 여기에서 그의 활동에 대한 위상을 짐작케 한다. 당시 《동아일보》(1928. 1. 16)는 '피압박민족대회 위원 김법린씨 귀국'이라는 주제로 그 사정을 보도하였다.

귀국한 그는 범어사, 각황사, 교무원에서 귀국 보고 강연을 하였다. 특히 범어사 강연은 《불교》 45호(1928. 3)에 〈파리에서 금환(錦還)한 문학사 김법린씨 귀국 최초 대강연〉이란 제목으로 보도되었다. 바로 이러한 정황하에서 범산은 만해를 만나 귀국 인사를 하고, 불교계 제반 현실에 대한 상호간의 대화를 나누었을 것으로 보인다.

달리 말하자면 만해는 이즈음부터 불교청년운동, 불교자주화 등에 대해 항일 언론에 자신의 소신을 더욱 개진하였다. 그리고 귀국한 범산은 만해가 제시한 민족운동의 기본 구도를 수용하면서 그 일선에 참여하였던 것이다. 그러면 먼저 만해가 당시 제시한 몇 가지 문제를 살펴보자.

요컨대 조선불교청년운동은 조선불교의 중추기관이 되어야 하고, 조선불교 통일의 선구자가 되어야 한다. 그리하기 위하여 청년운동 자체를 먼저 당적 조직으로 완전히 통제되지 아니 하면 아니 될 것이다.(〈불교청년운동에 대하여〉)

그러므로 나는 지금 다난한 조선에 있어서 정의의 칼날을 밟고 서거라 하고 말하고 싶다. 무슨 일이든지 성공이나 실패보다 옳고 그른 것을 먼저 분별할 줄 알아야 한다.(〈고난의 칼날에 서라〉)

1931년의 조선불교는 민중불교가 되어야 하겠다는 것은 이론상으로 보아 별 문제가 없다. 오늘날 조선에 있어서 가장 급한 것은 교지의 경향보다는 자못 그 교지를 어떻게 전파하여야 널리 세상에 퍼지겠느냐는 포교문제에 큰 힘을 조종하고 있다.(〈민중불교 건설은 포교법에 있다〉)

조선불교의 장래를 전망하여 그 흥륭을 꾀한다면 사찰의 교정 통일(敎政統一)이 무엇보다도 선결 문제다. 각사의 주지와 일반 승려는 마땅히 허심탄회한 불교의 대국에 착안하여 교정의 통일을 완성할지어다.(〈조선불교를 통일하라〉)

위의 글에서 나온 불교청년운동, 민중불교, 불교계의 통일 등이 1930년대 초반 만해의 고민이었다. 만해는 1910년대 검토하였던 불교 유신을 위한 방안에 대해 고뇌를 거듭하고, 불교 유신의 방안을 불교 현실에 접목하기 위한 다각적인 방안을 검토하였던 것이다. 그리고 만해는 1931년부터는 당시 불교계의 가장 대표적인 잡지인 《불교》의 편집인 겸 발행인으로 나서고 있었다. 즉 불교사의 사장에 취임하여 불교언론의 정도를 가기 위한 고난의 길에 서 있었다.

바로 이러한 만해의 고민은 범산에 의해 구현 혹은 변용이라는 대안을 통하여 불교계에 뿌리내려지고 있었던 것이다. 귀국한 범산은 우선 그의 모교인 중앙불전에 강사로 나가, 그가 프랑스에서 공부한 불교철학을 가르쳤다. 그리고 불교사의 사원으로 근무하면서 자신의 포부를 점차 기고하였다. 즉 불교계에서 자리매김을 하였다. 이런 그가 제일 먼저 착수한 것은 불교청년운동의 재기였다. 1920년대 초반 불교혁신, 민족불교의 일선에 있던 조선불교청년회, 불교유신회는 간판만 있을 뿐 거의 해체되었다. 이에 그는 이전의 동지들과 상의하여 조선불교청년회를 재기시켜, 1928년 3월에 창립대회를 갖기에 이르렀다.

그리고 나아가서는 만해의 지도를 받아 분산적, 고립적인 불교청년회를 보다 강력한 지도체제인 통일적인 동맹체로 전환시켰다. 그 결과 1931년 3월에는 조선불교청년총동맹이 등장하였다. 이 조직체에는 강원 계열의 학인, 여성청년, 일본지역의 불교청년회도 가입하였다. 그리하여 1930년대 초반 불교계의 부흥으로 일컫는 여러 움직임에는 이 같은 만해의 지도방침을 수용한 김법린의 피와 땀이 적셔져 있었다.

범산은 이러한 불교청년운동을 재기하면서 민족불교 지향으로 이끌기 위한 비밀 조직체를 또 다시 가동시켰으니 그것은 바로 만당(卍黨)의 결성이었다. 만당은 항일 비밀결사체로서 민족불교 지향, 불교대중화, 불타정신의 체험을 내세운 지하 운동체이다. 이 만당은 범산을 비롯한 몇몇의 불교청년들이 조직하였는데 불교청년운동의 주동, 종단의 노선 정비가 이 모임체에서 나왔다. 당시 만당의 당수는 당원들이 모두 만해를 추대하였는데, 만해에게는 직접 통보치 않았다. 그리고 모든 문제는 만해에게 지도를 받았다. 이는 후일 일제에 조직이 노출되면 만해에게 누를 끼칠 것을 사전에 차단하려는 의도에서 나온 것이다.

범산이 만해의 지도를 받아 거행한 또 다른 기념비적인 활동은 1929년 1월 각황사에서 개최한 승려대회였다. 이 대회는 지리멸렬한 당시 불교계의 통일을 지향한 대회로서, 불교의 원칙과 규율인 종헌이 선포되고, 승려의 대의기구인 종회를 출범시켰으며, 조선불교 교무원이라는 종단을 만들었고, 불교계의 대표인 교정 7인도 선출해 일제하 불교계 통일운동의 최고 가치를 만들었다. 만해도 이 대회의 역사적인 의의를 다음과 같이 개진하였다.

종회로 말하면 삼십 본산의 주지뿐 아니라 명실공히 전조선불교도의 총의로 성립되었고, 그 종헌이 엄정할 뿐만 아니라 성립 당시에 30본산 주지를 위시하여 참석한 승려가 한가지로 종헌을 엄수하여 영원히 복종실행 할 것을 삼보(三寶)전에 분향하고 오체투지(五體投地)하면서 선서문을 낭독하였다 한다. 그 의식이 얼마나 장엄하였으며 그 서원(誓願)이 얼마나 견고하였든가.(〈조선불교 통제안〉)

만해도 그 대회를 전조선불교도의 총의에서 나왔으며, 그 의식이 장엄하였다고 보았다. 이 같은 대회의 주도자가 범산이었다. 물론 범산 혼자서 수행한 것은 아니지만 그 중심에는 분명코 범산이 있었다. 당시 대회를 주도한 또 다른 인물은 백성욱이었다. 백성욱은 범산과 함께 3·1운동에 동참하고 함께 중국으로 망명을 떠났지만 그는 독일로 유학을 가서 박사학위를 받고 귀국하였다. 그러나 그는 승려대회를 마친 1929년 후반 무렵 금강산으로 입산, 수행의 길을 떠났다. 그는 당시 불교 시인으로 명망을 날린 김일엽의 출가 전의 애인이었다.

범산은 대회 준비과정에 승려대회 발기회 준비위원, 발기회 회원, 대회 준비위원으로 활동하였다. 범산은 특히 제헌(制憲) 부문에 소속되어 종헌, 종회법, 법규위원회법, 교정회법 등을 제정하였다. 이러한 그의 활동은 승려대회에서 불교계의 기본 준칙인 종헌체제를 출범할 수 있도록 사전에 준비하는 것이었다. 그리하여 그 대회는 당시 불교계 대표들이 모인 가운데 개최되어 한국불교사상 최초의 종헌체제를 출범시켰다.

이 종헌체제는 삼국·고려·조선시대를 거치면서 단일한 조직체로 종단의 외형을 갖추고 불교계 대표가 동의한 것은 최초이었다. 물론 1902년의 사사관리서체제와 1908년 이회광이 주도한 원종체제도 우리가 고려할 내용이지만 그 실제, 가치, 지향에서는 비교할 대상이 되지는 못한다. 범산도 이 대회를 '조선불교계의 획기적 사실'로 평가하였음에서 그가 얼마나 이 대회에 애착을 가졌었는지 파악할 수 있다. 당시 일제는 범산을 승려대회 발기자로 지목하여 경찰에 끌고가 2주일 간을 취조, 고문하였다.

　그리고 범산은 만해가 강조한 대중불교에 대한 소신을 자신의 입장에서 재해석을 하였다. 그는 우선 중앙불전의 학생들이 펴낸 《일광》 2호(1929. 9)에 〈민중본위적 불교운동의 제창〉의 글에서 만해의 대중불교론을 체득하여 불교혁신 방안의 요체가 민중본위적 운동임을 설파하였다. 그는 이 글에서 불전의 민중화, 현대화가 민중본위적 불교운동의 초미의 문제임을 주장하였다.

　나아가 그는 천도교 계열의 조선농민사가 주최한 강연회에 가서도 농촌계몽을 역설하였고, 불교가 농촌에 진출하여 농민, 농촌과 긴밀한 관계를 맺어야 한다고 강조하였는데, 그것은 《불교》 103호(1933. 1)에 기고한 〈불교의 농촌 진출에 대하야〉라는 글에서이다. 범산은 이 글에서 불교가 농촌에 진출하기 위한 방안까지 제시하였는데 그는 예비과정, 실제문제, 재원 조달방법으로 대별하였다. 요컨대 만해에서 시작된 대중불교가 범산에 의해 대안 차원으로 전환되었으니 이러한 변용에 대한 검토는 더욱 다각적인 관점에서 접근할 수 있다.

　지금껏 우리는 1930년 전후 서울에서 재결합한 만해와 범산이라는 인물에 의해 당시 불교의 새로운 기운이 가동됨을 엿볼 수 있었다. 그러나 그것은 만해라는 단단하고, 커다란 끈을 잡은 범산으로 대변되는 불교청년들의 용솟음이었다. 이제 우리는 만해 연구에 있어 만해 그 주체에만 머물 수 없다는 실례를 여기에서 거듭 확인할 수 있는 것이다. 만해라는 앵글을 갖고 근대 불교, 근대 지성을 다시 한번 들여다 볼 수 있지 않을까?

3. 고난은 다시 돌아오고, 계승은 어디에서

만해와 범산이 주도한 불교 대중화, 민족불교 지향, 불교계 통일은 간단하게 진행되지 않았다. 전 불교계 차원에서 합의한 자주불교로서의 종헌체제는 일부 친일주지의 외면, 일제의 외압, 승려들의 의식 부족 등이 결합되어 1932년경부터는 점차 퇴진의 길을 걷게 되었다. 이에 불교계에서는 종헌의 이행을 둘러싸고 종헌실행 세력과 반종헌 세력과의 치열한 갈등구도가 전개되었다.

그 구도는 지방 사찰 간의 대립이라는 문제와 맞물려 나왔으며, 당시 전세계적인 공황의 여파로 파급된 경제 사정의 악화 문제, 사회주의의 급증 등과 혼재되어 있었다. 요컨대 만해와 범산이 의도한 민족불교 지향은 더욱 뒷걸음치고 있었다. 마침내 1934년 무렵에는 종헌체제의 종말로 다가가고 있었다.

그렇다고 범산이 불교계의 현장을 떠난 면이 작용하였다고 보는 것은 지나침일 것이다. 범산은 만당을 출범시키고, 승려대회를 성사시킨 이후 미진한 불교 공부를 위해 일본의 고마자와(구택)대학에 유학을 갔다. 일본에서도 만당 동경지부장, 불교청년총동맹 동경동맹 집행위원장을 역임하였다. 그러나 그가 귀국한 1932년 3월에는 불교 자주화의 모순이 본격화되던 때였다. 이에 만해와 범산은 종헌체제로 상징되는 불교의 자주화를 위한 노력을 기하였지만 그 대세를 막을 수는 없었다. 귀국한 범산은 우선 만해가 사장으로 있는 불교사에 입사하여, 불교계 모순을 파악하였다. 이런 현실에 대하여

만해는

> 종교 단체가 자치적으로 그 교단의 임원을 임면하는 것은 당연 이상의 당연이다. 불교 단체가 스스로 통일의 최고기관을 두고 그 기관으로부터 각사 주지를 임면하고 일체의 교무를 영도하는 것이 무슨 불가한 것이 있으리오.(〈조선불교의 개혁안〉)

라 하여 자주적인 통일기관의 존재 타당성을 피력하였다. 범산은 종헌체제가 이행되지 못함은 일제 식민통치에 있음을 아래와 같이 맹렬히 비판하였다.

> 사찰령과 그 시행세칙은 조선불교의 교무 행정에 대한 일체를 간섭하여 그 내부적 자주권을 전연 부인하고 있다. 사법의 시행, 주지의 임면, 사유(寺有) 재산의 처분, 사찰의 조직 등 일체가 정치 당국의 손에 달렸다. 실로 조선불교의 일동일정(一動一靜)이 위정자(爲政者)의 재가(裁可)를 기다려서 비로소 된다.(〈정교분립에 대해서〉)

그리하여 1934년경에 이르러서는 만해와 범산이 갈구한 불교의 자주화는 거의 물거품이 되었다. 이러한 불교 자주화의 퇴진은 당시 불교계의 여타 문제에서 부정성을 드러냈다. 예컨대 《불교》의 휴간, 비밀결사체인 만당은 내분으로 해체, 불교청년들의 종단 집행부 진출에 따른 청년들의 갈등 노출, 각 본산 간의 대립, 중앙불전의 경영 및 매각 논란, 보성고보의 매각 등이 바로 그것이었다.

만해와 범산은 이렇듯 폭발적으로 나타나고 있는 여러 모순을 지켜 내지 못하고, 중앙 불교계를 떠날 수밖에 없었다. 만해가 1933년에 성북동에 심우장을 마련하고 총독부 방향을 쳐다보지도 않겠다는 심정을 드러낸 것도 기실 이 같은 정황과 무관한 것은 아니다. 범산은 서울을 떠나 경상남도 사천의 다솔사에 칩거하였다. 다솔사는 불교청년운동의 동지인 최범술이 주지로 있었던 절이었는데 동양학자인 김범부, 허영호, 한보순도 머물고 있었다. 이에 다솔사는 은연중 만당의 은거처가 되었다.

만해도 이따금 머물었기에, 자연 불교청년들의 나라와 불교를 걱정하는 항일과 배일의 근거지가 되었다. 그러나 범산은 다솔사에도 오랫동안 머물 수 없었다. 이에 그는 해인사 강원으로 가서 학인들을 가르치게 되었다. 1년여의 강사 생활을 마친 그는 1937년 1월, 그의 출신 사찰인 범어사로 갔다. 그는 범어사 강원에서 학인들을 가르치며 은인자중 미래를 준비하고 있었다.

그런데 범어사에서 학인들을 가르치던 1938년에 항일비밀 결사인 만당의 조직이 노출되어 일제의 검거 선풍을 받게 되었다. 그 결과 당원이었던 수십여 명이 일제에 구속되고, 고문을 받았다. 범산도 진주경찰서에 끌려가 3개월 동안 갖은 고문을 당하였다. 이럴 때 만해는 자신을 따르던 불교청년들이 수감된 경찰서를 찾아다니며 영광의 꽃다발을 전하였다고 한다. 나라를 위해 영광의 구속을 당하였다고. 범산은 이 사건 이후 범어사로 돌아와서도 계속하여 범어사 강원의 강사로 근무하였다.

한편 1942년 10월, 일제가 야기한 이른바 조선어학회 사건이 일어났다. 이 사건은 우리말 수호에 힘쓴 국어학자들을 야만적으로 구속, 고문한 사건이었다. 범산도 이 사건에 연루되었는데, 그는 조선어사전편찬회 준비위원이었기 때문이었다. 그 위원은 이시목, 이우식, 최현배, 이희승, 이극로, 이윤재 등이었다. 이 위원 중 이극로는 범산과 함께 1927년 피압박민족대회에 참석한 조선불교대표였다.

범산은 프랑스에 유학을 하였기에, 사전편찬 사업에서 프랑스어와 불교 용어에 대한 심의를 맡았다. 마침내 범산도 일제에 불려가서 1년여를 조선어학회에 가담한 이유에 대하여 문초를 받고 구속을 당하였다. 이에 그는 1944년 9월 18일에 이희승과 함께 함흥 법원에서 기소되었으나 1945년 1월 18일 징역 2년 집행유예 3년을 선고받고 출옥하였다. 범산의 조선어학회 사건도 만해가 몸소 실천한 우리말에 대한 애정을 구체적으로 실천한 결과가 아닌가 한다.

한편 만해는 자신의 분신과 같았던 제자인 범산이 일제에 피체될 당시 심우장에서 무슨 생각을 하였을까? 그것은 알 수 없지만, 조속한 일제의 패망과 민족의 해방을 그리워하였을 것이다. 만해는 심우장에서 이따금, 비수처럼 갑자기 등장하는 일제의 회유를 간단없이 물리치고 있었다. 때로는 돈 보따리로, 간혹은 여우 같은 웃음으로 만해의 마음을 굽히려 하였지만 만해는 결코 그에 넘어가지 않았다.

1944년 6월 29일, 만해는 심우장에서 시대의 아픔을 끌어안고 이 땅, 이 겨레를 떠나갔다. 만해의 장례는 일제의 감시로 인해 소리 소문 없이 치러졌다. 그런데 만해가 사장으로 있었던 《불교》는 만해의 영면을 신64호(1944. 9) 5면에 "열반계(涅槃界) 만해용운대종사(卍海龍雲大宗師)는 거(去) 6월 29일(六月二十九日) 어성북정(於成北町) 심우장(尋牛莊) 자택(自宅)에서 입적(入寂)하시였다."로 공고하였다. 당시 《불교》는 어용지로 전락하였지만 그래도 자신의 전임 사장에 대한 예우 차원에서 한 것인지는 모른다. 이왕 공고를 하려면 제때, 즉시 해야 마땅하지만 이처럼 두 달이나 뒤에 한 것은 어떤 연고일까?

그러면 범산은 만해의 장례식에 참석하였는가? 그는 참석치 못하였다. 그는 당시 일제의 경찰에 구속되어 있었다. 일제의 감옥에서 만해의 입적 소식을 듣지는 못하였을 것이다. 그가 감옥에서 나온 것이 1945년 1월 18일이었으니, 그 며칠 후에는 소식을 들었을 것이다. 그때 범산이 생각한 것은 무엇이었을까? 혹시 만해의 사상을 올곧게 계승하겠다는 다짐을 하지 않았을까?

8·15 해방이 되자 범산은 서울로 올라왔다. 그는 우선 기존 교단의 퇴진과 새로운 교단의 등장을 촉구하였다. 이에 기존 일제하 친일적인 행태에 오점이 있는 교단 간부는 물러나고 범산을 주축으로 불교혁신준비위원회가 발족되었다. 이 위원회에서는 불교의 혁신을 기하기 위한 다양한 방책을 강구하는 가운데 그해 9월 22일 서울의 태고사에서 전국승려대회가 개최되었다. 이 대회는 불교계 대표가 참가한 가운데 열렸는데, 대회에서 범산 김법린은 조선불교의 총무원장, 즉 불교계의 실무 최고책임자로 등장하였다. 그는 만해의 정

신을 구현할 수 있는 위치에 있었던 것이다.

당시 범산은 만해에 대한 그리움이 어떠하였을까? 그것은 알 수 없지만 교단에서 간행한 《신생》 창간호(1946. 3)에는 〈기미운동과 독립선언서〉, 〈3·1운동과 불교〉, 〈고 한용운선생 추도문〉, 〈한용운선생 약력〉 등이 게재되었는데 이 글들은 모두 만해와 연관된 글이다. 이는 범산이 총무원장으로 재직하였던 인연에서 나왔을 것이다. 그리고 《신생》 3집(1946. 7)에는 〈만해선생 산소 참배기(萬海先生 山所 參拜記)〉가 전한다. 이 글은 《신생》의 발행인이었던 장도환이 기고한 것인데, 그도 만해의 제자이었다. 그는 그날의 정황을,

조선불교 중앙총무원, 신생사, 불교청년당을 위시해서 선생의 유족과 문도며 지친인(至親人)들을 일단(一團)으로 수십대 트럭에 제물을 가추어 청천백일하(靑天白日下)에 공개된 이 성묘(省墓)의 기쁨을 처음 행해보는 자유스럽고 깊은 심서(心緒) 우리 일행에는 다같이 회고(回顧)의 감이 없들 않었다.

라고 하였다. 해방 후 처음 맞는 제삿날의 제반 정황이 잘 묘사되어 있다. 당시 참배한 주요 인사들의 기념사인도 위의 글 옆에 있는데 범산 김법린을 위시하여 만해의 제자들의 이름이 다수 전한다. 범산, 해방공간 불교의 주역으로서 그가 수행한 교단행정에 대한 평가는 논외로 하더라도 그가 담당한 교단 책임자는 막중한 자리였다. 그는 만해의 뜻을 계승하여 그토록 실천하고자 하였던 불교 자주화,

민족불교 지향, 불교 대중화를 어떻게 추구하였던가? 이에 대해서는 다양한 시각에서의 심층적인 접근이 요청된다.

여기에서 필자는 만해의 뜻을 계승하였던 수많은 인물들에 대한 발굴과 천착이 더욱 필요함을 촉구한다. 범산과 같은 인물은 또 누구인가? 아직도 만해의 매서운 향기가 살아 있는가? 있으면 어디에 있고, 없다면 왜 없을까?

지절시인(志節詩人)의 표상
― 한용운과 조지훈

만해 한용운은 한국 근대사의 중심에서 민족의 독립을 위해 투쟁한 항일독립운동가였으며, 한국 근대시를 개척한 근대문학의 선구자이고, 불교개혁을 강력히 주장한 불교개혁가이었다. 지금껏 만해의 행적, 사상, 지향 등을 고려한 만해 연구자들이 집필한 글에 나타난 만해에 대한 호칭을 살펴보면 무려 60여개에 달한다.[1] 이는 만해가 다양한 면모를 지닌 다면적 인물임을 의미한다.

한편 조지훈은 《사조》 1권 5호(1958.10)에 기고한 〈한용운론〉에서 만해의 성격, 사상, 행적을 분석하여 "혁명가와 선승과 시인의 일체화"라고 그를 평하였다. 조지훈은 이 글을 기고한 이후에도 만해에 관련된 글 3편을[2] 추가적으로 집필, 기고하여 초창기 만해 연구자가 되었다.

그러면 조지훈은 어떤 연고로 만해 연구자가 되었는가? 그 자신도 시인이었고, 문학을 하였기에 만해에 관심을 갖게 되었는가, 아

---

1) 필자의 한용운 평전, 《만해 한용운 평전》(참글세상, 2009) 머리말 참조.

2) 조지훈, 〈흑풍·암흑속의 혁명가-한국의 민족시인 한용운〉, 《사상계》 155호 (1966.1). 조지훈, 〈한용운 선생〉, 《신천지》 9권 10호(1954.10).
조지훈, 〈放牛閑話-근대명언초〉, 《신동아》 20호(1966.4).

니면 남다른 인연을 갖고 있었는가? 조지훈은 만해를 만난 인연이 있었는가? 만해의 제자였는가? 이러한 궁금증을 말끔히 해소해줄 수 있는 사료는 거의 없다. 조지훈은 현대 지식인 중에서도 지조가 강한 인물로 널리 알려져 있다. 조지훈은 〈지조론〉이라는 글을 남겼을 뿐 아니라 그는 4·19, 5·16이라는 격변기에 지식인의 자세와 지조에 관련된 많은 글을 남겼다. 여기에서 우리는 조지훈의 지조가 만해의 대쪽같은 성품에서 영향 받은 것은 아닌지 궁금하지 않을 수 없다. 이러한 궁금증을 풀기 위해 조지훈과 만해와의 관계, 조지훈이 만해를 평가한 내용과 성격 등을 살펴보고자 한다.

1. 만해와의 인연

조지훈(1920~1968)은 경북 영양 출신으로 부친인 조헌영과[3] 모친인 유노미 사이의 3남1녀 가운데 차남으로 출생하였다. 유년시절에는 조부인 조인석으로부터 한학을 배우고, 월곡서당이라는 지역의 서당에서 수학하고, 그 지역의 영양보통학교를 다녔다. 조지훈의 집안은 비교적 그 지방에서 재력도 있었으며,[4] 동시에 신학문을 적극적으로 받아들인[5] 개화가문이었다고 한다. 이러한 집안의 배경에서

---

3) 조헌영은 제헌의원, 2대 국회의원이었으나 6·25시 납북되었다.

4) 그의 조부인 조인석은 천석꾼 부호였으며, 시문에 능하였다고 한다.

5) 그의 부친은 동경유학을 한 지식인으로 해방공간에서는 제헌국회 의원이었다. 6·25시 납북되어 김일성대학에서 한의학을 연구하였다.

조지훈은 열 살 무렵에 동요를 짓고, 메테를링크의 《파랑새》, 배리의 《피터팬》, 와일드의 《행복한 왕자》 등을 읽고 문학에의 꿈을 키워갔다. 1931년 12살 때 그의 형 세림(조동진)과 '꽃탑회'라는 문학을 꿈꾸는 소년들의 모임을 조직하고, 그 지역 마을 소년 중심의 문집인 《꽃탑》을 꾸며냈다. 1934년 15세 때에는 일본의 와세다대학의 통신 강의록을 통하여 신학문을 더욱 공부하였다. 1935년 조지훈은 이때부터 시 습작이라는 새로운 경지에 발을 내딛게 되었다.

이처럼 조지훈은 고향에서 신학문을 배우면서 문학을 향한 첫발걸음을 내딛었는데, 바로 그 당시부터 만해가 가슴에 다가서기 시작하였다. 이에 대한 정황은 조지훈의 회고에 잘 나타나 있다. 조지훈은 이를 "한용운 선생의 향기를 나는 일찍이 어려서 들었다"고 하였다.

기미 만세(萬歲) 이후 상해에 임시정부가 서고 뜻있는 인사들이 남화(南華)로 만주로 망명할 무렵에 간도로 이사 가서 살다가 돌아온 고향의 안 노인 한 분이 간도서 살 때에 총에 맞은 사람을 구료(求療)해 준 일이 있는데 그 분이 바로 한용운 선생이더라는 이야기를 어려서 들은 일이 있거니와 선승으로 또 학승으로 예리한 안광이 위미(萎靡)한 불교계를 해부하여 그 혁신을 《조선불교유신론》이라든가 불교계 대표의 한 분으로 독립 선언서에 서명하고 열혈의 의욕이 뜻을 조국의 광복에 두어 만주와 시베리아에 구치(驅馳)하던 일을 내 열 살 안팎에 부조(父祖)에게서 들어 알았으며 선생의 저서 《님의 침

묵》과 《흑풍》은 문학소년 시절의 어린 나를 감격하게 하였다.[6]

조지훈은 10살 무렵에 이미 한용운 선생의 존재를 부조(父祖)를 통해 알았다는 것이다. 즉 만해가 만주 순방도중에 친일파라는 오해에서 비롯된 청년들의 습격으로 머리에 입은 총상의 상처를 치료한 고향 노인의 경험담, 할아버지와 아버지에게서 전해들은 불교개혁의 이론서인 《조선불교유신론》과 3·1운동 당시 민족대표로 활동 등의 행적을 풍문을 통해서나마 접하였다는 것이다. 그리고 만해의 시집인 《님의 침묵》과 소설인 《흑풍》을 문학수업을 하였던 그 시절에 읽고 감격하였다. 이런 인연은 여느 사람과는 매우 다른, 특별한 연고가 아닐 수 없다. 특히 조지훈은 《님의 침묵》에 수록된 시, 〈논개(論介)의 애인(愛人)이 되야서 그의 묘(廟)에〉를 읽고 민족의식을 키웠다고 술회하였으며, 그의 가슴을 요동치게 하고 눈물을 짓게 하였다고 표현하였다.

조지훈은 만해에 대한 애틋한 동경을 갖고 1936년 처음으로 서울에 올라왔다. 그는 시원사(詩苑社)에서 머무르면서,[7] 인사동에서 고서점인 일월서방(日月書房)을 열었다. 이즈음에 그는 조선어학회에 관련을 맺고, 보드레르, 도스토예프스키, 플로레르의 작품을 읽으면서 문학에의 꿈을 더욱 키워갔다. 그리고 그는 〈춘일(春日)〉, 〈부시(浮屍)〉 등의 초기 시를 쓰기 시작하였다. 그리고 1938년 봄에 당시

---

6) 조지훈, 〈한용운 선생〉, 《신천지》 9권 10호, 42~43쪽.

7) 여기에는 그의 고향이 같은 시인, 오일도가 《시원》을 주재한 것에서 비롯되었다.

불교계의 유일한 대학과정의 학교인 중앙불교전문학교(현, 동국대 전신)의 불교과에 입학하였다.[8] 그리고 바로 이즈음에 조지훈은 만해와의 첫 만남을 갖게 되었다. 이에 대한 정황도 조지훈의 글에서[9] 찾을 수 있다.

> 내가 선생을 처음 뵈온 것은 정축년(1937) 여름인가 한다.
>
> 그때 나는 성균관 뒤에 살았기 때문에 고개 하나만 넘으면 성북동의 심우장—선생의 우거(寓居)로 찾아 뵐 수가 있었다.
>
> 어느 날 가엄(家嚴)을 따라 심우장으로 선생께 뵈이러 가는 도중에서 선생을 처음 뵙게 되었다.
>
> 먹물 드린 고이 적삼에 헬메트를 쓰시고 무슨 보따리를 들고 고개를 넘어 오시던 그 고기(古奇) 청수(淸秀)한 모습은 매우 인상이 깊다.
>
> 그 뒤 이따금 선생께 나아가 뵈었으나, 일제 말기에 가까운 세상은 날로 소란해지고 나도 절간으로 고향으로 떠돌아다니느라 서울을 떠나 살게 되어 선생을 보입는 기회가 드물어 질 수밖에 없었다.

우리는 조지훈의 이러한 회고를 통해 그가 만해를 여러 번 만났고, 그 만남은 부친과도 관련이 있음을 알 수 있다. 그러나 조지훈은

---

8) 조지훈은 이 학교를 1941년 2월에 졸업하였지만, 1940년 6월 19일에는 학교 이름이 혜화전문학교로 변경되었다.

9) 위의 조지훈 글, 〈한용운 선생〉 43쪽.

초창기 만남에서 만해에게 들은 이야기나, 대화 내용은 전하지 않고 있다. 조지훈은 중앙불전 재학 중 1939년에는 《문장》지 3호에 〈고풍의상〉을 추천받고, 동인지 《백지(白紙)》를 주도적으로 발간하면서[10] 그 지면에 〈계산표〉, 〈귀곡지〉를 발표하였다.

그리고 이해 12월에는 그의 대표시로 지칭되는 〈승무〉를 추천받아 발표하였다. 그 추천인은 정지용으로 전해지고 있다. 중앙불전을 졸업하던 해인 1941년 4월에는 월정사 강원의 외과(신학문) 강사로 취임을 하였다. 1942년 3월에는 상경 직후에 관여하던 조선어학회의 편찬원이 되었고,[11] 조선어학회 사건으로 검거되어 일제 경찰에 심문을 받았으며, 1943년 9월에는 낙향을 하였다.

일제 말기의 조지훈의 생활이 이처럼 다사다난하였기에 만해와의 긴밀한 접촉은 성사되지 않은 것으로 보인다. 그러나 이 기간에 조지훈은 만해의 행적을 우리에게 전하는 특이한 이력을 갖게 되었다.

나의 혼돈된 기억이 그 어느 해인지를 헤아릴 수 없으나 선생을 마지막 뵈온 것은 일송 김동삼 선생이 서대문 감옥에서 옥사하셨을 때 때가 때인지라 일송 선생의 시신을 돌볼 사람이 없어 감옥 구내에 버려둔 것을 선생이 망명 시절 고인에게서 받은 권우(眷遇)와 지사 선배에 대한 의리에서 쾌연히 일어나 성북동 꼭대기 심우장까지 일송

---

10) 이 잡지는 1939년 7월부터 9월까지 3집까지 나왔다.

11) 이 해에 경주여행 중 시인 박목월을 만났다. 이들은 1946년 박두진과 함께 《청록집》을 발간하였다. 이를 계기로 청록파로 지칭되었다.

선생의 관을 옮겨다 모셔 놓고 장사(葬事)를 치루시던 무렵이다.

그때 내 마침 서울에 친지(親知)왔다가 이 소식을 듣고 심우장에 나아가 일송 선생의 영전에 뵙고 장사날까지 머물러 있다가 물러 나온 것이 선생의 모습을 뵈온 마지막 인연이 되었다.

일송 선생의 장사날 이십여 명 안팎의 회장자(會葬者) 속에 연연(燃然)하시던 그 모습, 와야 할 조객(弔客)들이 일제 관헌의 눈치를 꺼려 오지 못하고 조사 낭독 하나만으로 제약된 영결식에 조사의 낭독을 고인의 동향 후배라 하여 가엄(家嚴)께 미루시고 묵묵히 저립(佇立)하시던 모습은 지금도 나의 인상에 깊이 남아 있다.[12]

만해가 일송 김동삼 선생이 일제에게 피체되어, 서대문형무소에서 고문에 못 이겨 옥사하여 그 시신을 인수하여 장사를 지낼 때의 정황의 목격담이다. 그 장삿날의 만해의 표정, 마음을 정밀히 묘사하여 우리에게 귀한 사료를 전하였던 것이다. 이처럼 조지훈은 만해와의 애틋한 인연을 갖게 되었다.

그런데 조지훈은 그 자신에게서 만해가 잊혀지지 않는 이유에 대하여 학문, 의욕, 정서를 갖춘 인물이었다는 것에 머무르지 않고 그 근원적인 기품(氣品)에 있다고 보았다. 요컨대 선비적, 지사적인 지조정신에서 만해를 존경하였던 것이다.

---

12) 위의 〈한용운 선생〉, 43쪽.

2. 만해의 평가, 그 정신과 지조

조지훈은 남다른 인연으로, 그리고 그 자신이 시인, 문학인으로서 만해에 대한 평을 극명하게 하였다. 조지훈처럼 만해를 자신 있게 표현한 경우는 매우 이례적인 것이었다.

만해 한용운 선생은 근대 한국이 낳은 고사(高士)였다. 선생은 애국지사요 불학의 석덕이며, 문단의 거벽이었으며, 선생의 진면목은 이 세 가지 면을 아울러 보지 않고는 얻을 수 없는 것이다.[13]

조지훈은 만해가 지사로서의 강직한 기개와 고고한 절조의 바탕에서 독립운동, 불교개혁, 문학 등의 분야에서 일가를 이루었다고 보았다. 그리고 이 세 측면은 상호 조응, 보완되어 각각을 완성시켰던 것으로 만해의 실상을 다음과 같이 정의하였다.

혁명가와 선승과 시인의 일체화 — 이것이 한용운선생의 진면목이요, 선생이 지닌 바 이 세 가지 성격은 마치 정삼각형과 같아서 어느 것이나 다 다른 양자를 저변으로 한 정점을 이루었으니 그것들은 각기 독립한 면에서도 후세의 전범이 되었던 것이다.[14]

---

13) 조지훈, 〈한용운론〉, 《사조》 1권 5호(1958,10), 84쪽.

14) 위의 자료와 같음.

조지훈이 만해를 이처럼 단호하게 자리매김 할 수 있었던 것은 그 자신이 만해 탐구를 진지하게 한 측면도 있지만, 그 자신이 만해의 정신을 추종하고 따르려 하였던 열정에서 나온 것이 아닌가 한다.

한편 조지훈은 만해의 시에 나오는 '님'은 중생이요, 한국의 중생으로서 우리 민족이라고 하였다. 나아가서 그는 만해의 삶 자체가 민족정기의 지표, 민족정신의 기둥이 될 수 있었다고 보았다. 그가 보건대 시인의 존재는 결코 현실과 유리될 수 없다는 것이다.

시인은 실상 더 나은 현실에의 고양(高揚)을 염원하는 영원한 구도자인 동시에 부패한 현실의 개폐(改廢)를 의욕하는 영원한 혁명가인 것이다.[15]

그는 시인의 사회 참여와 혁명에의 정열을 당연시 여기었다. 나아가서 그는 시인적 정열과 철학자적 구상이 없는 사람은 혁명가가 되지 못한다고 단언하였다. 이런 전제에서 그는 만해를 시인이자 혁명가로도 보았다.

만해 한용운은 시인이요, 혁명가요, 종교철학자였다. 뿐만 아니라 이 삼면(三面)을 일체화함으로써 약소민족운동의 애국시인으로서 한국적 시인의 전형을 이룬 분이다.[16]

---

15) 조지훈, 〈흑풍·암흑속의 혁명가─한국의 민족시인 한용운〉, 《사상계》 155호 (1966.1), 325쪽.

그는 만해가 다양한 문학 작업을 하였지만 그 기본은 시인으로 보았고, 만해가 다양한 독립운동을 치열하게 하였지만 그 이면에는 혁명가적인 파란이 흐르고 있었으며, 만해가 승려로서 다양한 활동을 하였지만 그 저변에는[17] 불교 현대화운동의 선구자의 성격이 자리잡고 있었다고 보았다. 그러나 조지훈은 만해를 혁명가, 선승, 시인의 일체화로 보았지만 이중에서 하나의 특징을 들라면 자신은 서슴없이 시인이라는 이름을 택한다고 하였다.

이 세 가지 대표적인 이름은 어느 것이나 다 민족사에 영원히 지워지지 않을 업적이 되었지만 그의 혁명가적 종교가적 또는 예술가적 생명의 일원상(一元相)의 구현은 시(詩)로서 나타나게 되었고 그의 생애의 면목은 지절시인(志節詩人)으로서의 이름으로 일컬어지게 되었으며, 이 지절시인으로서의 바탕은 다름 아닌 그의 혁명가적 정신과 경력, 선승적 기질과 수련의 소치임을 알 수 있기 때문이다.[18]

요컨대 지절시인, 즉 지조 있는 시인이 만해의 표상이라는 것이다. 조지훈은 만해가 순국하지는 않았지만 만해의 일생이 정신사적으로 민족을 위하여 순의(殉義)한 사람이라고 하였다. 그리고 그는 만해의 시가 유약하고, 여성스러운 소재가 등장하고 있지만 만해의

---

16) 위의 자료, 326쪽.

17) 그 실례를 《조선불교유신론》으로 제시하였다.

18) 위의 자료, 328쪽.

시에 흐르고 있는 본질을 이해해야 한다고 주장한다. 그 실례로 자신이 문학소년 시절에 만해의 시 〈논개의 애인이 되야서 그의 묘에〉라는 시를 읽고 많이 울었던 경험을 상기하면서, 왜 만해가 그렇게 괴로워하였는가를 이해하였다고 하였다. 여기에서 조지훈은 만해를 다음과 같이 표현하였다.

암흑(暗黑) 속에서 새 역사(歷史)의 바람에 귀를 세운 사람, 새 역사(歷史)의 물결에 해도(海圖)를 꾸민 사람 만해 한용운은 폭풍우(暴風雨)를 몰아치는 암흑 속을 그 자신이 빛이 되어 뚫고 간 시인(詩人)이다. 누가 시인을 현실에 눈감은, 현실에 유리된, 현실에 초연한 무용의 장물(長物)로 보는가. 만해 한용운이야말로 시인의 본질을 특히 20세기 전반기의 한국시인의 전형으로서의 혁명시인이요, 종교시인이요, 서정시인이었던 것이다.[19]

조지훈은 이처럼 만해를 시인으로 힘주어 강조하였다. 그리고 그는 한국 현대시 60년사를 관류하는 것은 민족의식으로 보고, 수많은 지사·시인의 대표로 손꼽을 수 있는 대상자는 단연 한용운이라고 주장하였다.

지금껏 살핀 바와 같이 조지훈은 만해를 혁명가·선승·시인의 일체화라고 보았지만, 만해의 시인의 측면을 최우선적으로 강조하였다. 그런데 그가 만해의 시인의 측면을 강조한 것은 만해 정신사

---

19) 위의 자료, 329쪽.

그 저변에 자리 잡고 있었던 지조였다. 지조 있는 시인, 민족의식이 뚜렷한 시인이 바로 만해였던 것이다. 조지훈은 지조를 다음과 같이 표현하였다.

> 지조(志操)란 것은 신념(信念)을 위하여 인위(人爲)가 자연을 거세(去勢)하는 힘이니 이는 고귀(高貴)한 부자연(不自然)이다.[20]

나아가서 조지훈은 과부가 재혼하고 가난이 부귀에 연연(戀戀)하는 것이 본능의 자연스러운 욕구라면, 육체적 쾌락과 불의한 부귀를 거부하는 절조(節操)에는 고행이 뒤따른다고 보았다. 이에 절개는 부자연이기에, 지조에는 고집을 지니게 된다고 보면서 비타협 정신은 간혹 체념과 기벽으로, 창광(猖狂, 미치광이)으로 오해받기도 한다고 보았다.

> 한용운 선생은 그 지조 때문에 여러 가지 기벽(奇癖)이 있었다. 참으로 선생을 이해하고 보면 그 기벽은 기벽이 아니라 웃어 버릴 수 없는 눈물이 깃들어 있는 확집(確執)일 뿐이다.[21]

조지훈은 적어도 지조라는 측면에서는 일제하에서 만해와 어깨를 겨눌 수 있는 사람은 없었다고 보면서, 만해의 후반생을 불의에 대

---

20) 조지훈, 〈한용운 선생〉, 44쪽.
21) 〈한용운론〉, 87쪽.

한 증오와 비타협의 고고한 투쟁으로 인식하였다. 즉 만해의 삶은 민족정기의 지표, 민족정신의 기둥이라고 그의 지조를 높이 평가하였다.

> 선생은 지사의 일생 행적에 일말(一抹)의 의아를 허(許)하지 않고 민족정기의 동정신(童貞身)으로 초발심의 정과(正果)를 증득한 것이다.[22]

조지훈은 자신이 생각하고 있던 지조의 개념을 다음과 같이 정의하였다.

> 지조란 것은 순일(純一)한 정신을 지키기 위한 불타는 신념이요, 눈물겨운 정성이며, 냉철한 확집(確執)이요, 고귀한 투쟁이기까지 하다.[23]

한편 만해는 성공을 위해서는 인내가 절대 필요함을 강조하면서 인내에는 쓰라린 고통이 수반된다고 하였다.

> 인내라는 것은 참기 어려운 것 혹은 참을 수 없는 것을 참는 것이니 그리고 보면 인내는 즉 고통이다. 세상에는 고통을 좋아하는 사람

---

22) 〈한용운론〉, 87쪽.

23) 조지훈, 〈지조론〉, 《조지훈전집》 권2, 93쪽.

은 별로 없나니 고통을 싫어하는 사람에게는 인내가 있을 수가 없는 것이다. 그러나 인내는 고통을 받기 위하여서의 인내가 아니라 목적을 달하기 위하는 과정에서의 필지(必至)의 곤란을 방편적으로 인내하는 것이니 다시 말하면 인내는 고통을 위하는 인내가 아니오, 목적을 위하는 인내다.

그런데 인내를 굴종과 분간치 아니하면 아니되나니 유시(有時)에는 인내를 굴종으로 오인하기도 쉽고 굴종을 인내로 가식(假飾)하기도 쉬운 것이다. 인내라는 것은 참지 아니하려면 참지 아니할 수가 있는 것을 목적을 위하여 능히 참는 것이오. 굴종이라는 것은 아니 참을내야 아니 참을 수가 없어서 그대로 견디는 것인대 그것은 참는 것이 곧 목적이 되고 마는 것이다. 인내는 능동적이오 굴종은 굴종을 위하는 피동적이다.[24]

이처럼 만해는 목적을 위해서는 고통이 수반되는 인내를 주장하였다. 물론 만해 자신이 그를 실천하였다. 나아가 만해는 인내아 굴종을 구분하였다. 인내는 목적을 위해 능동적으로 하는 것이지만, 굴종은 단지 참는 것 자체라 하였다. 여기에서 단지 참는 것 자체가 굴종이라 하였지만 그 뒤에는 명리가 숨어 있을 것이다. 때문에 굴종은 피동적이라는 이름을 얻게 되는 것이다. 이에 만해는 쓰라린 고통을 수반한 인내를 통하여 나라와 겨레의 자주, 독립, 자존 그리고 자신의 명예, 이름을 지키기 위한 대열의 중심에 서 있었다.

24) 만해, 〈인내〉, 《불교》 신14집(1938.7), 2~3쪽.

이에 조지훈은 지조는 선비의 것이요, 교양인의 것으로 보면서 자기의 신념에 어긋날 때면 목숨을 걸어 항거하여 타협하지 않고 부정과 불의한 권력 앞에는 최저의 생활, 최악의 인욕을 무릅쓴 각오가 없으면 섣불리 지조를 입에 담아서는 안 된다고 주장하였다. 정신을 지키기 위해선 자학(自虐)과도 같은 생활을 견디는 힘이 없이는 지조는 지켜지지 않는다고 단언하였다. 그러므로 지조의 매운 향기를 지닌 사람들은 심한 고집과 기벽까지도 지닐 수밖에 없다고 주장한다. 그 단적인 예가 만해였다고 조지훈은 보았다.

지조를 지키기란 참으로 어려운 일이다. 자기의 신념에 어긋날 때면 목숨을 걸어 항거하여 타협하지 않고 부정과 불의한 권력 앞에는 최저의 생활, 최악의 인욕을 무릅쓸 각오가 없으면 섣불리 지조를 입에 담아서는 안 된다. 정신의 자존(自存) 자시(自恃)를 위해서는 자학(自虐)과도 같은 생활을 견디는 힘이 없이는 자조는 지켜지지 않는다.

그러므로 지조의 매운 향기를 지닌 분들은 심한 고집과 기벽(崎癖)까지도 지녔던 것이다. 단재(丹齋) 신채호 선생은 망명 생활 중 추운 겨울에 세수를 하는데 꼿꼿이 앉아서 두 손으로 물을 움켜다 얼굴을 씻기 때문에 찬물이 모두 소매 속으로 흘러 들어갔다고 한다. 어떤 제자가 그 까닭을 물으매, 내 동서남북 어느 곳에도 머리 숙일 곳이 없기 때문이라고 했다는 일화도 있다. 무서운 지조를 지킨 한 분인 한용운 선생의 지조 때문에 낳은 기벽의 일화도 마찬가지이다.[25]

조지훈은 위당 정인보가 만해를 추도하면서 쓴 시조, "풍란화 매운 향내 임에게야 견줄손가/ 이날에 님 계시면 별도 아니 더 빛날가/ 불토가 이외 없으니 혼(魂)하 돌아오소서"에 나온 풍란화 매운 향내도 따르지 못하는 것이 만해의 인품이라는 것이다. 즉 그는 '매운 향내' 이 네 자가 만해의 진면목을 도파(道破)하였다고 주장했다. 그리고 고결한 선비가 사람을 기리는 일이 매우 어려운 것인데 정인보가 만해를 기리는 이 시조는 만해의 품격을 단적으로 일컫는 사례로 보았다.

조지훈은 만해의 진면목을 지조에서만 찾은 것은 아니다. 그는 만해의 정신을 보았고, 만해의 다양성을 보았으며, 만해의 진실을 찾았으며, 만해가 추구한 삶 전체를 조명하였다. 이 바탕하에서 그는 만해라는 인간성을 찾아 우리에게 전하였던 것이다.

선생은 술을 즐기셨다. 취후(醉後)에 비분강개가 심하므로 지기지우(知己之友)들이 술을 조금 들라고 말리면 한잔만 더 하겠다고 술을 따르면서 눈물을 머금은 눈으로 돌보시더라는 애기도 있다. 선생은 다정다한(多情多恨)의 인(人)일 수밖에 없었다.[26]

만해는 그 암울한 일제말기의 혹독한 시절, 숱한 지식인들이 타협과 굴종의 길을 걷던, 정의가 사라지고 불의가 득세하였던 그 시절

---

25) 위의 〈지조론〉, 95~96쪽.

26) 〈한용운론〉, 88쪽.

을 이처럼 술을 마시며 이겨냈다. 그는 새세상, 새역사를 기다리다 해방 1년 전에 한 많은 삶을 마감하였다.

　지금껏 우리는 조지훈이 보고 들은 추억을 통해 만해를 보았다. 이는 만해를 통해 조지훈을 조명한 것이기도 하다.

암흑기 청년의 삶의 나침반
— 한용운과 김관호

한용운이 불교, 문학, 민족운동 등 한국 현대사에서 차지하고 있는 위상은 아무리 강조하여도 지나침이 없을 정도로 커다란 산맥을 이루고 있다. 특히 최근 사회 각계각층에서 전개되고 있는 현실을 직시하면 할수록 더욱 더 만해가 그리워진다. 어른이 사라지고, 지조 있는 지성인을 찾을 수 없고, 사회를 이끌고 있는 여론 형성층의 빈약한 성찰의식을 고려할 때 만해의 가르침은 오늘날에도 우리가 반드시 반추해야 할 주제이다. 만해의 가르침은 다양한 각도에서 조명할 수 있겠지만 나라와 민족이 그 중심에 있었음은 분명하다.

지금까지 만해학에 대한 접근은 다양한 방면에서 시도되었지만 아직도 그 전모와 성격을 그려내기에는 연구의 성과가 빈약하다. 다만 문학적인 방면에서의 축적은 괄목할 정도이지만 그것을 통해 일반화까지 이르렀다고 보기는 어려울 것 같다. 더욱이 만해의 주된 활동 무대인 불교와 민족운동 공간에서의 정리는 이제 걸음마 상태이다. 만해학의 정립은 보다 많은 시간과 정성을 투입해야 가능할 것이다. 따라서 만해학, 만해지성, 만해사상을 그려내기 위해서는 보다 구체적인 자료발굴과 해석이 절대로 요청된다. 한편 필자가 이 글에서 강조하고 있는 것은 만해 한용운에 대한 연구도 심화해야 하지만 만해가 관련된 영역과 그 대상 및 인물에 대한 관심도 결코 소홀히 대할 수 없다는 것이다. 이에 필자는 만해와 다양한 인연을 갖고 있는 대상에 대한 정리의 일환으로 김관호(金觀鎬)라는 인물을 소개하고자 한다. 지금껏 만해와 관련 있는 대상 인물은 대부분 지사, 독립운동가, 저명인사, 승려 중심으로 소개되었다. 그러나 만해의 영향을 수많은 대중들이 받았다는 저간의 사정을 조금만 유의하면 그간 우리의 관심과 시선은 좁고, 편향되지 않았나 하는 생각이 드는 것은 비단 필자만의 생각은 아닐 것이다.

김관호는 청년시절 만해를 만나, 만해의 지근거리에서 그의 여러 행적을 지켜본 당사자이다. 더욱이 그는 만해의 사후에 만해의 행적과 정신을 널리 알리기 위한 행보를 걸어온 인물이다. 〈심우장견문기〉라는 불후의 회고록을 비롯한 여러 글에서 만해의 행적과 일화를 고심차게 전하였다. 만해의 제자임을 자임한 그의 행보를 통하여 만해는 새롭게 태어났다고 하여도 과언이 아니다. 우리는 김관호의 증언과 회고를 통하여 만해의 연구 및 이해에 적지 않게 빚을 졌음을 유의하면서, 60여 년간 만해를 정신적인 스승으로 삼았던 김관호라는 인물을 탐구해야 한다. 잠을 자다가, 혹은 식사를 하다가도 만해라는 말을 들으면 벌떡 일어났다는 김관호라는 앵글을 통하여 만해의 진면목에 한발자국 더욱 다가서 보자.

1. 만해와 김관호의 인연의 실타래

김관호의 고향은 강원도 금화군의 작은 농촌이었다. 그는 고향인 향리에서 《통감》을 배웠는데 전체 15권 중 7권까지만 배웠다는 것을 볼 때, 그의 한학 공부는 체계적이지는 않았던 것 같다. 그런데 김관호가 어떤 연유로 서울로 올라왔는지에 대해서는 자세히 전하지 않는다. 서울에 올라온 그는 변호사 사무실에서 일하다가 《동아일보》의 보급부에서 근무하였다. 김관호가 만해와의 인연을 맺게 된 것은 1930년 무렵인 그의 나이 25세경이었다. 당시 그는 독립사상을 불어넣는 사상 강연회를 자주 찾아다녔다. 그때 강사로 나온 국학의 대가인 정인보 선생이 기독교청년회관에서 열린 강연회에서 "조선청년은 만해 한용운을 배워야 한다"고 역설한 것을 계기로 만해를 찾아갔다. 당시 그가 정인보에게 왜 만해를 배워야 하느냐고 질문을 하였더니, 정인보는 만해는 '한국의 간디'라고 답하였다.

이에 김관호는 만해가 머물고 있었던 서울 사직동 8원짜리 사글세방을 불쑥 찾아갔다. 그러나 초면의 만남은 찬바람 그 자체였다.

그래 내가 야학당에 다니면서 아무 마음가짐도 준비하지 않은 채 만해 선생의 사직동으로 찾아갔습니다. 그런데 그분은 어찌 그렇게 냉랭하시고 사람을 반갑게 맞아들이지도 않고 무얼 물어도 자상한 대답은커녕 퉁명스럽기만 하셨지요. 공연히 찾아왔구나 하고 후회를 하다가 깨달은 바가 있어 그 뒤로 그 후회를 이겨내고 찾아뵈었지요.[1]

김관호를 만난 만해는 김관호의 학력을 묻고서는 당신의 저술인 《채근담》과 《불교대전》을 주면서 그 책을 다 읽고 오라고 요구하였다. 이 같은 만해의 요구를 기꺼이 수용한 김관호는 만해가 준 책을 다 읽고 다시 만해를 찾아 가면서 이들의 인간관계, 사제의 인연을 시작되었다. 당시 김관호는 만해를 만날 때의 감정을 두렵고, 엄숙하고, 근엄해보였다고 회고하였다. 이때부터 김관호는 시간이 날 적마다, 기회가 있을 때마다 만해를 찾아 다녔다. 그리하여 그는 만해가 입적하는 그날까지 심우장 출입을 제일 많이 한 당사자로 역사의 이면에 남아 있다. 그의 심우장 출입이 너무 잦아 일본 경찰의 주목을 받은 것은 당연한 것이었다. 그러나 그는 불교를 배우러 다닌다는 핑계를 대며 그 시선을 따돌리기도 하였다. 그래서 그는 만해의 일화, 비화를 제일 많이 듣고 겪은 당사자라는 별칭을 갖게 되었다.

김관호는 만해와의 인연을 통하여 많은 교훈을 얻고 자신의 인생의 자양분으로 삼았다. 1944년 6월 심우장에서 마지막으로 만해와 이별한 그는 만해의 행적과 정신을 널리 알리는 만해의 사도로서 90여 년의 평생을 마쳤다. 해방 이후 그는 사법서사로 활동하여 자신의 생계를 꾸려가면서, 시간이 날 적마다 전국을 돌아다니며 만해의 사상 전파에 진력하였다. 또한 그는 재가거사로서 해방공간에 설립된 재가불교단체인 거사림의 발기자로 재가불교운동에도 이바지하였다. 그와 함께 거사림의 설립 초기부터 활동한 인물은 조소앙 · 유

---

1) 김관호, 〈불자 탐방 : 아침의 염불, 저녁의 독경—해어 김관호 거사를 찾아서〉, 《법시》 17호(1969.2).

림·전진한 등이었다.

그는 1969년도 대한출판협회에서 선정한 모범장서가(약 4천 권)로
도 뽑힐 정도로 유명하였다. 그는 해방 전에 5천 권을 모았는데, 6·
25로 인하여 고스란히 없어지고 다시 모은 것이 4천 권에 달한 것이
다. 그 장서에는 만해의 저작이 다수 있었음은 물론이다. 6·25로 인
하여 충남 예산으로 피난을 갈 적에는 만해의 저술인《채근담강
의》와《조선불교유신론》만은 가지고 갔다는 말에서 그의 정성을 짐
작하고도 남음이 있다 하겠다. 피난을 가서는 특별히 할 일이 없자
그는 만해의 저작을 갖고 동네의 소년들을 모아 놓고 가르쳤다. 그
런데《유신론》에 나오는 '불균수(不龜手)'라는 말을 알 수 없어 당황
하였더니, 그날 밤의 꿈에 만해 선생이 나타나 그 출처가 장자의《남
화경》에 나온다고 설명을 해주었다고 한다. 그 뜻은 '손이 트지 않고
갈라지지 않은 것'이었다는 것이다. 이 비사에서 그의 만해에 대한
의존도가 어느 정도였는가를 알 수 있다.

김관호의 만해 계승 노력은 무엇보다도 1973년에 출판된《만해
한용운전집》에서 빛을 발한다. 그는 간행위원으로서 전집 출판에
지대한 공헌을 하였다. 그리고 1980년에 결성된 만해사상연구회도
사실 김관호의 헌신에 의해서 가능했던 것이다. 아마 그가 지금까지
생존하여 백담사와 남한산성의 만해기념관, 백담사 만해마을의 만
해문학박물관 등의 건립과 조성을 지켜보았다면 그의 가슴은 한없
이 뛰었을 것이다. 이러한 그는 평소 청년, 전국민들에게 만해 한용
운을 배워야 한다는 소신을 방방곡곡을 다니며 거듭하여 호소하였

다. 그가 《불교》 52호(1975.4)에 기고한 〈3·1운동과 불교도의 반성〉이라는 글 말미에 힘주어 쓴 아래의 글은 그의 만해 사랑을 거듭 확인해 준다.

한용운 선사는 우리 민족사의 거성이요 불교계의 광명이다. 특히 불교도로서 자파의 위인을 경모(敬慕)할 줄 모른다면 올바른 불교인이 아니다.(중략)

사람은 음식으로써 육체를 섭생하고 독서로서 정신을 수양하는데 독서는 반드시 양서를 택해야 된다. 양서를 선택하는 데에는 근래 출판된 한용운 전집이 최상임을 지적한다. 이 책은 전민족이 필독할 양서라 하여도 과언이 아니요, 특히 불교인으로서 이 전집을 모른다면 참으로 불행한 일일 것이다. 선사는 민족사상 석학이요 더욱 불교에 있어서 선교양종(禪敎兩宗)의 대가임을 자타가 공인하는 바이다. 최후까지 초지를 굴하지 않고 빈한을 감수하면서 일편단심 국가 독립과 민족갱생과 불교유신을 염원하여 그 포부를 실력으로 행사하고, 사상으로 지도하고, 문장으로 고취하고, 지조로 시범하였으니 우리나라 당시 인물의 제1로 굴지한다.

거듭 말하거니와 불자는 한용운 전집을 읽어야 완전한 인격을 갖출 것이다.

그는 만해를 온 국민이, 특히 불교인은 반드시 알아야 한다고 지적하였다. 그는 만해가 행동, 문장, 지조, 사상으로 겨레에게 용기와 희망을 불어넣어 주었다고 보았다. 그는 만해를 우리 근대기의 최고 인물로 손꼽는 데 결코 주저하지 않았다. 김관호는 만해를 "만해 선생은 독립운동자로서 항일정신이 가장 강하고 만절불굴(萬折不屈)의 민족정기를 사수한 유일의 명사(名士)이시다."(《한용운사상연구》2집, 간행사)라고 단언하였다.

2. 만해의 아난, 김관호

　역사상 뛰어난 인물, 위인은 그 인물의 인격, 행적, 사상에 의하여 평가되고 이해됨은 당연하다. 그리고 그것은 그 인물이 남긴 흔적, 기록에 의해 재구성되며, 그를 기초로 역사적인 인물의 연구와 분석이 가능하다. 요컨대 위인, 영웅은 후세의 역사가 및 후학들에 의하여 만들어지는 측면을 배제할 수 없다. 때문에 시대와 사람이 영웅을 만든다고 하지 않았는가.

　한편 우리는 이 같은 일반적인 정황에 동의하면서도 뛰어난 인물을 연구, 분석하기 위해서는 문헌기록뿐만 아니라 지근거리에서 제반정황을 지켜본 당사자들의 증언, 회고, 후일담 등에 의해서 보완되는 것을 왕왕 지켜보았다. 나아가서는 문헌기록이 부족할 경우에는 그 증언, 불교적인 표현으로 말하면 여시아문(如是我聞)에 의해서 당시 상황과 역사가 만들어지고 있음도 알고 있다. 석가모니의 경우 아난이라는 제자에 의해 불경이 결집될 수 있었음은 그 단적인 예증이다. '내가 이와 같이 보고 들었다', '나는 누구에게서 그 내용을 들었다'는 구전에 의해 인물, 역사, 정황은 그려지고 만들어진다.

만해의 경우, 그 당사자가 바로 김관호가 아닌가 한다. 지금껏 만해의 일화, 행적 등 문헌기록에서 나오지 않은 것은 대부분 김관호가 정리하고, 기록으로 남긴 것이 대부분이다.《한용운전집》의 일화나《한용운사상연구》 2집에 게재된 〈심우장견문기〉가 김관호가 정리하여 남긴 것임은 널리 알려진 사실이다. 그 밖에도 그는 다양한 지면에 자신의 체험을 우리에게 전하고 있다. 이러한 일화 중에서 김관호는 만해의 육성, 어록을 그대로 옮겨놓아 후일 만해의 체취를 접하지 못한 연구자들에게 만해의 진면목을 전하였다. 그 중 중요한 몇 대목을 발췌하여 살펴보자.

만해의 업적 중에서 가장 논란이 있는 부분은 3·1운동시 독립선언서의 공약삼장의 추서 문제이다. 지금은 대부분 만해가 공약삼장을 작성하여 추가하였다는 설이 보편적으로 수용되고 있다. 그러나 일각에서는 아직도 육당 최남선이 선언서 전체를 작성하였다는 육당 전담설이 있다. 그러나 이에 대하여 김관호는 자신이 만해에게 직접 들었다 하여 그 정황을 다음과 같이 피력하였다.

독립선언서만 해도 그렇다. 원래는 만해가 쓰기로 한 것이었는데 일의 조직적 관계로 너무 바빠서 최남선에게 쓰이었던 것이다. 그것이 만해의 뜻에 꼭 안 맞았지마는 시일이 급해서 그냥 사용했다는 것이다. 그래서 공약삼장을 만해 자신이 더 써 보탰는데 그 삼장이 불법승(佛法僧)의 삼보정신 그대로인 것이라고 만해 선생에게서 들은

적이 있다.(〈3·1운동과 만해 선생〉)

이처럼 김관호는 공약삼장은 만해가 추가하였으며, 불법승 삼보
정신이 구현되었음을 만해에게서 직접 들었다고 우리에게 전했다.
그는 1986년 경 독립기념관 건립의 추진공사 과정시 공약삼장 작성
자에 대한 논란이 불거져 나왔을 때에도 《불교신문》 기자에게 자신
이 만해에게 들었다는 전제로 다음과 같이 말하였다. 즉 그 내용은
다음과 같다.

　학교에서도 공약삼장을 만해 스님이 지었다고 가르치는데 이제 와
서 터무니없이 시비를 걸어오다니 이것은 만해 스님을 격하시키려는
태도가 아니고 무엇이냐고 감정을 억제치 못하였다.
　김옹은 만해 스님에게서 직접 "내가 추가한 공약삼장에는 불법승
삼보의 의미도 깃들어 있다"는 말을 들었다며 그 동안 연구하고 수집
했던 만해 스님의 기록을 보여줬다.(《불교신문》 1986. 6. 18, 〈공약
삼장은 만해 스님이 지었다〉)

만약 이것이 사실이 아니라면 만해나 김관호는 거짓 증언을 하였
다고 보아야 한다. 그러나 우리는 그 두 사람이 없는 사실을 전할 정
도의 비정상적, 몰역사적인 인물이라고 볼 수는 없을 것이다. 이로
써 우리는 공약삼장의 논란을 여기에서 만해 추가설로 단정할 수 있
는 결정적인 단서를 얻었던 것이다.

그리고 3·1운동시 만해는 당시의 거물급 인사들을 찾아다니며 민족대표에 참가할 것을 요청하였다. 그리고 불교계의 승려 중에서도 민족대표로 추대할 작정으로 탐방을 하였다. 그러나 현재 알려진 민족대표 33인 이외에는 성사시키지 못하였다. 이에 대해서도 김관호는 만해의 육성을 거의 그대로 우리에게 전해주고 있다.

그 후 만해 선생이 말씀하시기를 "서울 양반의 인물됨이 자신의 보호와 개인의 이익만을 알았지 국가 민족은 염두에도 두지 않는 군상들이었다"고 하셨다. 뿐만 아니라 불교계에서도 마찬가지였다. 대덕(大德)으로 불리우던 큰스님들도 독립선언서 참가를 종용하는 만해의 뜻에 주저할 뿐이었다. 그래서 불교계 대표로는 자기 하나 뿐인 것이 너무 딱해서 마지막으로 백용성에게로 찾아갔다. 그의 뜻을 알기 위해 "불교계 대표로 누구를 하나 더 넣었으면 좋을까요" 하고 물었는데 용성이 자진해서 "내가 해야지요" 하고 서명했다. 그래서 33인에 겨우 2인이나마 불교의 대표가 참가하게 되었던 것이다.(〈만해 일화〉, 《불교》 70호, 1977. 3)

여기에서 서울 양반으로 지칭한 대상자에는 구한말의 귀족인 윤용구, 한규설과 사회운동가인 이상재가 포함된다고 김관호는 적고 있다. 김관호는 다른 회고에서 당시 만해가 그 지도급인사들이 참가 거부를 한 것에 대해서 "죽을까봐"라고 간단히 말하였다는 것도 우리에게 전해주었다.

김관호가 전하는 만해의 일화에는 일제의 패망이 멀지 않았음과 해방된 이후의 문제를 걱정하였다는 내용도 있다. 만해의 정신의 표상은 설중매화(雪中梅花)로도 표현하는데, 이는 가혹한 엄중설한을 겪은 후에 매화가 피듯이 나라의 독립이 멀지 않음을 강력히 예견하는 것이었다. 이에 대한 김관호의 회고는 다음과 같다.

또 만해가 살아계실 때 하신 말씀이 "일본은 반드시 패전하고 우리 독립의 날은 오는데 걱정이 있다. 첫째 민족 단결이 잘 이루어지지 못하면 낭패할 염려가 크고, 둘째는 경제를 어떻게 하느냐는 문제가 큰 곤난일 것이다."했는데 그의 선지자적인 예언이라고 할 것이다. (〈만해일화〉)

이렇듯 만해의 육성을 우리에게 전하였는데, 이 내용을 언급한 별도의 글(〈한용운 스님〉, 《법륜》 1970년 3월호)에서는 "선생은 태연자약하시며 무리강폭(無理强暴)은 자체미약(自體微弱)의 상징이니 필망(必亡)이 도래(到來)한다고 말씀하셨다."고 전하였다.

만해가 생의 최후를 맞이한 심우장은 만해 사상의 근거지였다. 서울의 변두리에서 일제의 음습한 식민통치의 바람을 맞으면서도 만해는 자신만의 고독한 수행을 즐기며, 근대 지성의 최후의 보루로 남아 있었다. 만해는 식민통치의 거점인 조선총독부 청사(돌집)를 마주 보지 않고, 북향을 통하여 그의 절개를 우회적으로 보여 주었음은 널리 알려진 이야기이다. 이에 그 시절의 심우장은 단순한 만해의 집이 아니고, 우리 겨레의 저항의 상징이었다. 바로 그 심우장 건립에 관한 비사도 김관호가 전하고 있다. 흔히 그 공사 자금을 누가 대주었다느니 하는 말들이 분분하지만 이에 대한 그의 회고는 그 정황을 완결시키고 있는 것이다.

그 무렵(심우장 건립시) 통도사에서 스님을 평생 동안 모시기로 했는데 경찰이 미리 알고 금지시켜서, 내장사 벽산 스님이 52평의 터를 내놓아 심우장을 세우게 했어요. 영숙이 어머니(만해 두 번째 부인)가 2백원, 당신 돈 2백원, 조선일보 사장이 2백원, 그리고 제자가 백원, 모두 7백원 갖고 시작했는데 돈이 모자라 집을 잡혔어요. 돌아가실 때까지 못 갚아서 조의금으로 갚으려 하였더니 용담이란 제자가 사모님 어떻게 사시냐면서 떠 맡았어요.(《불교신문》 1991. 2. 27, 〈만해 스님 흠모의 정 60년〉)

이렇듯이 당시 사정에 대한 세밀한 증언은 우리의 시선을 집요하게 붙잡는 것이다. 김관호의 증언으로 또 다시 주목할 것은 만주의 호랑이로 유명한 일송 김동삼이 마포형무소에서 고문의 후유증으로 죽었을 당시의 이야기이다. 김동삼과 만해의 인연은 만해가 1911년 가을 만주일대를 돌아다니며 독립운동의 근거지를 탐방하였을 적으로 거슬러 올라간다. 그런 김동삼이 1938년 형무소에서 시체로 나오게 되자 의연히 형무소를 찾아가 그 시체를 인수하여 장사를 치루어 주었던 것이다. 당시 시신을 인수하여 통곡을 하였던 만해의 발언을 이렇게 전하였다.

선생이 통곡하시며 하는 말씀이 "이분이 2천3백만의 대표될 인물이고 다시는 이러한 사람이 없으니 유사지추(有事之秋)에는 사람 없어 큰 걱정"이라고 하시며 "이분을 조상(弔喪)하는 것은 우리 민족을 조상(弔喪)하는 듯이 비통하다"고 퍽 슬퍼하셨다.(〈한용운 스님〉,《법륜》1970년 3월호)

일제의 날카로운 시선이 서울 천지를 지배하였던 그 시절 그 누가 형무소를 찾아가 시신을 인수하여 장사를 치루겠는가. 만해가 아니면 할 수 없는 일이다. 당시 그에게 장례 비용이 있을 리가 없었다. 이에 그는 그를 후원하는 《조선일보》 사장인 방응모의 협조를 받아 그 일을 처리하였다고 한다. 이 증언은 독립기념관이 건립된 직후 중국에 있었던 김동삼의 며느리가 한국에 영구 귀국을 하였을 적에 그녀의 아들인 김중생에게 김관호가 증언한 내용에 나온다.

　김관호의 증언, 회고 중에는 당시 《조선일보》 사장인 계초 방응모에 대한 이야기가 많이 나온다. 요즈음에는 《조선일보》의 일제 말기의 노선과 당시 사장인 방응모의 행적에 논란이 있지만 만해와 《조선일보》, 방응모와의 친근성은 부인할 수 없는 사실이다. 다만 그 일화, 비화, 사실은 역사로 확실히 전하는 것이고 《조선일보》와 방응모의 평가는 별개의 문제인 것이다. 김관호는 만해의 지근거리에 있었기에 그의 증언은 신뢰할 만하다. 김관호는 그가 지켜본 만해와 방응모의 관계를 다음과 같이 회고하였다.

만해 한용운 선생은 1879년생이시고 계초 방응모 선생은 1883년 생이므로, 방응모 사장이 생존해 있다면 올해 98세일 것이다. 두 분은 네 살 차이였다. 그런데 방응모 사장은 한용운 사장을 벽초 홍명희 소개로 알게 되었다. 내가 30대였을 적에 한용운 선생은 쉰일곱이었다. 나는 그때 한용운 선생을 무척 따랐고 선생님으로 모시고 싶어서 쫓아 다니곤 했었다. 이렇게 해서 한용운 선생을 따르다 보니 방응모 선생과 가까이 지내시는 것을 자연히 알게 되었다. 벽초, 만해, 계초 이렇게 세 분은 아주 자주 만났으며 조선일보 사장실에서도 모여 함께 담화를 하곤 하셨다. 그뿐만 아니라 교외로, 의정부로 자주 나가서 어울려 다니셨다. 내가 이런 것까지를 구체적으로 알게 된 데에는 그럴 만한 이유가 있다. 나는 그때 홍기문과 아주 가까운 친구 사이였다. 홍기문은 바로 벽초 홍명희의 아들이다. 홍기문은 그때 조선일보사에 재직하고 있었다. 그래서 내가 한용운 선생을 가까이 모실 수 있는 계기도 주어졌던 것이다.

그때 한용운 선생의 생활 형편은 퍽 어려운 처지에 놓여 있는 편이었다. 그러나 한용운 선생은 늘 나라 걱정만 하였고 불원간에 일본이 망하고 만다고 입버릇처럼 되뇌이고 다니셨다. 이런 한용운 선생의 생활을 돌보아 드린 분이 바로 방응모 사장이시다. 방사장은 한 달에 1백원 정도씩을 한용운 선생에게 생활비조로 드렸다. 방응모 사장은 자기보다 나이가 위로 네 살이나 차이가 나는 한용운 선생을 인간적

으로 무척 좋아하고 계셨다는 것을 홍기문에게서 듣곤 하였다.(중략)

그때 보니까 조선일보사에서는 늘 자전거를 타고 성북동까지 와서 원고를 가져 갔었고, 원고료는 이갑섭 편에 보내왔다. 나는 그때 미아리에 살면서 동아일보 영업부의 보급사원으로 일하고 있었다. 그러나 이것은 생계를 위한 직업이었을 뿐이지 내 청춘은 한용운 선생에게 반해 있었다.(《계초 방응모전》, 1980, 116~119쪽)

이렇듯이 김관호는 만해와 방응모와의 인간적인 관계를 자세히 증언하였다. 일제의 광풍이 매섭게 불던 그 시절에도 인간의 정은 살아 있었다. 몇 십 년이 지난 지금에 와서는 그 진면목을 말해줄 사람도, 그를 이해할 아량과 품성도 희박하지만 역사의 기록은 아직도 우리 앞에 놓여 있음을 기억해야 한다. 물론 이런 증언이 방응모의 친일논란을 깨끗이 씻어줄 수 있는 면죄부는 분명 아니다. 그러나 만해와 계초도 인간이었기에 나라, 민족, 회사, 인연, 인간으로서의 정 등등에서 적지 않게 고민하고 고뇌하였으니라. 김관호의 계초에 대한 회고는 만해의 입적에서도 찾아볼 수 있다.

1944년이 한용운 선생이 돌아가신 해이다. 이해 봄 방응모 사장은 이갑섭의 편에 인삼 녹용이 든 한약을 한 제씩 세 번이나 지어서 보내셨다. 1944년은 태평양전쟁이 한창이던 때였는데 그때에 비싸기도 하려니와 구하기도 힘든 것을 어떻게 구해서 한약을 지어보내셨는지, 그때 나는 그것을 받고 감격했었다. 그러나 한용운 선생은 1944

년 6월 29일 운명하시고 말았다. 내가 또 한 번 방응모 사장을 보고 감격했던 것은 한용운 선생이 돌아가시고 난 뒤의 일이었다. 그때 방응모 사장은 이갑섭을 데리고 직접 오셔서 그때 돈으로 3백원을 슬며시 내놓으셨다. 내가 눈물을 흘리며 부의금으로 기록했던 기억이 지금도 생생하다. 쌀 10가마가 1백원이었던 것으로 기억된다. 그런데 3백원을 내놓으셨다. 당장 현금 10원이 없던 차에 이 거액은 우리를 놀라게 하였다. 우리라는 것은 한용운 선생의 장례를 치룬 김용담, 박광, 김적음, 이춘성, 그리고 나 이렇게 다섯을 말한다.(위의 책, 120~121쪽)

만해는 입적하기 이전, 궁핍의 생활을 견디다가 그만 신경통, 각기병, 영양실조 등이 합병증으로 작용하였다. 시절이 시절인지라 병원 치료는 애당초 거리가 멀었다. 이에 선학원 승려인 김적음이 매일같이 달려와 침 치료를 하였다. 김적음은 입산, 출가 이전에 침술로 많은 재산을 번 이력이 있었던 승려였다. 이처럼 김적음의 지극한 침술과 계초의 정성이 담긴 한약도 만해를 회생시키지는 못하였다. 이렇게 만해는 나라의 해방을 보지 못하였다. 불과 10개월을 남기고 이 땅을 떠났던 것이다. 만해가 입적하자, 계초는 즉시 달려와 당시로서는 거금의 부의금을 내놓았다는 것이다. 혹시 그런 계초의 행적을 일제의 경찰이 조사하였는지도 모른다. 만해와 계초는《조선일보》가 일제의 외압으로 폐간된 이후에도 간혹 만났다. 바로 그런 인간관계가 계초가 만해의 마지막을 찾게끔 하였을 것이다.

　그 밖에도 김관호가 우리에게 전하여 준 일화, 회고, 증언은 매우 다양하였다. 우리는 이러한 내용을 통하여 만해의 진면목을 파악하고 그를 통하여 만해의 일대기, 평전을 만들었다. 그리고 만해정신의 재정비도 기할 수 있었던 것이다. 때문에 김관호는 만해의 아난이라고 말할 수 있다.

　김관호는 90평생 중 60여 년을 만해와 함께 하였다. 특히 만해가 이 땅을 떠난 후에는 만해의 제자를 자임하여 만해정신을 널리 알리는 일선에서 고군분투하였다. 그는 매년 3·1절이 오면 이곳저곳의 강연에서 만해의 이야기를 전하는 것을 낙으로 삼고 여생을 보냈다. 이제 우리는 만해를 통하여 김관호를 살폈지만, 추후에는 김관호를 통하여 만해에게로 다가설 수 있다. 한편 우리는 '만해 찾기'에도 만해가 주장한 유신, 파괴의 자세를 가져야 한다. 고정관념의 파괴를 통해 만해의 새로운 면모를 발굴해야 한다. 만해에 관심이 있는 모든 이들이 이 탐구 작업에 동참하길 기다린다. 요즈음처럼 어른, 지식인을 찾기 어려운 시절에 만해를 다시 불러내야 한다. 만해는 역사 속으로 흘러가 버린 과거의 인물이 아니라 여전히 우리 곁에 있어야 할 현대의 인물이다.

만해 할아버지를 이야기합니다
— 한용운 손자 탐방기

2009년 2월 11일 오전, 필자는 새우젓으로 유명한 충청남도 광천으로 향하는 용산발 새마을 기차에 몸을 실었다. 광천에 사는 한용운의 손자인 한수만(韓秀萬 1932년생. 2009년 현재 78세) 씨를 만나기 위함이었다. 이날의 광천행은 한국정치사상학회의 2009년도 동계 여행세미나(2.2~2.3)에 초청을 받아 만해 한용운에 대한 특강을 하게 된 연유에서 비롯되었다. 한국정치사상학회 회원들은 한용운 생가, 김좌진 생가 등 충남 내포지역을 1박 2일로 답사하였는데 필자도 그 여행세미나에 동행하였다. 당시 그 답사에 동참한 홍성의 문화관광해설사로 활동하고 있는 한건택 선생으로부터 한용운의 손자를 알고 있다는 정보를 들었다. 그는 홍성지역의 문화계 인사이기에 그의 증언은 신뢰할 수 있었다. 그래서 필자는 한건택 선생에게 한용운 손자와의 만남을 주선해 주고 동행도 해달라고 요청을 해 놓은 터였다. 그러나 3·1절이 점점 다가오자 필자는 한용운에 대한 중요한 자료를 발굴할 수 있지 않을까 하는 호기심과 궁금증을 주체하지 못하고 한건택 선생에게 한용운 손자를 가급적이면 빨리 만나고 쉽다는 부탁을 하였다. 한건택 선생은 자신의 일정을 조정하고, 한용운 손자에게 미리 연락을 하여 광천행을 사전 조율하였다. 그런 연후 필자는 평소 한용운에 대해 관심이 많았던 《조선일보》 종교 담당 김한수 기자에게도 연락을 하여 같이 내려가게 되었다.

11시 50분경 광천역에 내리자, 한건택 선생과 한용운 생가터에 세워진 만해체험관에 근무하고 있는 문화관광해설사인 박홍임 선생이 마중을 나와 있었다. 김한수 기자도 서울에서 새마을 기차를 타고 왔기에 역에서 만났다. 이렇게 우리 네 명은 반갑게 만나 서로 간에 인사를 하고 한용운 손자를 만나러 가는 것에 대하여 이야기꽃을 피웠다. 일행은 역전 인근에 있는 국밥집으로 가서 간단하게 점심 식사를 하였다. 식사를 하면서도 만해 한용운 손자에 대한 정보, 질문할 내용, 준비한 자료 등을 교환하면서 담소를 하였다. 한건택 선생은 홍성군 홍성읍에 가서 한용운 집안의 제적등본을 확보하는 등 철저한 준비를 했으며, 필자도 30여 가지의 질문을 준비하였기에 내심 제대로 된 인터뷰를 하고 싶다는 충동이 일기 시작하였다. 식사를 마친 일행은 귤 한 상자를 사고, 한건택 선생의 차를 이용하여 인근의 광천읍 신진리에 위치한 한용운의 손자 집으로 향하였다. 역에서 10분 거리에 있는 한용운의 손자 집은 약간은 허름한 빨간 벽돌의 슬레이트집이었다.[1] 그 집에는 한용운의 종손인 한수만 씨와 그의 부인이 기다리고 있었다. 한 시간 삼십분 정도 진행된 이날의 인터뷰는 한용운의 생애와 그의 가족사에 그간 드러나지 않았던 새로운 정보가 적지 않게 나왔다. 다만 아쉬웠던 것은 한용운과 그의 가족에 대

---

1) 그의 집 주소는 충남 홍성군 광천읍 신진리 383-3번지이다.

한 관련 사진, 문건 등 결정적인 자료가 나오지 않은 것이다. 내심으로 새로운 연구를 위한 자료 발굴을 기대하였던 필자도 그랬지만, 김한수 기자는 보도를 위한 문건, 사진을 찾을 수 없어 아쉬움이 적지 않았다.

그러나 이 광천행은 필자에게는 매우 귀한 답사와 인터뷰였다. 한용운 연구자이면서도 현장 확인, 자료 수집을 게을리 하였던 그 동안의 나태를 반성하게 되었다. 그렇지만 인터뷰 속에서 나온 새로운 내용들은 한용운 연구에서 간과된 측면도 있었다. 추후에는 한용운 손자인 한수만 씨의 증언에서 나온 다양한 소재들을 적극 검토, 분석해야 할 것으로 믿는다. 그래서 필자는 광천에서 한용운 손자와 주고받은 대화를 정리하여 연구의 자료로 활용할 수 있도록 기록으로 남기기로 하였다.

[문] 만해 한용운의 손자가 되신다고 해서 찾아뵈었습니다. 보고 들은 것을 자세히 알려 주세요.
[답] 그러지유. 내가 아는 대로, 아는 것까지 말해 주지요.

[문] 한용운과는 어떤 관계인가요?
[답] 나에게는 둘째 할아버지가 되지유. 그러나 직계 할아버지는 아니고 종손일 뿐이지유. 내가 만약 만해 할아버지의 직계라면 이런 데 살지도 않아. 그렇다면 내가 훈장도 받고 그럴 터인데.

[문] 지역사회에서도 한용운의 손자라는 것을 다 알고 계시나요?

[답] 그렇지유. 군(郡)에 자주 다녔어. 예전의 군수인 이상선 군
수 때에도 그랬고, 그 전에도 군수들이 갈릴 적에도 내가 인
사하러 다니고 그랬어. 군에 다닌 것이 한두 번이 아녀. 그런
데 내가 직계가 아니고 직손이 아니고 다만 후손, 종손일 뿐
이지. 그 전부터 동상 세울 적에 이상선 군수가 그걸 세우기
위해 성금내고 그럴 때에는 참배도 하고, 군에 들어가서 계
장, 과장들 하고 점심도 먹고 그랬는데 요즘 행사 때에는 참
배하고 그럴 때에도 나를 헌화 한번도 시키지 않고, 찾지도
않고 그래. 그래서 내가 군수에게도 불만을 표하고 그랬어.
내가 비록 한용운의 직계는 아니지만, 내가 그래도 만해 할
아버지의 후손인데 그럴 수 있냐고 그랬지. 어째 일처리를
그렇게 하냐고 그랬지.

[문] 한용운이 생가터에 생가가 복원되고, 최근 그곳에 만해체험
관이 세워졌습니다. 그곳에서 한용운이 태어났다고 하는데,
이런 내용에 대해서 한 말씀해 주세요.

[답] 생가터 거기가 옛날에 우리 선조님들 산직 집이여. 거기 대
산소가 있잖어, 거기에 선조님의 선산이 있었어. 그곳에 뺑
돌아 그 선산이 있었어. 산지기 집이라 시제 차려주고, 봉사
하고, 참초할 때에 도와주고 농사져 먹던 집이었지. 그곳에
밭은 갖고 있었지만 논은 없었고, 선산은 있었지.

만해 할아버지는 거기서 살지도 안 했어. 만해 할아버지, 내 둘째 할아버지는 거기서 살지도 않고 홍성, 저 고려병원 앞에 있었던 한보국(韓保國, 한용운의 아들)씨가 살던 집이 있어, 거기 살았어. 그런데 그 집이 6·25때 홍주고등학교 재단에, 전 누구인가 그 사람이 학교 재단으로다가 그 집을 집어 넣었어.

[문] 그래요? 그렇지만 보통 그 생가터에서 한용운이 태어나고, 어린 시절에는 지냈다고 하는데요.

[답] 그런데 어째서 그 후로다가 산직 사는 집에 가서 살았느냐면, 우리 아버지가 태어나고 내 할아버지(한윤경, 한용운의 형)가 그리로 갔어. 만해 할아버지가 독립운동에 실패하고서 그러고서는 형님을 살리려고 호적도 다 뜯어 고쳤어, 독신으로. 만해 할아버지가 아명이 정옥이여, 개명한 이름이 한용운이었지. 내 아버지가 네 살 잡수셔서[2] 기미년 그 무렵에 그리로 피적(避敵)을 하셨어. 왜냐하면 왜놈들에게 죽게 생겼으니, 왜놈들 때문에 살 수 없으니깐.
그러니깐 할아버지가 우리 아버지를 업고, 할머니와 함께 그리 피적한 것이지. 피적을 온 거여. 옛날에는 그곳이 하늘만

---

2) 한수만의 아버지는 한창국(韓昌國)인데, 그의 출생은 제적등본에는 광무 4년(1900)으로 나온다. 그래서 네 살 때에 생가터로 들어갔다고 하면, 그 해는 1903년이나 1904년이다.

빼 났지. 하늘만 보이고, 길도 없었어. 거기서 내가 태어나서, 거기서 죽을 뻔 했어. 가족이 전멸할 뻔 했어. 왜냐, 6·25때에 결성이 엎어졌다 뒤집어졌다 얼마나 드셌습니까? 6·25때에는 법이 있어? 빨갱이들이 들어가고 할 무렵에 우리들 다 죽을 뻔 했어. 그 새끼들이 수색을 얼마나 했다고 그려. 정보가 당숙인 한보국 씨가 거기 와서 혹시 숨었나 해서.

[문] 6·25 때 한용운의 아들인 한보국이 홍성군의 위원장을 했다는 말을 들었습니다.

[답] 한보국 씨가 내 당숙이여. 당숙인데 거기서 혹시나 숨어 있었을까 해서 얼마나 말도 못하고 그랬어. 그 당시에는 내가 군대도 안 갔을 때이지. 그래서 결성 지서에 가서 의용경찰로 1년 6개월을 근무 했어 내가. 거기서 수복되기까지 근무를 한 거야. 거기서 그 근방 물들은 사람들은 다 잡아드리고 그랬지.

하여간 거기 결성터에서 6·25 때 전멸할 뻔 했어. 그 얘기를 어떻게 다 해. 내가 거기 근무할 때에 보니깐 그 너머로 지서로 쓰리쿼터가 막 들어오는데, 새까만 빨치산들이 쳐들어오는데, 소련총을 쏘고서 들어오는데 광천 1소대가 이리로 후퇴했어. 밤새 잠이나 잤을까, 새벽에 쓰리쿼터에다가 기관단총을 싣고서 저기 결성의 해청 다리 건너서 넘어가면서 갈겨 대면서 들어갔어. 그리고는 학교 마당에 올라가 보니, 즐

비하게 죽여 버렸어. 여자고 남자고, 빨치산들이 덮어 놓고
서.

그래서 인저 우리 집은, 우리 집 내력은 일정 때에는 나라 뺏
기고 일본놈들이 전부 들어 와서 그게 한용운 할아버지가 얼
마나 압제를 받았습니까. 그 할아버지(필자주, 한용운)도 모
가지 짤릴 뻔 하고, 6·25 때에는 홍성 사는 당숙 한보국 씨
때문에 압제를 그렇게 받았고 그랬지. 이런 것은 내가 아는
것, 세밀한 이야기를 보고 들어서 하는 것이지. 6·25 그 당
시에 한보국 씨 그 당숙이 지금은 지위로 군수이지만 군 당
위원장으로 들어 앉아 있었어. 그래서 내가 사는 주위에서
나 보고, "야 이 사람아, 자네 당숙이 군 위원장으로 앉아 있
으니 거기 가서 뭐라도 다만 하고 해야지, 그리고 집에서 있
냐고." 하는 그런 사람이 있구 한디. 그런데 내 고모부 하나
가 학자이었는데, "거기 왕래하지 마라, 죽는다구."고 그러더
라구. 그 말이 맞어. 고모부가 뭘 아는 분이었어. 그래서 내
가 거길 절대 왕래하지 않았어. 왕래하였으면 우리 집은 전
멸 당했지. 그러고 다니다가 군대에 갔지.

[문] 6·25 때 그런 고초, 수난을 겪었군요.

[답] 홍성에 있던 당숙이 살던 가옥이고, 그리고 가옥이 안된 자
리가 논이 맷 마지기가 있었어. 그 터가 다 비었었어. 그런데
지금은 시대가 바뀌면서 그 논이 다 없어지고, 거기에 집 짓

고 그랬어. 그 가옥 근처에 만해 아버지의 산소가 홍주고등학교 뒤에 묻혀 계셔. 지금은 내가 관리하고 있습니다만, 내가 거기 다니면서 1년에 7월 달에 한번씩은 참초(參草)도 하고, 벌초하러 다니면 당숙네 집에 가서 점심도 먹고 그랬어.

[문] 당숙인 한보국의 자손에 대해서 아시는 것은 없나요?

[답] 당숙 질이 아들이 하나 있었는데 일찍 죽고,[3] 그 딸이 셋인가 넷인가 되었는데 전부 평양에 살고 있어. 당숙질의 신랑들은 이북에서 군장성급 하고 살더구먼. 국가에서 조사 한번 했더구만 그려요. 홍주 일가네도 보도가 되어 있었고, 6·25 때 나는 신문보도를 보고 아는데, 그 당숙은 정보가 빠르고 그러니깐, 홍성읍에서 그 당숙의 친구들은 어디로 피하지 않으면 죽으니깐 "나는 이북으로 간다." 그리고서 갔다는 거여. 그렇게 다 일러주고서, 언제 간 줄도 모르고, 가족들 데리고 다 내버리고 간 거여. 그리고 그때에는 군이고 어디고 가서는 토지열람을 못 했어. 위험해서 가질 못하지. 그 당시에 완전히 수복이 되기 전에는. 그런데 이전에 이것은[4] 벌써 넘어가서 그 사람들이 다 해 먹었어. 그 집도 그때 이름이 누구던가, 군수가 먹고, 팔아먹고 이렇게 된 거여.

---

3) 필자가 한보국의 제적등본을 확인해 보니, 그 아들은 한명진(韓明進)이었다. 그는 1941년생으로 나온다. 이 내용은 이번 인터뷰에서 처음으로 조명된 내용이다. 지금까지는 한보국의 딸이 다섯 명이라는 것만 필자는 알고 있었다.

4) 한보국의 가옥과 논을 의미한다.

[문] 결성 생가터에 살다가 어떻게 광천에 나오셨나요?

[답] 그 후로는 생가터에서 어머니가 살았는데, 내 아버지는 일찍 돌아 가셨어. 거기서 밭떼기 조금 하고 거기서 살라고 하니깐 제일 아주 먹을 것이 없어 살 수가 없었어. 어디 인가가 있어? 하늘만 뻔히 뵈는 그곳에서, 그 밑 내려와야 성곡 박철부락이 한 부락인디 인가가 몇 호가 있었지. 거기서는 사람이 죽어도 몰라. 그 때에는 전화가 있어, 뭐가 있어. 등잔불, 촛불 키고 살던 때야. 내가 거기서 태어나서, 거기서 죽을 뻔 했어. 내가 결성지서에 근무하다가 그거 안 할하려고 군에 지원해서 36개월 만기제대 했습니다. 내가 군대에 가서 겪은 것이 참 많아요. 논산에 96일 있다가 졸업하고, 1등병으로 강원도 일선에 배치되어서는 나무로 진지를 구축하는 일을 했어. 밤새 잠도 못 자게 하고, 그 짓을 했는데 그때 느낀 점이 있어. 군에서는 밥이라곤 납작 보리쌀 같은 것을 섞은 것을 주니 배고파서 말도 못해. 높은 놈들은 다 떼어 먹고, 보급이 우리 차례가 가지도 않아. 그렇게 하면서 진지를 구축하면서 느꼈던 점은 내가 죽지 않고, 사회에 나가면 제대해 나가면 여기서 하는 것 백분의 일만 노력해도 죽지 않겠구나 그런 마음을 도도하게 먹었어.

군에서 제대하고, 성곡리 집으로 와서는 스물이 넘어서 거기서 떠났지 광천으로. 거기서는 도저히 살 수가 없었어. 거기서는 날품팔이도 없고, 일도 없고, 찾는 사람도 없고, 인가가 없으니 이야기 할 사람도 없어. 그래 우리가 갖고 있던 밭, 그리고 임야가 병풍친 것과 같이 있었는데 그것을 나올 때에는 헐값으로 매매하고 다 집어 던지다시피, 거저 내뿌리다시피 한거지. 그냥 나온 거여. 광천 와서 살으니깐 막노동이라도 거기보다는 백배 낫고 그랬어. 여기 나와서도 고생 직싸게 했슈. 건축일, 미장일을 했어요. 지금처럼 결성터에 생가가 복원이 되고, 만해체험관이 들어 설 줄을 알았으면 땅을 안 팔았지. 그런데 예전에는 수중에 갖은 것도 없고, 도저히 먹고 살 수가 없어서 이곳 광천으로 나와서 겨우 먹고 살은 겨.

[문] 한용운 할아버지의 집안이 양반이라고 볼 수 있나요? 몰락한 양반으로 보입니다만.

[답] 우리 한 씨 집안은 양반이여. 근데 내 증조부이지, 만해 할아버지의 아비지 그 분이 절도사까지 하셨다고 그래. 우리 집안이 양반이라는 것은 내 입에서 나온 대로 된 거여. 예전에 우리 집에 방송국에서도 찾아오고, 내가 말한 것이 돌아다닌 것이 말도 못 해요. 여기 홍성대학, 서울의 동국대 교수, 홍성군청, 그리고 서울에서 온 교수들도 온 것이 말도 못하게 찾아 왔고 만해사상연구회와 대전방송국에서도 온 것이 어디 한두 번이 아니지. 멀미 나도록 다녔어.

우리 집안은 웃대부터 양반인데, 그것을 내 할머니 말씀을 들어서, 들은 것을 낭독하겠습니다. 우리 집안이 홍성 거 남산 밑에 살았고, 지방에서 타조(打租)도 무지하게 들어와서 받았다고 그래. 지방에 답, 논이 있었으니. 그러나 양반이라고 하면 옷이나 깨끗이 입고, 앉아서 책만 외울 뿐이니 종들이 하는 일을 할 줄도 모르고, 어려워서 할 수가 없지. 그래서 다 망한 거여. 그런데 일본놈들만 안 쳐들어 왔으면 재산을 유지하였을 터인데, 그 후로 일본놈들이 들어오니 재산을 유지할 수도 없었지.

[문] 그리고 한용운이 독립운동까지 하지 않았습니까?

[답] 만해 할아버지가 3·1운동에 실패하자 그 할아버지가 전라도 어딘가에 땅이 많아서 타조가 많이 올라 왔었는데 만해 할아버지가 그 운동자금으로 형 몰래 문서를 갖다가 팔았다고 그래. 그 당시에 운동자금이 뭐 있습니까? 나 없으면 죽지, 누가 뭐 어디 가면, 가는 곳마다 먹고 살 돈을 줍니까? 한 끼라도 누가 그냥 줍니까. 누가 돌보는 사람이 있습니까? 내가 없으면 죽지요. 일본놈들 보면 칼로 찔러 죽이려고 하는 사람들이 있는데, 일본놈들이 나라를 침입하려는 처지이니, 일본놈들이 들어 와서 차지하고 그러니깐 만해 할아버지 때문에 그리로 피신한 거여. 우리 할아버지도 양반 자손이지만, 글만 읽었다 뿐이지 종들의 일을 할 수가 없었지. 그러니께 할머니에게 그랬대요. 메모를 줘서 어디에 가서 쌀 좀

얻어 오라고 그랬대요. 할머니는 그것을 갖고 가면, 가서 쌀 말이라도 져 오고, 갖다 먹고, 어렵게 살았다고 해. 피적을 오서 갖고 그렇게 어렵게 살았어.

그래서 우리 할머니(필자 주, 한용운 형수)가 공주 마곡사에 가서 만해 둘째 할아버지에게 찾아 갔다고 해. 만해 할아버지가 마곡사에 가서 조금 있었는데, 거기 있다는 그 소식을 듣고서는 내 할머니가 그 여자의 몸으로 조석을 굶어가며, 보행으로 거길 찾아 갔었다는 거야. 그래 가 가지고는 도와달라고 했다는 겨. 다른 것은 몰라도 먹고 살 것이 없으니, 굶어 죽게 생겼으니 먹고 살 것을 조금 도와달라고 했다고 해. 그러니깐 만해 할아버지가 막 돌팔매질을 했다는 겨. 내가 뭐 가진 것이 있다고 하면서, 팔매질을 하면서 그냥 가라고 그랬대. 그래서 내 할머니가 날 보고 죽으라고 하느냐고 땅을 두드리면서 눈물을 짓고 그랬대. 내 할아버지, 윤경 할아버지가 고령이니깐 갈 수도 없고, 할머니가 살림이 그 지경이니 심정적으로 부탁을 하였는데 매사 압축되어서 더 꼼짝 할 수가 없었다고 해. 그거는 감옥에 가기 전인 것으로 보여, 만해 할아버지도 마곡사에는 오래 있었지 않았다고 그래. 만해 할아버지도 무슨 돈이 있겠어. 만해 할아버지도 자존심으로 한 시대를 산 어른인데. 그리고 만해 할아버지는 3·1운동 실패하고서 왜놈들에게 붙잡힐까 봐, 절에 들어 간 것이지. 애초부터 절에 간 것은 아니야. 절에 가서 공부한 그 지간은 내가 잘 모르겠어.

[문] 한용운이 의병이 참여하였다는 말이 있지요?

[답] 내 할아버지가 홍주에 취적이 되어 근무를 하였을 때, 활빈
당이니 동학당이니 하는 토적들이 쳐들어오니깐, 그 할아버
지가 방에서 도망을 갈 수가 없어 담을 넘다가 떨어졌다고
해요. 그 무리에게 막을 도리가 없으니 돌아가실 뻔 하고, 그
러다가 결성 땅에서 돌아 가셨어.[5]

증조부(한응준)는 그 당시에 고령이었대. 할머니 말을 들어
보면, 군청에서 막다가 도리가 없으니 고생을 하다가 돌아
가셨는데,[6] 그 당시에 고령이었어. 그래서 앓으시다가 돌아
가셨어. 우리 집에는 내가 어려서 초등학교도 다니기 전, 철
이 들기 전에는 장칼 그런 것도 집에 있었어. 할머니가 그러
는데, 만해 할아버지는 의병에도 관여하셨다고 했어요. 그래
서 우리 집에는 총알, 대포알 같은 것을 갖다 놓고 있었어요.
갑옷도 있었고. 그런데 우리 아버지가 이런 것을 집안에 두
다가 일본놈들에게 들키면 죽는다고, 어디 갔다가 내 버리
고, 파묻어 버렸다고 해. 난 몰라. 군청에서 무기로 쓰던 포
목, 모자, 모자에 붙이는 관자 지금은 마크라고 하지만 그런

---

5) 한윤경의 아들 한창국의 제적 등본에 의하면 한윤경(韓允敬)은 1929년 3월 6일에
   사망한 것으로 나온다.

6) 한윤경의 제적등본에 의하면, 한응준이 사망하여 한윤경이 1895년에 호주가 된
   것으로 나온다. 그렇다면 한응준이 사망한 것은 1895년으로 볼 수 있다.

것들이 집에 있었는데 내가 군대 36개월 만기 제대하고 나와서 보니깐 다 없어져 버렸어.

[문] 할아버지는 뵈었나요?

[답] 나는 못 뵈었지. 내가 태어나기 전에 돌아 가셨으니. 나는 우리 할머님(金周鎭)에게서[7] 들은 것들이여. 우리 할머니는 글도 많이 배웠고, 정경부인이여. 참 젊잖으시고 그랬어.

[문] 할머니가 참으로 고생을 많이 하신 것으로 보입니다.

[답] 내 할머니도 결성 거기에서 돌아가셨고, 고생 많이 하였습니다. 할머니는 아들 하나, 딸 둘을 두었는데 제 아버지가 3대 독자이었는데 일찍 죽으니깐, 할머님이 물 한모금도 1주일을 전혀 안 자시고, 그래 생으로 돌아 가셨다고 해요. 팔십넷(84세)에 돌아가셨어요. 우리 할머니는 만해 할아버지의 형수로 깊은 고생을 하시디기 돌이기신 것이지요. 지금 제주도에는 내 큰 고모(韓小順)의 손자가 살고 있어.

[문] 증조할아버지, 할아버지, 아버지 등의 제사는 누가 지냅니까?

[답] 여기서 하지요. 누가 지낼 사람이 있나요. 할 사람이 없어요.

---

7) 그는 1875년 한윤경과 혼인하였다. 그는 충남 보령군 읍내리 출신으로 1865년 출생하였는데, 한수만의 말을 따르면 1949년 무렵에 사망한 것으로 보인다.

음력 3월에 지냅니다. 형님은 돌아가시고, 그 형님의 아들은
교회를 다녀서 그냥 내가 둘째이지만 내가 제사를 지내.

[문] 한용운은 한문을 어디에서 배웠나요? 혹시 결성, 남당리 근
처의 서당에 다니지 않았나요?

[답] 글쎄, 그거는 모르겠고 궁뎅이가 다 팽기도록 책을 읽었다고
해요. 그만큼 공부에 열중을 해서 공부를 했다고 해. 나는 할
머니에게서 들었는데 어려서부터 공부는 하였는데, 홍성 결
성터에서 묻혀서 공부를 한 거는 아니고, 홍성으로 나와서
공부를 하였다고 해. 생가터 거기에서는 공부를 하신 것은
아니지. 나와서 공부한 것이지. 만해 할아버지 집안이 그때
에는 양반손들이여. 그러니 글은 많이 보았으니, 다 양반이
지. 그런디 남당파에게서 공부를 하였는지, 선생이 어떻게
되었는지는 그 지간은 잘 몰라.

[문] 예전에 한용운 집안의 유품이 있었지요?

[답] 집안에 있던 유품인 교지는 독립기념관에 23점을 기증했지
요. 홍성의 그 사람이 누구이던가, 거 누구여, 그 사람하고
방송국에서 가져오라고 해서 내가 갖다 준 거. 그래서 천안
의 독립기념관으로 간 거.

[문] 제가 독립기념관의 자료과장으로 근무한 적이 있는데, 지금

도 독립기념관에 한용운 자료가 잘 보관되어 있는지를 살펴 보겠습니다.

[답] 그러니께 박사들, 서울의 교수들, 이런 사람들이 쓸 만한 것은 다 빼다 팔아 버린 겨. 좋다 싶으면 많이 가져갔어. 그래서 내가 서울에 가서 경찰보고 고소를 한 거여 자료를 찾아 달라고. 홍성방송국을 통해서, 대전에 있는 KBS방송국에 가서 자료를 주고, 영수증도 받아 왔는데 이것이 어떻게 되었냐고 그랬지. 그래 경찰에게 이것을 조사해서 밝혀 달라고 그랬어. 경찰이 조사를 하였더니 뒤죽박죽이 되어 있고, 못 쓸 것만 조금 카피만 해서 보내고, 잘 있다고 그래.[8]

그때에는 홍성에 있는 대학 교수, 서울대 교수도 왔었고 내가 받은 영수증도 기록을 하고 그랬어. 그런데 지난 세월 동안 그것들이 다 유실되었어. 그래 내가 골치가 아픈 거여. 자료가 돈이 된다고 하면 움켜지고 안 내놓고 있는 거여. 집에서 TV를 보니깐 우리 집안할아버지의 교지가 나오드라고. 그러니 서울에 사는 박사, 교수들이 좋은 것은 숨겨 놓았을 겨.

---

8) 필자는 2009년 8월 1일(토) 독립기념관 자료실을 방문하여 한수만 씨가 기증한 자료를 열람, 확인하였다. 한수만 씨가 기증한 자료는 1984년 6월 12일 대전KBS를 통하여 기증되었고, 동년 7월 6일자로 자료로 등록되었다. 현재 독립기념관 자료실에 23점 전체가 잘 보관되어 있다. 자료 번호는 000794~000798번이고, 한수만의 관리번호는 100792번이다. 자료는 한용운의 부, 조부, 증조부인 한응준, 한영호, 한광후 등의 교지, 전령 등이다.

[문] 자료 소재가 애매한 것이 안타깝습니다. 저도 한용운을 연구
하자는 학자로 부끄럽네요. 화제를 돌려서 한용운의 첫째 부
인이 이곳 광천 출신이라는 말이 있습니다. 이것에 대해서
말씀 좀 해 주시지요.

[답] 만해 할아버지의 초처(初妻)가 전 씨여, 천안 전 씨여. 집은
여기가 아니고, 홍성의 남장리 홍주고가 있는 자리이여. 그
래서 거기에 내가 한번 찾아 갔었는데. 성역화할 적에 그 할
머니의 손위지, 만났어. 지금은 죽었을 거여.

[문] 당숙인 한보국이 홍성에서 엿장사를 하였다는 말이 있어요.

[답] 그거는 기반이 없을 때에 철물점을 하기 전에 조금 했었다고
그거는 할머니에게서 들었어. 그거는 사실이여. 산소 근처에
땅이 당숙 앞으로 명의가 되어 있었어. 그런데 당숙이 철물
점을 하면서, 가게를 하면서 농사에는 관심도 없고 이북에서
오는 지하운동만 하고 그랬어. 중고등학교 다닐 때에도[9] 계
속 그랬다는 거여. 토지는 다 임대로 주고 몇 되박을 주면 그
만이고, 주든지 말든지 말았다는 거야. 그러면서 서울에 왕
래 하면서 지방에는 있지도 않고, 김일성 지하운동 그런 거
하러 다닌 겨. 기반이 있어서 그렇게 한 것이 아니고, 사상과

---

9) 한보국은 홍성에서 초등학교를 나와서는 서울의 중동고등보통학교에 다니면서
독서회 클럽을 운영하고 사회주의 운동을 하였다고 한다. 중동고보 2학년 때에
독서회가 노출되어 고초를 겪었다고 한다. 이에 대해서는 별도로 확인이 필요하다.

이념이 그거였었어. 정부에서 조사한 것을 보면, 당숙이 6·25 당시에 애들하고, 당숙모도 데리고 이북으로 다 넘어 간 것이지. 집은 마련해 주고, 행사 때에만 대접해 주고 그랬다고 해.

산소 땅 뒤에 있는 논밭이 당숙 앞으로 되어 있었어. 명의가 토지대장에 등록이 되어 있었는데 그러다가 6·25 이후에는 그것을 짓던 사람들이 특조를 해서 다 해 먹었어. 당숙의 명의로 된 땅이 상당히 많았어요. 여러 가지로 이쪽저쪽을 생각해서 우리 할머니가 시동생에게 찾아가 부탁을 하였지만, 그렇게 불친절하게 불땡이 내던지듯이 팔매질을 하는데, 얼마나 섭섭하겠어요. 그러나 내 측정으로는 만해 할아버지가 3·1운동 실패한 이후로 절에 묵혀 있을 적에는 만해 할아버지가 뭔 돈이 있겠어요. 도와줄 돈이 있었겠어. 그 당시 절도 화주해서 구걸도사 해서 얻어먹고, 부처공사 해서 먹고 살 때인데, 뭐 맨 주머 갓고 숨어 있는 처지였을 터인데 만해 할아버지가 돈이 있었겠어요.

[문] 한보국을 만나서 이야기 한 적은 없었나요?

[답] 나하고 당숙하고는 차이가 많지. 대화는 내가 나이가 어려서 하지 못하고 살았어요. 당숙은 일정 때에도 참초도 안 오고, 벌초하는 것에 관심도 없었고 그랬어. 내가 죽 산소의 벌초도 하고, 오늘날까지 관리를 하고 있어.

철물점 할 때, 내가 어렸을 때 한번인가 들렀는데 철물점은
점원도 없고, 혼자 하였어. 당숙모는 집에 있으면서 각처로
전화하고 그랬어. 당숙모도 보통내기가 아녔었어. 경찰들이
뭐라고 하면은 막 갈겨댔다고 그래. 싸가지 없는 새끼들이라
고 하면서. 당숙모도 당숙 밑에서 같이 지하운동, 빨치산을
했다고 해. 내가 철물점에서 만났었는데 찾아뵈려고 다시 갔
지만 못 만났어. 당숙 밑에 있는 사람, 이(李) 누구이지 그
사람을 한번 내가 만났었는데 당숙하고 같이 지하운동을 하
였던 사람으로 수년 전에 죽었다고 그래.

[문] 한용운이 3·1운동으로 수감되었을 때의 사정을 들은 것이
있나요?

[답] 만해 할아버지는 달리 절에 가서 묻혀 있었던 것이 아니었
고, 감옥에 갇혀서도 가만히 있지를 않았대. 나는 그것을 할
머니에게서 들었어. 만해 할아버지는 감옥에서 사형언도를
받은 사람들이 한쪽에서 울고 그러면, 그럴 바에는 나라를
빼앗기고 죽는 것이 그렇게 억울하냐고 하면서 베고 자던 목
침으로 머리통을 다 갈겨 버렸다고 그래. 그리고 감옥에서
나올 때에도 친구들이 죽 마중을 나오니깐, 그 사람들에게
드러운 놈들이라고 하면서 침을 탁! 뱉어 버리고 인사를 받
아 주지 않고, 너희들 하고는 상대를 안 한다고 했다고 해.
그리고 감옥에 나와서도 엎혀 있을 곳이 없어서 만해 할아버

지가 백담사라는 절에 가서 오래 있었다고 해.

[문] 한용운이 말년에 거처하였던 심우장에는 가 보았나요? 혹시
한용운 스님이 입적하였을 때에는 가 보았나요?

[답] 난 만해 할아버지를 보지는 못 했어. 돌아가실 적에도 가 보
지 못했어. 그때에는 내가 나이도 어리고, 촌에 있었으니 알
수가 없지. 심우장에는 내가 거기 한두 번 간 것도 아녀. 많
이 갔지.

[문] 그러면 한용운의 두 번째 부인인 유숙원 님을 만났나요?

[답] 내가 4·19 후에 성북구 심우장에 뵈려고 찾아갔는데 미국
갔다고 해서, 딸인 영숙이가 데려 갔다고 그래서 못 만났어.
한영숙 씨를 따라갔는가 봐.
4·19혁명 때에는 그 할머니가 쌀과 보리로 갈아서 개떡을
해 먹고 그랬다고 그래. 그때에는 먹고 살기가 어려워서, 어
딜 기댈 대에도 없어서 그랬나봐. 그 할머니가 생으로 돌아
가시려고 차에 깔리려고 들어갔는데, 하체만 들어갔대. 그
래서 그 자리에서 돌아가신 것은 아니고, 그래서 살았는데
지나가던 산부인과 의사가 보고서 불쌍하다고 거기서 안아
다 살렸대요. 숙원 할머니를. 그래서 내가 한번 찾아 갔는데,
딸의 남편이 미국에 직장이 있어 같이 갔다는 말을 듣고 돌
아 왔어.

그런데 고모뻘인 한영숙 씨가 내 마음 같지 않아. 내 마음이
끌리지 않아. 그냥 잠깐 대면해도 친절미가 없고 그래. 그리
고 도저히 어려서부터 내왕이 없었으니, 그거 만나도 딴 놈
을 만난 것과 같고 그래.

[문] 할아버지는 독립운동을 하였지만, 당숙이 사회주의 운동을
해서 많은 곤욕을 치루셨지요?

[답] 나는 숨어 살다시피 했어. 내가 군대에 가 있다가, 휴가를 나
와서는 홍성군청에 가서 한번은 내가 막 지랄했어. 그 전에
도 군청 사무실에 가서 떠들은 적도 있지만. 휴가를 나와서
는 수류탄을 차고 들어가서, "내 할아버지하고 당숙이 공산
당이라고 하면 그 후손들까지도 공산당이란 법이 있느냐 말
여." 하면서, 그런 법이 없잖냐고 그러면서 내 신조도 모르면
서 건방지게 잔소리를 한다고 그랬어. 공무원들에게 너희들
도 할아버지와 당숙이 공산당이라고 해서 너희들이 공산당
이지 않느냐고 하면서 내가 막 지랄을 한 적이 있어. 내가 공
무원들에게 "너희들 이것을 한번 터쳐 버릴까" 하면서 "야 씨
팔 놈들아" 하면서 지랄했지. 그랬더니 말 한마디 하는 공무
원들이 없더라고.
그때 내가 무단점거하고 있는, 당숙네 집에 가보니 어떤 사
람이 살고 있어. 그래서 내가 사는 사람에게 가서 집을 내놓
으라고 한 거여. 네가 산 집이 아니냐고 그러면서 그랬더니

그 사람이 눈만 껌벅 껌벅이면서 아무 말도 안 하고 있어. 그래서 내가 읍에 가서 지랄을 한 것이지. 내가 공무원들에게 그랬어. 너희들 측량 똑 바로 했냐고 하면서 지랄을 많이 했어. 그 이후에 홍주고 이사장인 전용갑 씨가 당숙네 땅을 학교 월곡재단으로 집어넣어 버렸어. 내가 그 사람이 학교 터를 만들 때에도 얼마나 찾아다니면서 지랄을 얼마나 했는지 몰라. 내가 그때 그 사람에게 내 땅을 얼마만큼 먹어 들어온 것 같은데, 너희들 이거 측량 똑 바로 했냐고 막 떠들었지. 그런데 어떤 사람이 나를 찾아와서는 6·25 후에 빼앗긴 집안의 땅을 추적해서 찾아 주겠다고 하면서, 찾으면 금전을 어떻게 할 것인가를 물은 적이 있어요. 그래 나는 다시 재산을 찾으면 나는 단돈 1원도 10원도 싫다, 찾으면 전부를 만해 생가복원에다가 다 기증을 해 버리겠다고 하면서 이렇게 끝내 버린 겨.

[문] 홍성에는 독립지사가 많이 나온 고장이라 한용운에 대한 추모가 대단하지 않나요?

[답] 세월이 흐르고, 정치도 바뀌고 그러면서 충절의 고장이라고 해서 인물들을 성역화 하고 그랬지요. 그래 지역 기관장들이 여러 번 회의를 하고 그랬어요. 저를 찾아와서 상의도 하고 그랬어요. 그런데 한창 때에는, 내가 젊었을 때에는 술도 많이 먹고 그랬는데, 요즈음은 거의 끊었어. 그 후로는 다방에

가서 커피나 마시고 그래. 만해 종손이라고 지역의 지식인들
도 알아주고 그랬는데 지금은 안 그래. 물론 내가 직손이 아
니라서 그렇겠지만, 후손은 사실이 아닌가. 그래도 군청 직
원들에게는 유감은 없지만, 자존심이지유. 조금은 섭섭해.
내가 젊어서는 술도 많이 먹고, 광천읍에서 술도 많이 먹고
그랬는데, 술도 끊어 버렸어. 젊었을 때에 느낀 감정은 선생
님 상상에 맡기지유.

[문] 망우리 공동묘지에 있는 만해 산소에는 가 보셨나요?

[답] 딱 한번 갔어요. 홍성의 기관장님들이 찾아 가고 그랬지요.
홍성에서는 생가터에 생가를 복원하고, 기념관을 준비할 때
에 망우리에 있는 만해 할아버지 산소를 생가터 근처의 산으
로 옮기려고 했어요. 그래서 나한테도 여러 번 찾아 왔고, 한
영숙에게도 찾아 갔지만 한영숙이가 심하게 반대해서 못 했
어요. 나는 산소 이전을 요청하면 하겠다고 했어요. 영숙 씨
는 잘 계신 곳을 무엇 하러 옮기냐고 반대해서 결성 기관장
님들이 그만 두었어요.

[문] 집안에 가족사진이나 할머니 사진이 있나요?

[답] 아무 것도 없어요. 왜놈들이 결성에서 가택 수색 같은 것은
하였지만, 따로 고초를 주지는 안 하였는데 사진이 남아 있
지를 안 해요. 하여간 만해 할아버지가 우리 할아버지를 살

리려고 윤경 씨를 독신으로 만들어 났어. 호적을 다 뜯어 버리고서 그렇게 한 거여. 다 유실되고 그래서 내가 옛날을 생각하면 눈이 캄캄해. 내가 6·25때 열일곱, 열여덟이었는데 그때에 죽을 고초를 생각하면 정말 아찔하지.

내가 그래서 예전에 집안 내력을 찾으려고, 족보를 찾으러 다니기도 했어. 우리 집안에 잘 보관되어 있다는 족보를 지고 갔다는 사람을 봤다고 해서 결성의 어느 집까지 추적하고 그랬어. 이 근처 청주한씨 족보를 보관하고 있는 집은 다 수소문하기도 하였어. 한때는 내가 당숙의 처남을 추적해서 찾았더니, 부산에 살고 있어. 호적도 떼어 보고 내가 전화 통화했어. 그런데 당숙모 때문에 죽을 뻔 하였는지, 촉감적으로 세밀한 이야기는 안 해. 그래서 내가 이 근처에 오면 들리고, 전화 연락을 하라고 하였는데 소식이 없구만. 세밀하게 추적을 하지 못해서 더 이상은 알 수가 없어. 그리고 내가 사는 게 형편없어서, 추적을 더 잘못해서 내 핏줄, 후손들을 찾지를 못하고 있어요. 나도 그렇고, 우리 후손들을 사는 것을 보면 앞이 캄캄하지요.

[문] 오늘, 불쑥 찾아온 저희들에게 한용운 스님, 만해 할아버지에 대한 내용, 그리고 집안 내력 등을 소상하게 들려주어서 감사합니다. 한용운 연구를 열심히 하는 것으로 보답을 하겠습니다.

[답] 도움이 되었다면 저로서는 감사할 뿐이고, 이렇게 누추한 곳까지 찾아 주셔서 감사합니다. 빈손으로 오셔도 좋은데, 하여간 고맙습니다. 제가 얼마나 살지도 모르겠어요. 만해 할아버지의 이야기가 도움이 되었으면 좋겠네요.

필자는 이상과 같은 만해의 손자인 한수만 씨와 대화를 하고, 그것을 정리하면서 많은 것을 느꼈다. 우선 한용운에 대한 광범위한 자료 수집이 요청된다는 것이다. 지금까지는 문헌자료를 주로 수집하였다면, 추후에는 만해와 연고가 있는 당사자나 그 후손들을 만나서 구술 증언을 채록해야 한다고 생각한다. 다음으로는 만해 연구, 전시, 책자 발간 등을 위해서 한용운 자료를 체계화하고 정비하여, 다양한 형태로 제공될 수 있는 방안을 강구하야 한다고 본다.

이는 만해 한용운 연구에 대한 총설적인 감상이다. 한수만의 인터뷰 과정에서 필자가 조속히 착수할 것은 한용운 가문의 역사를 정리할 필요성이다. 지금껏 승려들의 경우 입산 이전의 생활, 가문 등은 연구 대상에 포함하지 않은 관행이 있다. 그러나 한 인간은 가정, 가문, 고향, 유년 시절의 총체적 문화로부터 자유스러울 수가 없다. 어찌 보면 그런 문화가 한 인간의 삶을 규정하는 첫 출발인 수도 있다. 지금껏 한용운의 경우, 그러한 가문, 문화, 입산 이전의 역사에 대해서는 깊은 관심을 기울이지 못하였다. 다만 유교적 영향이니, 동학군 혹은 의병에 참여하였는가의 여부 등등에 대해서만 단편적인 해석이 있었을 뿐이다. 만해의 가족사, 입산 직전의 행보, 입산 동기,

그의 가족들이 겪은 풍상, 만해의 후손(남한, 북한), 홍성 문화의 체질과의 연관성 등등 다양한 연구 소재가 우리 앞에 놓여 있다.

이런 점에서 2009년 2월, 광천에서의 한용운 손자와의 인터뷰는 매우 뜻 깊은 만남이 아닐 수 없다. 여러 측면에서 소상하게 가족사를 밝혀주신 한수만 님과 안내를 맡아준 한건택 님에게 지면으로 감사를 드린다. 광천에서 만해 찾기의 풍경은 이러했다.

제3부
일화로 만나는 한용운

다부진 몸, 당찬 기상

만해는 키는 크지 않았지만, 몸이 다부졌다. 그래서 어린 시절에는 같은 또래들과 싸움을 하면, 몇 명을 거뜬하게 대적하였다. 그래서 만해는 성인이 되어서도 차력장사 같은 힘을 지녔다는 말들이 많았다. 그러나 만해는 함부로 주먹다짐을 하지 않았고, 힘자랑도 결코 하지 않았다. 만해가 그의 힘을 쓸 때에는 정의를 위할 때뿐이었다.

만해는 설악산 백담사에 입산하였지만, 불교 공부를 본격적으로 배우기 위해 백담사의 본사인 건봉사에 가서 공부를 하였다. 어느 날 건봉사 인근의 길을 가는데 술 취한 그 동리의 부자가 만해에게 시비를 걸었다.

"이 중놈아, 왜 나에게 인사를 하지 않느냐?"

그 시절에는 스님의 신분과 위상이 높지 않아, 어떤 때에는 유지라 불리는 지방 양반들이 반발로 하대를 하기도 하였다. 만해는 시비하는 그 말에 아랑곳 하지 않고, 가던 길을 계속하여 갈 뿐이었다. 그러니깐 그 부자는 자신을 무시한다고 여겨서 화가 치밀어 올랐다. 그래서 그 부자는 만해의 뒤를 따라 와서 만해에게 덤벼들었다. 그러자 만해는 술에 취한 부자를 슬쩍 밀어 버렸더니, 그 부자는 길옆에 있는 도랑으로 나뒹굴었다.

며칠 후 건봉사 도량으로 청년 수십여 명이 와서 만해를 찾았다. 그들은 만해를 밀치고, 욕을 하면서 행패를 부렸다. 자신들의 동네에 사는 어르신인 돈 많은 부자에게 폭력을 썼다는 것이 명분이었다. 그러자 만해는 할 수 없이 그들과 한바탕 싸움을 하지 않을 수 없었다.

"이놈들아, 어서 덤벼봐라. 내가 너희들의 못된 생각과 버릇을 고쳐주마."

드디어 만해와 청년들은 힘으로 대결하게 되었다. 만해는 수행자인 스님이었지만, 청년들의 버릇을 고쳐 주어야 하기에 힘으로 맞서 싸웠다. 만해는 그들과 30여 분을 치열하게 치고 던지며 때리는 격투를 하자 그 청년들은 한두 명씩 서서히 도망가기 시작하였다. 그러자 건봉사 인근의 마을에서는 건봉사에 차력하는 도인 스님이 나왔다는 소문이 돌았다.

이렇듯 만해는 다부진 몸과 당찬 기상이 있어 항상 좋은 행동, 정의로운 행동에 나설 수 있는 체질의 소유자였다. 이런 체질과 힘이 있었기에 만해는 평생을 지조를 지키면서 불의와 맞서 싸우고, 민족 운동을 할 수 있었다. 그래서 건강한 육체에 건전한 정신이 깃든다는 옛말이 결코 틀린 말이 아니다.

만해가 스님이 된 까닭은

만해는 유년시절부터 한문, 동양고전을 배웠다. 아버지에게서 배우고, 또 서당에 가서도 배웠다. 그의 아버지는 아침저녁으로 소년 만해를 앉혀 놓고 국가와 사회를 위하여 일신을 바친 위인, 열사에 대한 이야기를 들려주었다. 그래서 만해는 소년시절부터 역사에 빛났던 위인들의 기개와 사상을 흠모하였다. 은연중 만해도 그렇게 훌륭한 사람이 되어야 하겠다는 생각이 저절로 들었다.

그러다가 만해는 18세 때에는 서당의 훈장이 되었다. 그런데 그 무렵 나라의 운명은 풍전등화 같았다. 일본이 쳐들어오고, 중국과 일본이 전쟁을 하고, 동학농민운동이 일어나고, 의병이 일어났다. 만해가 살던 홍성 땅도 이 같은 격변의 세월에서 자유스러울 수 없었다. 더욱이 서울에서 일어나는 일에 대한 소문이 바람처럼 들려오고, 뜻있는 사람들이 자꾸 서울로 올라가니 청년 만해는 홍성의 구석에서 아이들을 가르치면서 있기에는 너무 답답하였다.

그래서 어느 날 만해는 담뱃대 하나 들고 집을 나섰다. 서울로 향하는 길을 따라 가다가 날이 저물자 천안 인근의 주막집에서 하룻밤 신세를 졌다. 국밥을 시켜 먹고 팔베개를 하고 밤을 지새우며, 만해는 수많은 생각을 하였다. 집안의 누구에게도 알리지 않았고, 자신이 서울에 가서 할 일이 있을까, 자신이 아는 것이라곤 한학의 소양밖에 없음 등등이 떠올랐다. 또 한편으로는 유년시절에 읽은 중국 고전에서 인간의 삶이란 덧없는 것이라는 내용이 새삼 떠올랐다.

만해는 결정하였다. 우선 인생이란 것이 무엇인가를 알고 일하자는 불같은 마음으로 행로를 전환하였다. 다음날 만해는 서울 가던 길을 포기하고, 유명한 도인이 있다는 강원도 설악산 백담사로 향하였다. 여러 날을 걷고, 또 걸어서 마침내 백담사에 도착하였다. 이때부터 만해는 인생을 알기 위해 불교 공부를 하였다. 그러나 만해가 스님이 된 데에는 이 같이 나라와 민족에 대한 관심이 깔려 있었기 때문에 그는 그 오지의 백담사에서 염불하고, 불경만을 외우고 있을 수는 없었다. 이후 만해는 서울, 시베리아, 일본 등지를 왕래하면서 나라와 민족을 위해 자신의 할 일을 찾고, 실천하였다.

그러나 만해는 스님이 된 것과 불교를 공부한 것, 그리고 스님 노릇을 40여 년 한 것을 결코 후회하지 않았다. 만해는 스님 생활 40여 년에 영생(永生) 하나는 얻은 것을 공언하였다. 그렇지만 만해는 남아(男兒)로 태어나서 스님으로 생애를 마칠 것인가, 자신의 앞에는 정치적 무대는 없는가에 대하여 끊임없이 고뇌하였다. 그러면서 만해는 자신의 심정을 누가 알아주겠느냐고 회의하였다.

만해가 일본에서 흘린 눈물

만해는 1908년 5월, 일본에 유학을 갔다. 만해가 일본에 간 것은 근대문명이 일본에서 들어오는 현실을 파악하고, 그 문명의 중심부를 직접 가서 보기 위함이었다.

만해는 일본에 가서 조동종대학에 편입하여 공부를 하고, 주말이면 각처의 사찰, 공장, 은행 등을 견학하면서 견문을 키워갔다. 그러던 중 일본에 있는 동포로부터 고국인 조선에 대해서 연설을 해달라는 부탁을 받았다. 마지못해 연단에 오른 만해는 이렇게 말하였다.

"여러분! 나라 잃은 내 동포를 만리타국에서 만나게 되니 할 말이 없습니다."

그리고는 연단을 세 번 치더니, 이내 통곡하였다. 만해의 이런 행동을 지켜 본 동포들도 만해와 함께 방성대곡하였다고 한다.

만해는 1908년 10월 일본 유학을 마치고 귀국하였다. 만해는 일본에서 보고 들은 문명을 수용하여 민족운동에 활용하기로 작정하였다. 그래서 그는 귀국하자마자, 일본에서 가져온 측량도구를 갖고 명진측량강습소를 열었으니 그때는 1908년 12월 10일이었다. 그 강습소에는 강습과, 초등과, 산술과를 두어 3개월 과정으로 측량기술과 초급 수학을 가르쳤다. 만해가 강습소를 연 것은 나라를 지킬 수 있는 힘을 기르기 위함이었다.

만해가 일본에서 눈물을 흘린 것은 나라가 일본에 넘어가기 직전의 상황을 동포들에게 말해줄 수 없는 통한에서였다. 그래서 만해는 나라를 빼앗기지 않기 위해 문명의 힘을 배워, 그것을 민중들에게 전하려고 노력하였던 것이다.

이런 만해의 고뇌와 행보는 지금의 이공계 분야의 학자와 학생들에게도 귀감이 될 것으로 믿는다.

만해의 모험, 세계일주

만해는 도전적이다. 그리고 만해는 모험을 꿈꾸던 청년 학승이었다. 만해의 입산 직후의 꿈은 세계일주였다. 백담사에 입산한 그는 건봉사에서 빌려 온 여러 가지 책을 읽었다. 당시 건봉사는 일본유학생도 많았다. 그리고 당시로서는 거찰이면서, 재산이 많은 사찰이었기에 소장 도서도 많았다. 그래서 만해는 그런 책을 읽으면서 세계는 넓고, 미지의 나라도 많음을 알게 되었다.

그래서 만해는 심산구곡에 있던 백담사에서 마냥 새로운 세상을 기다릴 수가 없었다. 그의 뜨겁고 격정적인 도전정신은 백담사에서 염불만을 하는 것으로 그칠 수가 없었다. 그래서 만해는 스님들의 가방인 걸망에 목탁, 《금강경》을 담고는 간단한 지리 정보를 파악한 후에 러시아 변방인 블라디보스토크를 거쳐 유럽, 미국을 향하는 세계일주를 떠났다. 만해는 그 행보를 누구에게도 알리지 않았다. 그는 서울에서 와서 세계일주를 하는 코스를 확인한 후 원산을 거쳐, 배를 타고 블라디보스토크에 도착하였다.

블라디보스토크에는 우리 동포들이 많이 살고 있었다. 그리고 동포들의 기반에서 독립운동 단체도 자리 잡고 있었다. 그래서 외지에서 유입되는 사람들을 동포들은 유심히 관찰하였다. 간혹 일본의 첩자나 친일파들이 오기 때문이었다. 그런데 그들은 만해를 일진회원으로 오해하고 죽이려고 하였다. 만해는 동포들에게 의연하게 신분을 밝히고, 오해를 풀어주기 위해 노력하였다. 그 후 그 지역 민족운동단체의 책임자는 만해의 말을 듣고서는 휴식을 취하도록 배려하였다.

그래서 만해는 마음을 편히 갖고 바닷가로 산책을 나갔다. 그러나 그곳에서 만해는 뜻밖의 일을 겪었다. 그것은 조선 청년 다섯 명이 만해를 결박하여 바다에 던져 죽이려는 만행이었다. 이에 만해는 죽을 힘을 다하여 그들과 맞서 싸웠다. 만해의 담력과 기개가 강하였기에 죽임을 당하는 것은 면하고, 그 지역 경찰의 개입으로 만해는 구사일생으로 살아나게 되었다.

일촉즉발, 죽음의 순간을 면한 만해는 바닷가에서 땅을 치며 통곡하였다. 같은 동포끼리 이역 땅에서 서로 간의 오해로 싸우고 죽이는 신세를 생각하면서 울부짖었다. 이렇게 만해가 단행한 세계일주는 중도에 예기치 않은 사태를 만나 중단되었다. 그러나 만해의 도전정신, 새로움과 맞서려는 개척정신은 그의 일생을 관통하였다.

마취도 않고 수술을 하다

만해는 우리나라가 일본에게 나라를 빼앗기자 슬픔과 분노를 삭이지 못해 바람을 쏘일 겸하여 만주 시찰을 나섰다. 그때는 1911년 가을경이었다. 만주행에는 기분 전환도 있었지만, 만주에서 활동하고 있는 우리 독립군 부대를 시찰하려는 뜻도 담겨 있었다.

중국 만주로 건너간 만해는 이곳저곳을 둘러보면서 동포들의 부락도 방문하였다. 어느 날 만해는 동포들의 집을 떠나서 깊은 산속의 고개를 넘어 가다가 만해를 독립군 부대를 염탐하는 일본의 첩자로 오인한 독립군 부대의 요원들에게 총탄을 맞았다. 그 총탄은 만해의 두골 후부를 명중하였다. 만해는 유혈이 낭자해지며 목숨이 경각에 달렸다. 만해는 서서히 눈을 감았다. 죽음이 다가온 긴박한 순간이었다. 그 순간 만해의 뇌리에 하얀 옷을 입고 꽃을 들은 관음보살이 나타나 말하였다.

"이 꽃을 받으라. 그리고 생명이 경각에 있는데, 무엇을 하고 있느냐. 어서 일어나라."

만해는 그때서야 정신을 차리고 오던 길을 돌아가서, 묵었던 마을의 동포집을 찾아갔다. 거기에서 일단 안정을 취한 만해는 머리에 박힌 총탄을 빼 내는 수술을 받게 되었다. 그런 수술은 마취를 하는 것이 당연하였다. 그러나 만해는 수술을 거부하고 뼈를 깎아내는 수술을 하였다.

"뭐? 마취? 죽었다 살아난 것도 끔찍한데 두 번 죽을 수는 없어! 참고 견딜 터이니, 염려 말고 그대로 빼주시오."

수술을 할 때 만해는 자신의 생 뼈를 깎아내는 "빠각 빠각" 하는 소리를 들을 수 있었다. 그 수술을 하였던 한국인 의사는 만해를 사람이 아니라 활불(活佛)이라면서 수술비를 받지 않았다. 해방 후에 고국으로 돌아와서 자신이 의사노릇을 수십 년간 하였지만 마취도 않고 그런 수술을 한 것은 처음이라고 고백하고, 그것을 널리 선전하였다. 그로부터 만해는 목이 조금 삐뚤어지고, 머리를 흔드는 증세가 있었다.

이렇게 만해는 수행을 하거나, 일상생활을 하면서 극기의 길을 걸어갔다. 그는 자신을 치열하게 내몰 수 있는 정신력을 갖고 있었다. 이런 정신력을 의지라고도 하고 참선의 힘, 혹은 불가사의한 저력이라고도 하지만, 그 저변에는 건강한 신체와 자신을 이겨낼 수 있는 담력이 있었다. 자신을 절대 흐트러지게 않는 그런 힘 말이다.

죽을 장소를 찾을 줄 알아야

만해는 3·1운동 당시 민족대표 33인이었다. 그러나 그는 피동적으로 민족대표에 선출된 경우가 아니었다. 그는 3·1운동의 최일선에서 운동을 추동하였다. 그래서 민족대표들을 선정하거나, 선정된 대상자들을 찾아가서 참여를 요청하기도 했다.

만해는 박영효, 한규설, 윤용구 등 구한말의 고관대작을 지낸 인사들을 찾아가서 운동 동참을 요청하였다. 그러나 그들은 여러 가지 명분과 다양한 논리를 앞세우면서 참여를 거절하였다. 그래서 만해는 그들에게 다음과 같이 풍자의 말을 하였다.

"죽기가 참으로 힘든 게로구만."

나라와 민족, 그리고 인류와 중생을 위해서 자신이 죽을 때와 장소를 찾았다면 그는 훌륭한 지도자, 애국자, 인류의 지성인일 것이다. 그런 면에서 만해의 청을 거절한 그들은 결코 지도자는 아니었다. 독자 여러분은 자신이 죽을 곳을 정하였는가?

공약삼장은 내가 지어야 하겠소

만해는 독립운동가였다. 그의 독립운동의 금자탑은 역사에 길이 남을 거족적인 3·1운동의 정신, 사상, 지향을 극명하게 표출한 독립선언서의 공약삼장을 지은 것이다. 그런데 공약삼장을 만해가 지었다는 문헌기록이 약간은 애매하여 그간 논란이 있었다. 그렇지만 민족대표 일원이었던 이갑성은 해방이 되고 나서 다음과 같은 증언을 남겨, 만해가 공약삼장을 지은 것을 확실하게 단언하였다.

한용운은 대단한 인물이었어요. 독립선언서가 최남선에 의해 작성, 그 원고가 최린 댁 안방 가야금에 비밀히 숨겨져 있을 때에 선언서를 자기 손으로 쓰겠다고 버티던 옹고집이 생각나요. 끝내 공약삼장(公約三章)을 추서(追書)했던 그는, 마포 감옥에 수용됐던 시절에는 인원 점검 때면 대답 대신 고개를 외로 꼬았어요, 매사에 굽히기를 싫어하는 성격이었다고 한다.(《동아일보》 1969.1.1)

이렇듯이 만해가 공약삼장을 추가하여 작성한 것은 누구도 의심할 수 없는 역사 그 자체이었다. 이는 일제의 재판 과정에서도 나온 내용이었다. 공약삼장은 누구나 잘 아는 바와 같이 3·1독립선언을 극명하게 대변한다.

　一, 금일 오인(吾人)의 차거는 정의, 인도, 생존, 존영을 위하는 민족적 요구니, 오직 자유적 정신을 발휘할 것이요 결코 배타적 감정으로 일주(逸走)하지 말라.
　一, 최후의 일인(一人)까지 최후의 일각(一刻)까지 정당한 의사를 쾌(快)히 발표하라.
　一, 일체의 행동은 가장 질서를 존중하여 오인의 주장과 태도로 하여금 어디까지든지 광명정대하게 하라.

만해는 일제의 재판정에서 "이것은 전부 다 나의 주장하는 바요, 또한 나 자신이 기초한 것"임을 명백히 하였다. 그리고 최후의 일인, 최후의 일각까지라는 뜻은 매우 박약한 표현이고, 오히려 우리 의사표시의 가장 얕은 표현으로 그 실지 내용을 말하면 세세생생(世世生生)으로 우리의 지주 자결권을 주장하는 것이며, 그 주장을 선언하는 것이라고 답변하였다. 만해의 체질, 고집, 지조 등에 비추어 볼 때 공약삼장을 지었음은 명백하다고 할 것이다.

평생을 간직한 연설

1919년 3월 1일 오후 2시, 서울 종로에 위치한 명월관 지점인 태화관에 신사들이 모여 들었다. 그들은 민족을 대표하여 독립선언을 발표할 인사들이었는데, 불교, 기독교, 천도교의 성직자들이었다. 33명 중 네 사람은 사정상 불참하여 29명이 모였다.

이 자리에 모인 민족대표들은 일제의 감시와 긴박한 사정으로 인하여 독립선언서 낭독을 생략하고 기념 연설로 대신하였다. 3·1운동의 실무를 본 천도교측 최린의 권유로 기념 연설을 만해가 하게 되었다. 당시 만해보다 연상의 지도자가 많았음에도 불구하고 만해가 연설을 하였음은 3·1운동 전개 과정에서의 만해의 실력, 주도가 간단치 않음을 의미한다.

오늘 우리가 집합(集合)한 것은 조선의 독립을 선언하기 위하여 자못 영광스러운 날이며, 우리는 민족대표로서 이와 같은 선언을 하게 되어 그 책임이 중(重)하니 금후 공동 협심(協心)하여 조선독립을 기도(企圖)하지 않으면 안 됩니다.

오늘의 이 모임은 곧 독립만세를 고창하여 독립을 쟁취하자는 취지입니다. 이것은 우리가 앞장서고 민중이 뒤따라야 하는 것입니다.

우리는 신명(身命)을 바쳐 자주독립국이 될 것을 기약하고자 여기 모인 것이니 정정당당히 최후의 1인까지 독립쟁취를 위해 싸웁시다.

여러분, 지금 우리는 민족을 대표해서 한자리에 모여 독립을 선언했습니다. 정말로 기쁘기가 한이 없습니다. 이제는 죽어도 한이 없습니다. 그러면 다 함께 독립만세를 부릅시다.

이렇듯 만해는 가슴을 울리는 기념 연설을 하였다. 그 후 민족대표들은 만해의 선창으로 '대한독립만세'를 외쳤다. 후일 만해는 자신의 인생에서 가장 통쾌한 일 중의 하나가 3·1운동 시 명월관에서 연설하던 때라고 강조하였다.

만해의 눈물

만해는 강직한 의지의 소유자였다. 그러나 그도 희로애락을 느끼던 인간이었다. 3·1운동 당시 독립선언을 마친 민족대표들은 일본 경찰에 체포되었다. 일본 경찰의 차에 강제로 태워진 만해는 서울 종로의 거리를 지나 마포경찰서로 끌려가고 있었다.

그 당시 종로 거리에는 수많은 군중들이 모여 들어 대한독립만세를 외치고 있었다. 손에는 태극기를 들고서, 만세를 소리 높여 불렀다. 그러자 일본 경찰은 군중들을 폭력으로 제지하였다.

바로 그때 12세 가량의 초등학교 학생인 소년 두 명이 만해가 탄 차를 향하여 만세를 불렀다. 그 중 한 명이 일본 경찰에 밀려 인근 개울에 떨어졌다. 그러나 그 학생은 다시 일어나서 만세를 부르다가 일본 경찰에 잡혔다. 그렇지만 옆에 있었던 학생은 친구가 잡혀가는 것을 보고서도 계속해서 만세를 불렀다.

차안에서 이 광경을 지켜 본 만해의 눈에는 눈물이 비 오듯이 흘렀다. 그 후에도 만해는 그날의 정황, 그날의 눈물을 되새기면서 자신이 해야 할 일을 채근하였다. 만해는 그 눈물을 일생에 잊지 못하는 상처라고 말하였다. 그러나 그것은 상처가 아니라 찬란한 눈물이었다.

재판정에서 할 말을 다하다

3·1운동으로 일제의 재판정에 선 만해는 자신의 소신과 조선이 독립이 되어야 할 당위성을 의연하게 답변하였다. 전혀 꿀리는 기색 없이 담담하게 자신의 의견을 피력하였다. 만해는 독립은 민족의 자존심이고, 독립운동은 조선민족 자신이 스스로 살기 위함이라고 단언하였다. 앞으로도 독립운동을 계속할 것인가를 묻는 질문에는 다음과 같이 말하였다.

"그렇다. 언제든지 그 마음을 고치지 않을 것이다. 만일 몸이 없어지면 정신만이라도 영세토록 가지고 있을 것이다."
"그렇다. 계속하여 어디까지든지 할 것이다. 반드시 독립은 성취될 것이다."

재판에 회부된 30여 명의 독립지사들에 대한 심리를 마치고 각자에게 최후의 진술을 할 수 있게 하였다. 드디어 만해의 차례가 되었다. 만해는 차분한 어조로 말하였다.

"우리들의 행동은 너희들의 치안유지법에 비추어 보면 하나의 죄가 성립될지도 모른다. 그러나 우리는 우리의 조국과 민족을 위하여 마땅히 해야 할 일을 한 것뿐이다.(중략)

너희들이 강병(強兵)과 힘을 자랑하고 있지만 수덕(修德)을 정치의 요체로 삼지 않을 경우에는 국제사회의 고립을 면치 못할 것이고, 마침내는 패망의 길이 멀지 않다는 것을 예언하여 둔다."

만해의 이 말이 끝난 순간, 법정은 얼음장 같이 숙연한 분위기로 돌변하였다. 판사, 그리고 방청객들은 어찌할 줄을 몰랐다. 이 정황은 당시 그 재판정에 입회한 만해의 상좌 이춘성이 전하는 실화이다. 당시 《동아일보》 1920년 8월 11일자에도 보도되었다.

만해의 예언이 적중하였음은 물론이었다. 그러나 만해는 일제의 패망을 보지 못하고 8·15해방 1년 전에 별세하였다.

만해가 똥통을 던진 사연

만해를 비롯한 3·1운동 독립선언을 한 민족대표들은 일본 경찰에 체포되었다. 경찰서, 형무소에 수감된 그들은 일제의 재판을 받게 되었다. 민족대표들은 사전에 옥중투쟁의 원칙까지 정하였지만 일부 사람들은 불안한 마음을 감출 수 없었다. 혹시 평생을 감방에 있지 않을까 혹은 사형에 처하는 것은 아닐까 하는 것이었다.

어느 날 민족대표들을 극형에 처할 것이라는 소문을 들었다. 그러자 어떤 사람들은 감방 안에서 엉엉 울기도 하였다. 그 장면을 본 만해는 우는 사람에게 형무소 안에 있는 똥통을 열고, 똥물을 집어 던졌다. 그리고 다음과 같이 말하였다.

"이 비겁한 인간들아, 울기는 왜 우냐! 나라 잃고 죽는 것이 그렇게 슬프냐! 이것이 독립선언에 서명을 했다는 민족대표의 모습이냐! 그런 추태를 보이려면 당장에 취소해!"

후일 민족대표이었지만 다른 방에 있었기에 그 내용을 몰랐다가 옥중에서 풀려나 이 사실을 알게 된 이종일은 통쾌한 일이었다고 평하면서, "역시 한용운은 과격하고 선사다운 풍모가 드러나는 젊은이"

라고 하였다. 한용운의 손자인 한수만이 들었다는 내용, 즉 만해가
감방에서 엉엉 우는 민족대표를 목침으로 후려 갈겼다는 것도 같은
것이다.

이런 것이 기상이고, 참선의 힘일 것이다. 지금도 각처의 선방에
서 정진하는 수좌 스님들은 만해의 이런 일화를 알고나 있는지 궁금
하다.

만해는 깡패이다

　만해의 열정은 대단하다. 만해의 무게는 만근이다. 그래서 만해는 당시 조선 민족의 자부심이요, 자존심이었다. 그래서 만해는 조선의 저울추라고도 불렸다. 3·1운동으로 형무소에 수감되었을 때에도 만해는 아침마다 점호를 할 때에도 고개를 외로 돌려, 일제를 거부하였다. 그 무렵 감옥의 간수들도 만해를 제일 골치 아픈 존재로 인식했다.

　　“저 중놈이 제일 간이 큰 놈이지.”
　　“저놈한테는 당해낼 수가 없어.”

　이러한 만해의 열정은 그의 자존·지조를 대변하는데, 그 정신은 그가 입적하는 날까지 지속되었다.

　10여 년 동안 만해사상실천선양회를 이끌고, 백담사 만해마을을 조성하여 만해정신의 계승과 세계화에 매진하고 있는 설악 무산 스님이 만해를 일컬어 깡패라고 한 것도 이와 유사하다. 설악 스님이 만해를 깡패라고 말한 것은 역설의 언어, 일종의 화두이다. 그러나 만해는 기존 질서, 관행을 뛰어 넘어서 도전한 것은 분명하다. 만해는 문학세계, 불교계에서 그의 체질을 마음껏 구사하였다. 이런 개성으로 만해는 《님의 침묵》이라는 시집 발간으로 기존의 문학세계의 속성을 뛰어 넘었다. 그리고 《조선불교유신론》도 바로 그 같은 체질에서 나온 것이다.

하여간 만해는 기존의 사상과 질서를 넘어 서려는 혁명아, 저항아였다. 이런 고뇌와 행동의 집약, 그 자체이었기에 만해는 깡패였다.

마중 받는 인간이 되라

만해가 3·1운동으로 일제의 형무소에 갇혀 있다가 풀려난 것은 1921년 12월 21일이었다. 3년여의 수감 생활을 마친 만해는 당당하게 감옥 문을 나왔다. 만해가 풀려난다는 소식을 들은 다양한 사람들이 마중을 나왔다.

그 중에는 만해가 독립 선언을 함께 하자는 것을 거부한 사람, 만세운동의 동참을 회피한 사람들도 있었다. 그들은 만해에게 다가와 위로의 말을 전하려고 하였다. 그러나 만해는 그들이 내미는 손을 쳐다보지도 않고, 그들의 얼굴을 뚫어지게 쳐다보고 그들의 얼굴을 향해 침을 뱉었다. 그리고는 그들의 마중을 거들떠보지도 않고 돌아서면서 혼잣말을 하였다.

"저 사람들 참 뻔뻔하군. 남을 마중할 줄은 아는 모양인데, 왜 남의 마중을 받을 줄은 모른다 말인가."

이렇게 독설을 퍼붓고 만해는 당황해 하는 그들을 뒤로 하고 자신의 길을 터벅터벅 걸어갔다.

우리의 원수는

만해는 웅변에 뛰어난 재주가 있었다. 만해의 웅변은 논리가 정연하고, 말이 유창하고, 목소리에 힘이 들어가 있었다. 3·1운동으로 일제에 피체되어 3년여의 수감생활을 마친 만해는 몸을 추스른 다음에는 여러 곳을 다니면서 강연 활동을 하였다. 만해는 연설장에 모인 군중들의 마음을 시원하게 해 주고, 당시 시국을 예리하게 비판하였기에 대중에게 인기가 많았다. 그러다 보니 일본경찰서에 근무하는 형사들이 늘 참석하여 무슨 말이 나오나 지켜보면서, 만일의 사태에 대비하였다.

"여러분, 우리의 가장 큰 원수는 대체 누구입니까? 소련입니까? 아닙니다. 그렇다면 미국인가요? 그것도 아닙니다. 그러면 누구일까요?"

이렇듯이 아슬아슬한 문답을 만해가 이어가자 참석한 청중과 귀를 쫑긋하게 세우고 있는 형사는 만해가 이어서 무슨 말을 할 것인가에 귀를 기울이었다. 자못 강연장은 찬물을 끼얹은 듯 조용하였다.

"그렇다면 우리의 가장 큰 원수는 일본일까요? 남들은 모두들 일본이 우리의 가장 큰 원수라고 합니다."

이렇게 만해가 말을 하자 임석한 형사는 더 이상 참지를 못하고 "중지, 연설 중지."를 외쳤다. 그러자 만해는 형사의 제지에 아랑곳하지 않고, 발언을 계속하였다.

"아닙니다. 우리의 원수는 소련도 아니요, 미국도 아닙니다. 물론 일본도 아닙니다. 우리의 원수는 바로 우리들 자신입니다. 우리들 자신의 게으름, 이것이 바로 우리의 가장 큰 원수라는 말입니다."

만해의 말이 이렇게 끝나자, 청중들은 우레와 같은 박수와 환호를 보냈다. 만해는 이렇게 대중들을 울리고, 웃기면서 자신이 하고 싶은 말을 다하였다. 만해는 화술을 배우지는 않았지만 불교논리학인 《인명론》을 천 번 읽었고, 발원기도를 조금 하였다고 한다. 그런데 만해가 전달하고 싶은 메시지는 민족의 자존, 민족의 자각이었다.

조선의 부채를 팔아라

만해가 3·1운동으로 일제에 피체되어 3년 동안 서대문형무소에 있다가 나와 거주하던 곳은 서울 종로구 안국동에 있는 선학원이다. 선학원은 일본불교 및 총독부의 영향을 받지 않는 순수한 우리 절을 하나 지어 보자는 스님들의 원력으로 1921년 12월에 만든 절이다. 그래서 항일불교의 거점으로 알려져 전국 수좌들의 사랑방 같은 역할을 하였다.

만해는 선학원을 주된 거처로 머물렀기에 인근의 인사동을 자주 지나갔다. 그러던 한여름의 어느 날 만해가 인사동을 지나가는데 길가에서 부채를 팔고 있는 장사꾼이 있었다. 만해는 부채를 사서 더위를 식힐 겸해서 장사꾼에게 다가갔다. 그런데 가만히 살펴보니 장사꾼이 팔고 있는 부채는 모두 일본 부채뿐이었다. 갑자기 화가 난 만해는 장사꾼에게 말하였다.

"여보시오. 서울 한복판에서 조선의 부채를 안 팔고 왜 일본 부채만 팔고 있소."

만해의 이런 질문을 받은 장사꾼은 자기가 일본부채를 팔든, 조선부채를 팔든 무슨 상관이냐면서 가던 길이나 가라고 퉁명스럽게 만해에게 말했다. 이 말을 들은 만해는 순간적으로 분노가 일어나 장사꾼의 멱살을 잡고 말하였다.

"야! 이놈아. 조선 사람이 조선의 부채를 안 팔고 일본 부채를 팔어. 이놈 나쁜 놈이구만."

그러자 장사꾼은 아닌 밤중에 홍두깨 격으로 기가 차서 만해에게 잡힌 멱살을 벗어나려고 기를 썼다. 그러나 만해는 다부진 몸에 차력을 한다는 말을 들을 정도로 완력이 있어서 전연 눌리지 않았다. 그래서 만해와 장사꾼은 일촉즉발 결투에 들어가기 일보직전이었다.

인사동 길거리에서 이런 일이 일어나자, 구경꾼들이 많이 모여들었다. 구경꾼 중의 한 사람이 신문에 났던 만해의 얼굴을 알아보고는 장사꾼에게 말했다.

"여보시오. 이 분은 3·1운동 민족대표인 만해 선생이시네. 두 분이 왜 싸우는지는 모르겠지만 만해 선생은 민족의 지도자이고 훌륭한 분이시니 당신이 조금 참구려."

행인으로부터 이런 말을 들은 장사꾼은 그제서야 머쓱해져서 더 이상 아무 말도 않았다. 만해도 잠시 후에 그 자리를 떠났다. 그날 이후 인사동의 그 장사꾼이 조선의 부채를 팔았는지는 알 수 없다.

형사를 발로 차 버리다

춘천 시내에는 석왕사라는 절이 있다. 그 절에 주석하였던 동산 큰스님은 20여 년간 머물면서 지역 주민들에게 불교를 널리 알리고 있었다. 그 스님은 1929년 수덕사에서 출가하였는데 만해와 친근한 만공의 가르침을 받으며 수행하였다. 그는 심원사와 송광사 강원에서도 공부하였지만, 만공을 시봉하고 금강산을 서너 번이나 다녀오기도 하였다. 1930년대 초반, 하루는 만공이 서울의 선학원을 갈 때에 따라 나섰다. 선학원에 도착한 그는 선학원 중창주인 적음의 보살핌을 받으며 살림살이를 담당하는 원주 소임을 보았다. 그러는 중간에 적음의 하명으로 6개월가량 만해의 시봉을 하게 되었다.

당시 만해는 조실 방에 머물면서 불교계의 유일한 잡지인 《불교》의 발간에 전념하였다. 동산, 그가 하는 일이란 만해의 일상생활이 불편 없게 하는 정도의 허드렛일이었다. 그가 본 만해는 대쪽같으면서도, 이따금은 부드러운 표정을 짓고 있었다.

당시 선학원에는 만해가 독립지사였기에 일본인 형사와 한국인 형사가 들락거리며 요주의 인물인 만해를 감시하였다. 그런데 일본인 형사는 만해에게 무례하지 않았으나, 한국인 형사는 만해에게 반말을 하고, 뻣뻣한 태도로 대하여 동산은 이해할 수 없었다. 그러던 어느 날 동산은 만해가 종로의 어떤 강당에서 하였던 강연회에 가보 았다. 만해는 민족의식 고취, 조국의 독립을 위해 나가야 한다는 내 용을 은유적으로, 때로는 목소리를 높이면서 연설하였다. 그 강연을 듣던 한국인 형사는 발언의 수위가 높아지자 더 이상 참지를 못하 고, 단상에 뛰어 올라갔다.

그 순간 만해는 단상에 오른 그 형사를 향해 다음과 같은 말을 함 과 동시에 발로 걷어 차 버렸다.

"이놈! 어딜 함부로 뛰어 다니느냐!!"

넘어진 형사는 식식거리며 일어서, 다시 만해에게 달려들었다. 그 러나 한국인 형사는 일본인 형사에 의해서 밖으로 끌려 나갔다. 만 해는 아무 일도 없었다는 듯이 강연을 예정대로 마치었다.

동산 스님은 2009년 4월 8일 96세를 일기로 입적할 때까지 그때 지켜 본 만해의 일화를 가슴에 담았고, 간혹 사람들에게 전해 주었 다.

만해는 성병에 걸리지 않았다

만해는 3·1운동 당시 민족대표이었기에 옥에 수감되었다. 3년간 옥에 갇혔다가 풀려난 만해는 심신을 추스른 후에는 여러 곳에서 강연을 하였다. 만해에게서 강연을 들은 청중들은 억눌린 마음의 응어리를 풀었다. 그래서 만해에게는 여러 곳에서 강연 요청이 많이 들어 왔다. 만해가 강연을 많이 할수록 그의 명성은 높아만 갔다.

그러던 어느 날 만해는 강연을 마치고 돌아오면서, "내가 드디어 성병(聲病)에 걸렸구나, 명성(名聲)이라는 병에 걸렸구나." 하고 탄식하였다. 그 이후 만해는 외부 강연 초청에 일체 응하지 않고 심우장에 칩거하였다고 한다. 여기서 말한 성병은 지식인, 문인이 걸리기 쉬운 이름 내기, 잘난 체 하기, 명예욕, 권력욕, 명성 추구하기 등등을 말한다. 문란한 성생활에서 야기된 성병(性病)이 결코 아니다. 그래서 만해는 성병(聲病)에서 벗어나 지조를 지키며, 심우장에서 고집스레 자신의 길을 걸어갔다.

서울대 명예교수이며 시인인 유안진은 15년 전 만해의 성병이야기를 문인들에게서 우연히 들었다. 그러다가 유안진은 만해의 성병 이야기를 소재로 하여 〈성병에 걸리다〉라는 시를 시전문 잡지인 《유심》 35호(2008년 겨울호)에 기고하였다.

　유안진은 2009년 8월 11일 유심작품상(시부문)을 수상하였는데, 그는 수상소감 발표시 만해의 성병이야기를 언급하면서, 자신도 만해처럼 이름 감옥에 갇히지 않는 작품활동을 하고, 바른 이름[正名]을 갖도록 끊임없이 노력하겠다고 다짐하였다.

　이 글을 읽는 독자들 중에는 성병(聲病)에 걸린 사람은 없는지 자문자답 해보길 기대한다.

일본을 불 질러 버리다

만해는 1927년에 출범한 신간회의 경성(서울)지회장으로 추대되어 민족운동을 하였다. 신간회는 좌우합작의 성격을 띠면서 민족대단결, 민족단일당을 지향한 운동이었다. 신간회 지회장의 일을 하다 보니, 전국의 신간회 지회에 공문을 보낼 일이 생기었다.

그런데 인쇄소에서 가져 온 편지 봉투의 뒷면에는 일본의 연호인 소화(昭和) ○년 ○월 ○일이라고 찍혀 있었다. 그것을 본 만해는 아무 말도 없이 천 장이나 넘는 그 봉투를 아궁이 속에다 집어넣고서는 불을 질러 버렸다. 그리고는 혼잣말로 중얼거렸다.

"소화(昭和)를 소화(燒火)해 버리니 시원하군."

만해는 봉투를 불 지르고서는 사무실을 훌쩍 나가버렸다. '단기(檀紀)'가 우리 한국을 상징하는 연호이듯이 '소화(昭和)'는 일본을 상징하는 연호이다. 이것은 일본을 정신적으로 불 지른 것과 같은 것이다.

펜촉이 부러지다

1927년 3월 29일, 월남 이상재 선생이 78세를 일기로 서거하였다. 당시 이상재는 신간회 초대 회장을 역임하고 있었던 민족의 지도자이었다. 그래서 그의 장례는 243개 단체가 참여한 가운데 사회장으로 치러졌고, 10여만 명이 조문하였다.

만해는 당시 신간회 경성 지회장이었기에 당연직의 장의위원에 포함되어 있었다. 만해는 신문 보도에 자신의 이름이 나온 것을 알고, 전화로 자신이 승낙한 바가 없으니 취소해 달라고 하였다. 그러나 자신의 이름이 삭제되지 않음을 알고서는 만해는 발인식의 당일 날 서울 수표동에 마련되어 있었던 장의위원회를 찾아갔다. 그리고는 자신의 이름이 적혀 있는 명부를 찾아 자신의 이름인 한용운 석 자를 펜으로 박박 그어서 지워버렸다. 펜에 얼마나 힘을 주었던지 펜촉이 부러지고 종이가 찢어져 버렸다.

만해가 이렇게 한 것은 3·1운동 준비 과정에서 만해가 이상재를 세 번이나 찾아가 독립선언서에 서명과 민족대표 동참을 요청했지만 이상재는 거절했기 때문이었다. 이상재는 청원 형식의 독립을 생각하였기에 정정당당한 독립선언을 진행한 만해의 요청을 거부하였다.

만해는 이상재 장례식장에 참석하지 않고 자신의 거처인 선학원
으로 돌아왔다.

어린 시절부터 소신은 움텄다

만해의 고향은 충남 홍성이다. 홍성은 예나 지금이나 충절의 고장으로 유명하다. 만해는 유년 시절에 홍성의 서당에서 《천자문》, 《대학》, 《통감》을 비롯한 동양 고전을 체계적으로 공부하였다. 만해는 스님이 되었지만 그의 학문과 사상에는 동양사상, 유교사상이 자리 잡고 있었다. 만해의 한시가 백여 편이나 남아 있었던 것도 유년시절의 철저한 한문공부 덕택이다.

만해는 어릴 적 동네의 서당에서 공부를 잘 해서, 동네에서 그를 신동이라고 불렀다. 그의 기억력과 이해력은 동년배들을 뛰어 넘는 것이어서 서당의 훈장도 놀랐다. 한번은 서당에서 《대학》을 읽다가 만해는 그 책의 중간에다가 먹칠을 하였다 그래서 이상히 여긴 훈장은 만해에게 그 연유를 물었다. 그랬더니 만해는 이렇게 대답하였다.

"훈장님, 여기에 나오는 정자의 주가 마음에 들지 않아서, 그래서 제가 지워버렸습니다."

정자(程子)라고 하면, 중국의 유학을 부흥케 한 최고의 유학자이다. 그런 학자가 풀이한 것을 마음에 들지 않는다고 지워버린 만해의 천재성은 대단한 것이었다. 그래서 그는 신동이라고 불렸고, 그의 집은 신동집으로 통하였다.

만해의 지조와 소신은 어렸을 적부터 생겨난 것이다. 그래 네 살 버릇 여든까지 간다고 하지 않았던가.

고난의 칼날에 서라

만해는 청년들을 채근하고 단련시켰다. 청년이 살아야 조선이 살고, 나라의 독립이 될 수 있기 때문이었다. 그래서 만해의 영향을 받은 청년들은 만해의 어록을 가슴에 담고 사회 각 분야에서 뛰고 달렸다.

가든 길을 가라. 새 길이 나을 것이 없다. 길이라면 다 험한 길이요. 걸어 보면 다 고달픈 것이다. 뒤로 돌아서는 길도 길인 까닭에 고달프고 고(苦)로운 것이니 이미 고달프고 고로운 것이라면 희미하나마 앞으로 가는 길을 걷고 가던 길을 가거라.(불교청년 민동선 증언)

청년은 인생의 최성기(最盛期)인 동시에 최난기(最期難)가 되지 않으면 아니되는 것이다. 이중 삼중의 수난기에 임한 조선청년은 과연 그 각오가 여하(如何)? 스스로 힘쓰라.(《불청운동》 7·8합호, 1932. 10)

금일 청년들은 나처럼 나이 늙고 기력이 쇠진한 뒤에 또 다시 나의 잘못을 되풀이 하지 말고 오늘날 이 당장에서 일대 각오와 일대 용단을 내려서 전문지식을 연구하여 장래의 우리, 영구의 나를 좀더 행복스럽게 광영한 사회생활을 하도록 노력하라고 충고하고 싶다.(《조선일보》 1929.1, 〈조선 청년에게〉)

이렇게 만해는 청년에 대한 애정이 각별하였다. 만해가 청년에게 하였던 수많은 말들은 요컨대 정의의 칼날에 서야 한다는 것이었다.

그러므로 하늘과 땅에 돌아보아 조금도 부끄럽지 않을 일이라 하면 용감하게 그 일을 하여라. 그 길이 가시밭길이라도 참고 가거라. 그 일이 칼날에 올라서는 일이라도 피하지 마라. 가시밭길을 걷고 칼날 위에 서는 데서 정의를 위하여 자기가 싸운다는 통쾌한 느낌을 얻을 것이다. 그러므로 나는 지금 다난한 조선에 있어서 정의의 칼날을 밟고 서거라 하고 말하고 싶다.(《실생활》 3권 11호, 1932.11, 〈고난의 칼날에 서라〉)

만해의 어록이 이와 같았음을 요즈음 지식인, 청년들은 알고 있는지 궁금하다. 모르면 배워야 하지 않을까? 배움은 결코 부끄러움이 아니다.

청춘이 다시 온다면

　사람은 누구나 아쉬움과 회한을 안고 산다. 이러한 점에서는 만해도 보통 사람과 같았다. 만해는 신문사나 잡지사에서 많은 원고 청탁을 받았다. 그래서 가끔은 자신의 옛날을 회상하는 글을 쓰기도 하였다. 그러다 보니 자연히 자신이 젊은 시절로 돌아가면 무엇을 할 것인가를 생각하였다. 만해는 1929년 6월, 《별건곤》 잡지의 특집 기사, "나에게 만일 청춘이 다시 온다면"의 기고문 〈전문지식 연구〉에서 자신이 청춘이라면 전문분야 연구에 매진하겠다는 아쉬움을 피력하였다.

　내가 언제나 생각하고 있는 것은 사람마다 제각기 전문지식을 연구하여야 하겠다는 것이다. 따라서 나에게 청춘이 다시 돌아온다면 무슨 학문이던지 과학이고 철학이고 전문으로 돌진(突進) 진공(進攻)하겠다. 세상일이 대소 사업을 물론하고 모든 일이 모두 알고 알지 못하는 데서 그 일의 성(成), 불성(不成)이 나타나는 것이다. 큰 죄악을 짓는 것도 알지 못하는 데서 비저 나아오는 것이며 대사업을 성공하는 것도 모든 것을 잘 아는 데서 알배는 것이니 알고 알지 못하는 것이 사회건설에 성패(成敗) 득실의 차이를 낳는 것인즉 그 얼마나 큰 결과가 되겠느냐?

인제는 나이도 많이 먹고 정력도 쇠약해졌으니 후회한들 소용이 있겠는가 만은 내가 오늘날 같이 되고 나서 과거의 나의 역사를 회고해 보니 무엇이던지 어떤 학문이든지 한 골수로 돌진하여 그곳에서 진리를 깨닫고 그것으로 대사업도 경영해 보고 사회건설의 일조가 되여 볼 것이라고 항상 절실히 감득(感得)하는 바이다. 그러한즉 금일 청년들은 나처럼 나이 들고 기력이 쇠진한 뒤에 또 다시 나의 잘못을 되풀이 하지 말고 오늘날 이 당장(當場)에서 일대 각오와 일대 용단을 내려서 전문지식을 연구하여 장래의 우리 ─ 영구의 나를 좀더 행복스럽게 광영한 사회생활을 하도록 노력하라고 충고하고 싶다.

독자 여러분, 청년 여러분, 만해의 이 글을 읽고 여러분이 처한 각 분야에서 전문지식을 쌓아서 우리나라의 발전에 기여하는 사람다운 사람이 되어야 하지 않을까요?

나를 죽이고 가라

만해는 미래의 조선을 짊어지고 나갈 청년들을 아끼고, 그들에게 희망을 걸었다. 그래서 평소에도 청년들을 자상하게, 때로는 추상같은 말로 야단을 치면서 가르쳤다. 그것은 청년들의 어깨에 조선의 미래, 조선의 독립이 달려 있기 때문이었다.

간혹 만해는 자신의 기대에 부응하지 못하는 청년을 보게 되면, 사정없이 호통을 쳤다. 정신 차려서 미래를 준비하고, 각성하라는 차원에서 말이었다. 더구나 술 한 잔을 걸치게 되면 만해의 호통은 쩌렁쩌렁 하였다.

"아, 이놈들아, 나를 매장시켜 봐! 나 같은 존재는 독립운동에 필요도 없을 정도로 네놈들이 앞서 가서 일해 봐!

만일 내가 단두대에 나감으로써 나라가 독립된다면 추호도 주저하지 않겠다."

이렇게 만해는 청년을 사랑했고, 청년들을 매섭게 추동하였다. 예나 지금이나 인재불사는 만만치 않은 일이다. 그러나 자신의 목숨을 내놓으면서 교육에 임한 사람이 만해 말고 또 있었는지는 알 수 없다.

낙산사 홍련암에서 파도소리와 맞서다

만해의 한글 사랑은 애절하다. 한글에 대한 사랑은 지독할 정도로 눈물겹다. 만해는 한글 경판이 발견되었던 1931년 여름, 전주 안심사까지 달려가서 눈물을 흘렸음은 그것을 명료하게 대변한다. 만해가 안심사에 간 것은 《불교》 87호(1931.9)에 기고한 〈국보적 한글 경판의 발견 경위〉에 잘 나온다.

그런데 만해의 한글 사랑은 그 이전인 1926년 11월 4일, 조선어연구회(한글학회 전신)가 우리 한글을 수호하려고 정한 가갸날(지금의 한글날) 제정 당시에도 나온다. 만해는 우리말을 지키고 아끼려고 가갸날이 제정되었다는 소식을 듣고 《동아일보》(1926.12.7)에 기고한 〈가갸날에 대하여〉에서 자신의 감흥을 솔직하게 밝혔다.

오랜만에 문득 만난 님처럼 익숙하면서도 새롭고 기쁘면서도 슬프고자 하여 그 충동은 아름답고 그 감격은 곱습니다. 또 한편으로는 바야흐로 쟁여놓은 포대처럼 무서운 힘이 있어 보입니다. 이것은 조금도 가감과 장식이 없는 나의 가갸날에 대한 솔직한 인상입니다.

이렇듯 만해는 우리말 한글에 대한 사랑의 감정을 드러냈다. 그런데 만해는 이 글을 쓴 장소를 "관음굴(觀音窟)에서"라고 기재하였다. 그렇다면 관음굴은 어디일까? 만해와 관련된 행적, 인연 등을 종합해 보면 그곳은 낙산사 홍련암인 것 같다. 낙산사는 만해가 자주 들렀던 신흥사와 지근거리에 있다. 예전에는 홍련암을 관음굴이라고 그 지역 사람들은 불렀다.

동해안 일대에서 수행을 하였던 스님들은 만해 한용운이 낙산사 홍련암에 와서 잠시 수행을 하였다는 구전을 간혹 들었다고 한다. 만해는 홍련암에서 수행을 할 때에는 거센 파도소리와 대결하기 위해 목이 터지도록 염불을 하였다고 한다. 홍련암에서 들리는 파도소리는 해조음(海潮音)이다. 관음기도 도량인 낙산사에 위치한 홍련암은 관음(觀音), 즉 소리를 관하고 소리에 집중하는 수행 장소인 것이다. 홍련암에서 낮이고, 밤이고, 꿈속에서도 파도소리를 일관하여 들을 수 있다면 그는 깨친 사람일 것이다. 이는 불교 수행에서 이근원통(耳根圓通)이리고 한다.

만해는 이처럼 홍련암에서 한글 사랑을 키워내고, 관음 수행을 하였다. 그러면서 해조음에 맞서기 위해 지독스런 염불 수행도 하였다. 홍련암에 들르는 수많은 참배객, 관람객, 수행 인파는 이런 사실을 알고나 있을까?

2005년 봄, 동해안에 불어 닥친 산불이 낙산사 전체를 휘감았을 때에도 이곳 홍련암은 일체의 손상을 입지 않았다. 사람들은 이를 두고 관음보살의 위신력과 가피력이라고 말한다. 여기에 만해의 한

글 사랑과 나라 사랑의 간절함도 포함시켜야 하지 않을까 생각해
본다.

일본말은 필요 없어

만해는 우리나라를 빼앗은 일본을 무척 미워하였다. 일본은 나라를 빼앗았을 뿐만 아니라 우리 민족까지 영원히 없애 버리기 위해 우리의 말, 정신, 풍습까지도 탄압하였다. 그래서 평소에도 만해는 일본말을 쓰는 것을 아주 못 마땅해 하였다.

어느 날 서울 시내의 재동에 있는 이백강의 집에서 조촐한 술좌석이 벌어졌다. 그 자리에는 선학원을 재건한 적음 스님도 동석하였다. 적음 스님은 침쟁이를 하다가 발심하여 늦깎이로 출가한 스님이었다. 술이 몇 차례 도니 좌중의 분위기가 한껏 달아올랐다. 그러던 중 적음 스님이 참석 대중에게 다음과 같이 말하였다.

"여러분 우리 감빠이(乾盃)합시다."

그러자 만해는 갑자기 노한 얼굴로 말하였다.

"적음! 그 말이 무슨 말이요. 무엇을 하자고? 어디 더 한번 해 보시오!"

적음은 만해의 뜻을 알아차리고는 아무 말도 하지 못하였다. 분위기가 급랭해진 것은 물론이었다. 그 이후에도 술자리가 지속되었는지는 전하지 않는다.

그건 글자가 아니야

만해는 외동딸인 한영숙에게 어린 시절부터 한문을 가르쳤다. 하루는 영숙이가 신문에 간간히 섞인 일본 글자를 보고 물었다.

"아버지 이건 무엇이어요?"

그러자 만해는 말하였다.

"음, 그건 몰라도 돼. 그건 글자가 아니야."

만해는 딸 한영숙을 학교에도 보내지 않고 집에서 한문, 역사를 가르쳤다.

호적을 거부한 만해

일제는 우리나라를 통치하는 동안 오늘날 호적법(戶籍法)의 효시인 민적법(民籍法)을 실시하였다. 그러나 만해는 이를 거부하였다.

나는 조선 사람이다. 왜놈이 통치하는 호적에 내 이름을 올릴 수는 없다.

만해의 심정은 불멸의 시집인 《님의 침묵》에 수록된 〈당신을 보았습니다〉라는 시의 한 구절인 "나는 집도 없고 다른 까닭을 겸하여 민적(民籍)이 없습니다."에도 잘 나타난다. 그러자 만해에게는 많은 고통이 뒤따렸다. 일제가 주는 배급에서도 제외되었다. 그리고 그의 외동딸인 한영숙을 학교에도 보낼 수가 없었다. 아버지의 호적이 없으니, 자식 또한 호적이 없어 학교에 다닐 근거가 없었다. 그래서 만해는 자신의 딸을 집에서 자신이 직접 가르쳤다.

일본 놈의 백성은 되기 싫다. 죽어도 싫다. 왜놈의 학교에도 절대로 보내지 않겠다.

이렇게 만해는 자신의 소신을 실천하였다. 그래서 지조는 어려운 것이다.

옥중에 던져진 꽃다발

만해를 따르던 불교청년들이 매우 많았다. 그 가운데 불교 교단의 현실을 개탄하며 불교를 대중화하려는 일단의 승려들이 모임을 가졌다. 그들은 항일적인 청년승려들이었는데 국가와 불교를 동시에 살리려고 항일 비밀 결사단체를 결성하였는데, 그것이 만당(卍黨)이었다. 그때가 1930년 5월 무렵이었다. 핵심 당원은 18명이었지만, 점차 당원을 늘려가고, 지부 조직까지도 두자 당원이 80여 명에 달하였다.

당시 만당 당원인 불교청년들은 만해를 당수로 선정하였다. 그러나 당원들은 만해에게 당수로 추대하였다는 사실을 알리지 않았다. 왜냐하면 혹시라도 비밀이 노출되어 일제의 탄압을 받을 것이 예상되었기 때문이었다. 당수가 만해라는 사실이 알려지면, 일제에 끌려가 갖은 고초를 받을 것을 막은 것이다. 만해는 청년들에게 늘 당의 조직으로 운동에 나서야 한다고 강조하였다.

그러다가 출범한 지 3년여가 되자 당 내분이 일어나게 되어 1932년 무렵에는 만당을 스스로 해체시켰다. 그로부터 5년이 지나자 아니나 다를까 만당의 실체가 일제의 감시망에 걸렸다. 여섯 차례나 검거 선풍이 불었다. 핵심 당원들이 하나둘씩 일제에 체포되어 갔다. 만해는 자신을 따르던 청년들이 일제에 끌려가자 구속된 경찰서를 찾아가서 면회를 가게 되었다. 진주 경찰서에 당원들이 구금되어 있다는 소식을 듣고, 만해는 진주까지 내려가서 위문하려고 하였다. 그러나 일본 경찰은 갖은 명분과 이유를 내세우면서 면회를 시켜주지 않았다. 그러자 화가 난 만해는 준비해 간 꽃다발을 당원들이 구금된 유치장 쪽으로 던지면서 말하였다.

"옛다. 이 꽃 받아라. 너희들의 조화(弔花)이다."

후일, 옥에서 나온 청년승려인 효당 최범술은 만해를 찾아가서 그때 유치장에 찾아와서 저들에게 왜 꽃다발을 던졌는가를 물었다. 그러자 만해는 자네들이 독립운동을 하다 수감되어 죽게 된 것을 축하해주기 위함이었다고 답했다.

일제하에 만당이라는 항일 비밀결사체가 있음이 얼마나 다행이었던가. 그러나 우리는 만해가 있어 만당이 있었던 것을 알아야 한다. 우리 근대불교사에 자랑스러운 역사의 뒷이야기는 이러하였다.

세상에서 제일 더러운 것은

만해는 스님이었다. 그래서 그는 불교가 민족불교, 대중불교로 거듭나야 한다는 소신을 갖고 불교개혁에 대한 논설을 많이 쓰고, 그것을 실천하였다. 그러나 당시 스님들은 만해의 주장에 반하는 노선을 간 경우가 많았다.

한번은 만해가 31본사 주지회의에 초청을 받았다. 한 말씀을 해 달라는 요청이었다. 평소 주지들을 강력하게 비판하였기에 사양했지만, 하도 강력하게 청하여 지금의 조계사 터에 있었던 주지회의소로 나갔다. 연단에 오른 만해는 강연장에 모인 스님과 신도들을 둘러보았다. 그리고는 입을 열었다.

"세상에서 제일 더러운 것이 무엇인지 아십니까?"

그러나 만해의 질문에 답을 하는 사람은 아무도 없었다. 그러자 만해는 말을 계속 이어갔다.

"그러면 내가 자문자답을 할 수밖에 없군요. 제일 더러운 것은 똥이라고 하겠지요. 그런데 똥보다 더 더러운 것은 무엇일까요?"

만해의 말이 여기까지 이어지자, 참석한 대중들은 만해의 입에서 무슨 말이 나올까를 궁금해 할 뿐 아무 말도 없었다.

"그러면 내가 또 말하지요. 나의 경험으로는 송장 썩는 것이 똥보다 더 더럽더군요. 왜 그러냐 하면 똥 옆에서는 음식을 먹을 수가 있어도 송장 썩는 옆에서는 그 냄새가 역하여 차마 먹을 수가 없기 때문입니다."

그러고는 다시 한 번 청중을 훑어보고는 말을 하였다.

"송장보다도 더 더러운 것이 있으니, 그것이 무엇인지 아십니까?"

만해는 여기에서부터는 표정이 바뀌고, 목소리가 높아졌다. 그리고는 뇌성벽력 같은 소리로 호통을 쳤다.

"그건 31본사 주지 네놈들이다."

만해는 이 같이 말하고, 뒤도 돌아보지 않고서는 그곳을 떠났다. 만해의 이런 일갈을 지금의 본사 주지 스님들은 어떻게 생각할까?

심우장은 사랑방

　만해는 1932년 무렵부터 당시로서는 서울의 외곽인 성북동의 야산에 한옥을 짓고 살았다. 그것이 만해의 마지막 거처인 심우장(尋牛莊)이다. 이 집은 만해를 아는 여러 사람들이 십시일반으로 모아서 준 돈과 종로 금융조합에서 빌린 돈 등을 합하여 지은 것이다. 지금은 도심 한복판에 있고 허름한 상태로 보존되어 있지만, 당시로서는 한적한 교외의 소나무 숲에 있었다. 이당 김은호가 쓴 "심우장" 글씨를 새긴 조그만 간판이 붙어 있었다. 지나가는 사람들이 심우장이라는 간판을 보고서는 목장이라고 하는 사람도 있었다고 한다.

　만해가 심우장에 거처를 정하고, 소문이 나자 수많은 사람들이 찾아 왔다. 남녀노소를 막론하고 민족운동가, 스님, 불교신도, 문학인, 학생 등 이루 말할 수 없었다. 그 중에는 남녀 문제로 고민하는 사람, 난처한 문제를 해결해 달라는 사람, 자살하려는 사람, 민족의 진로에 울분을 품고 온 학생, 자식 걱정으로 온 노파 등등 다양하였다.

　그 중에는 외아들을 학병에 내보낸 과부인 노모가 찾아왔다. 노모는 자식 걱정을 하면서 생사도 알 수 없어 살 수가 없으니 어떻게 하면 좋겠냐고 상의하였다. 만해는 그 노모에게 우선 마음을 안정하고, 다음으로는 두문불출하고 정좌하여 관세음보살을 염송할 것을 당부하였다. 그로부터 얼마 후 그 노모의 아들은 무사히 귀환하여 노모와 아들이 심우장을 찾아와 만해에게 고마움을 표한 일도 있었다.

이렇듯 만해는 자신의 거처인 심우장에 찾아 온 사람들을 일일이 만나서 고민, 고충을 듣고는 그에 알맞은 고사(故事), 금언(金言), 이론 등을 꺼내어 가면서 그들의 마음을 달래주었다. 이 같은 만해의 행동은 대승 보살행이었음이 분명하다. 하여간 심우장은 만인의 사랑방이었다. 그러나 만인의 사랑방이었지만 친일파, 변절자, 일본인은 출입이 금지되었다.

만해의 생활, 참선과 취미

만해는 성격이 다혈질이었다. 불의나 아니꼬운 것을 보면 참지 못하였다. 그러나 절에서 살 때에는 대중생활을 하였기에, 만해와 같이 사는 스님들은 서로 간에 불편하였다. 그래서 만해는 서울 종로의 선학원에서도 지냈지만, 1920년대 후반에는 종로의 사직동 근처에 방을 얻어 냉방에서 혼자 생활을 하였다. 그래서 1930년대 초반에는 서울 성북동에 단독 거처인 심우장을 마련한 것이다.

그렇지만 만해에게도 세심하고 자상한 면이 있었다. 만해는 1920년대 초반 선학원에 있을 때에는 화초를 키우고 금붕어를 기르는 것을 낙으로 삼았다. 심우장은 그 주변 일대가 산이었기에 산책을 하거나 자연을 벗 삼이 지내기에는 안성맞춤이었다. 만해는 심우장 주변에서 가져온 꽃과 화초를 집안에 옮겨 심었다. 그것은 개나리, 진달래, 코스모스, 백일홍, 국화 등등이었다.

이렇게 자연과 함께 한 만해는 아침저녁에 시간만 나면 참선하는 것을 중요한 일과로 삼았다. 그리고 만해는 심우장에서 참선, 간경, 집필, 산책, 화초 가꾸기를 하였다. 그래서 거친 세파와 싸우면서도 마음을 안정시킬 수 있었다. 어느 날 찾아온 기자에게 만해는 다음과 같이 말하였다.

"내게는 고적(孤寂)이라든지 침울이라는 것이 통 없지요. 한 달 잡고 내내 조용히 앉아 있어도 심심치가 않아요. 무애자재(無碍自在)하는 이 생활에서 무엇을 탓하며 무슨 불안을 느끼겠소."

만해는 이렇게 심우장에서 거친 세월과 더불어 지내고 있었다. 그러나 지금의 심우장은 그 옛날 만해가 거닐던 체취를 찾을 수 없다. 그것이 참으로 안타깝다.

육당 최남선, 부고장을 보내다

육당(六堂) 최남선은 근대기 천재로 명망을 떨쳤다. 그가 근대 한국학에 기여한 것은 다양하다. 그 중에서 그가 최고로 이름을 낸 것은 3·1운동 당시 낭독된 〈독립선언서〉를 지은 것이다.

그런데 그는 일제 말기에는 변절하였다. 민족 최고의 지식인, 지성인이었기에 그의 변절은 매우 안타까운 일이었다. 그러자 만해는 마음속으로 육당에 대한 절교(絕交)를 결심하였다.

어느 날 육당이 길을 가다가 만해를 만났다. 만해는 그를 못 본체하고 빠른 걸음으로 나아갔다. 그러자 육당이 따라와서 앞을 가로막으며 먼저 인사를 하였다.

"만해 선생, 오래 간만입니다."

그러자 만해와 육당 간에는 다음과 같은 대화가 이어졌다.

"당신은 누구시오?"

"나, 육당 아닙니까?"

"육당이 누구시오?"

"육당 최남선입니다."

그러자 만해는 다음과 같은 말을 하고는 이내 그 자리를 떠났다.

"내가 아는 최남선은 벌써 죽어서 장사까지 치루었소."

육당 최남선은 그 말에 대해 어떤 말도 할 수 없었다. 만해는 서울 시내의 음식점에 지인들을 불러내어, 최남선의 장례식임을 선포하기도 했다.

"이제부터 왜인에게 종노릇을 자청해서 조선의 의기로부터 떠나서 죽은 고 최남선의 장례식을 거행하겠습니다."

그날 만해는 비분강개하면서 술을 퍼마셨다. 그리고 최남선의 부고장을 만들어 지방으로 보내고, 최남선에게는 장문의 부고장을 보냈다.

춘원, 다시는 오지 마라

춘원 이광수, 그의 문학적 재능과 천재성은 한국 근대문학사를 빛나게 한다. 그는 불교에 관한 소설을 많이 써서, 불교의 교리나 사상에 의문 나는 점이 있으면 만해를 찾아와서 묻곤 하였다.

그러나 그도 일제 말기에는 변절하였다. 그는 조선 민족을 살리기 위해 변절, 친일할 수밖에 없음을 강조하였다. 그러나 만해는 춘원의 변절을 매우 침통하게 받아 들였다. 춘원은 창씨개명을 한 뒤, 심우장으로 만해를 찾았다. 집 뜰에 들어서는 춘원을 본 만해는 이미 창씨 개명한 것을 알고 있었기에 춘원의 인사도 받기 전에 호통을 치며 말하였다.

"네 이놈! 보기 싫다. 다시는 내 눈 앞에 나타나지 마라."

춘원은 벽력 같이 쏟아지는 만해의 말에 놀라, 어찌 할 줄을 몰랐다. 심우장의 방으로 들어가지도 못하고, 우물쭈물 하다가 다시 돌아갔다.

친일파의 돈, 도로 가져가라

민족대표 33인이었던 최린, 그는 천도교의 민족대표이면서 만해와 함께 3·1운동을 기획, 준비를 하였던 인물이었다. 만해는 일본에 가서 문물을 견학하였던 1908년에 최린을 만났기에 그와의 인연은 대단하다.

그런데 그가 일제 말기에 다른 친일파처럼 창씨개명을 하고 변절하였다. 만해로서는 참으로 씁쓸한 일이 아닐 수 없었다. 어느 날 최린은 만해의 거처인 심우장을 찾았다. 만해는 그가 집으로 들어오는 것을 보고서는 부인에게 말을 하였다.

"나가서 없다고 하오. 에이, 꼬락서니조차 보기 싫은 사람이 날 찾는 모양인데 없다고 하구료."

최린은 집 안의 마당으로 들어 왔지만, 만해는 집에 없다는 부인의 말을 듣고 발길을 돌렸다. 그런데 마침 마당에는 만해의 어린 딸인 한영숙이 놀고 있었다. 그는 주머니에서 백 원 지폐를 한 장 꺼내 한영숙의 손에 쥐어 주었다. 당시 돈 백 원은 쌀 열다섯 가마를 살 수 있는 거액이었다.

최린이 돌아간 뒤, 만해는 최린이 자신의 딸에게 돈 백 원을 주고 간 사실을 알았다. 그래서 그는 부인과 딸에게 마구 화를 내고서는,

이내 방에 들어가 옷을 차려 입고 집을 나섰다. 그날은 비가 억수같이 내렸기에 만해는 우산을 들고 최린이 준 돈 백 원을 집어 들고서, 다급하고 화가 잔뜩 난 얼굴로 시내의 명륜동에 있는 최린의 집으로 향하였다. 최린의 집 앞 대문에 당도한 만해는 대문을 슬머시 열고, 마당 안으로 돈 백 원을 던져 버리고는 바로 심우장으로 되돌아 왔다. '더러운 돈은 받지 않는다', '받을 이유가 없다'고 수없이 되뇌면서 만해는 그렇게 걸었다.

카메라를 던지다

일제는 만해에게 학병 권유를 하도록 강요하였다. 그러나 만해는 그것을 단호히 거부하였다. 처음에는 경찰에서 나오더니, 다음에는 신문사에서 나왔다. 하루는 일제의 기관지인 《매일신보》 기자가 심우장에 찾아왔다. 기자는 인사를 꾸벅 하고서는 학병 출정에 대한 글을 부탁하였다.

"그런 글은 못 쓰네. 아니 안 쓰네."

"그럼 한 말씀만 해 주십시오. 제가 받아서 쓰겠습니다."

"안 돼, 그것도 안 돼!"

만해의 목소리는 떨리고 있었다.

"정 그러시다면 사인이라도 해주십시오. 원고는 신문사에서 적당히 쓰겠습니다."

그러나 만해는 단언하였다.

"한용운이란 이름을 일본놈들에게 줄 수는 없어!"

그때 기자는 카메라를 들어 만해의 얼굴을 찍으려고 준비하였다. 그 순간 만해는 기자가 손에 잡고 있던 카메라를 빼앗아서 마당에 내던져 버렸다. 마당에 던져진 카메라를 기자가 다시 쓸 수 있었는지는 알 수 없다.

살아서 돌아오라

　의병장의 손자로 열다섯 살에 건봉사로 입산, 출가한 스님이 있었다. 그 스님은 설산(雪山) 스님이었다. 그는 건봉사에서 열심히 수행을 하였는데, 이따금씩 건봉사를 찾아오는 만해의 차심부름을 하였다. 그렇기 때문에 건봉사 조실방에서는 만해에게서 독립운동, 민족, 만당이니 하는 말들을 들을 수 있었다. 만해는 건봉사에서 강연도 하고, 청년승려들과 간담회도 갖고, 문학에 대한 설명도 하였다. 그래서 건봉사 출신의 시인들이 많이 배출되었다. 그때 설산은 만해로부터 "시는 마음으로 쓰는 것이지, 재주로 쓰는 것이 아니다."라는 교훈을 얻었다.

　그러다가 그는 1936년 경 오대산 상원사에 세위진 강원도 삼본산 승려수련소로 가서 참선 수행을 하였다. 그는 그 무렵 도인으로 이름을 날린 한암 회상에서 수행하고, 1941년에는 건봉사 공비 장학생으로 동국대 전신인 혜화전문에 입학하였다. 그래서 설산은 이따금씩 심우장에 들러 만해에게 인사를 하였다. 그리고 가끔은 건봉사에서 보내는 용채(활동자금)를 만해에게 전달하였다.

　일제 말기에는 청년, 학생들을 강제로 군대에 끌고 가는 징집이 극심하였다. 설산은 혜화전문을 졸업한 직후, 일제에게 군대로 강제

징집될 운명이었다. 그는 친구들과 징집당하지 않겠다는 불출(不出)이라는 결사체를 조직하였다. 그래서 도반들과 함께 서로 숨겨 주기도 하고, 국외 탈출도 시도하였으나 여의치 않았다. 마침내 용산에 있는 부대로 입대하라는 통지가 왔다. 이에 설산은 비통한 심정으로 심우장을 찾아 갔다. 심우장에는 그의 친구인 최재형, 서성인과 함께 갔다. 심우장에 갔더니 만해는 방응모, 정인보와 함께 바둑을 두고 있었다.

"웬일이냐?"

"학병에 강제 지원 당했습니다."

만해는 쥐고 있던 바둑돌을 내려놓고서는 눈을 감았다. 설산은 그간의 경과를 말하였다. 그때는 겨울이었다. 차가운 겨울바람의 소리가 세차게 들려오더니, 이내 별안간 바둑판과 바둑알이 설산을 향하였다.

"죽지 마라. 이놈들아! 죽지 말아야 해!"

그러자 설산과 같이 간 친구들은 서로 얼싸안고, 주저앉아 땅을 치며 울었다. 옆에 있던 방응모는 "돌아가게. 선생께서 너무 비통해하시네."라고 하였다. 설산은 심우장을 나오면서, 죽지 않고 심우장을 다시 찾을 것을 맹세하였다. 심우장에서 돌아온 설산은 불출패와 술을 마실 때에도 조국 조선을 위해서 개죽음을 당하지 않겠다고 다짐했다. 설산은 징집당하기 전에 창신동의 수양어머니를 만나고 친구들을 만났다. 친구들과는 종묘 앞 중국요리집에 가서 이별주의 뜻으로 술을 마셔 만취되었다. 1943년 12월 28일 밤 11시 40분, 설산은 고향과 같은 건봉사를 마지막으로 들리기 위해 서울역에 나갔다. 서울역은 고향을 찾으려는 학도병으로 와글거렸다. 설산은 친구 서성인과 함께 11시 50분 발, 목단강행 기차에 올랐다가 발차 10분 전이라 기차에서 내려, 플랫폼 건너편으로 뛰어갔다. 그리고는 서서히 움직이는 기차의 선로 위에 왼쪽 발끝을 올려놓았다. 잠시 후 기적소리가 들렸다. 그리고 설산은 소리를 질렀다.

"아악! 사람 살려요."

얼마 후, 설산은 역전의 세브란스 응급실에 누워 있었다. 설산의 발은 찢어지고, 발가락은 으스러졌다. 설산은 발가락 제거 수술을 받고, 3개월간 병원 신세를 져야만 되었다. 그의 병실에는 형사, 경찰, 헌병들이 자주 들락거렸다. 경찰은 만해 선생의 심우장에는 왜 자주 갔느냐면서, 혹시 학병에 나가지 말라고 하였는가를 꼬치꼬치 물었다.

"만해 스님은 불가의 인연으로 본다면 내게는 할아버지요. 때문에 불교 관계로 늘 도움을 받으러 갔소. 또 건봉사 절에서 부내는 선물인 버섯이나 쌀 같은 것을 가져 갔소. 학도병 지원은 내 마음대로 스스로 결정했는데 만해 선생과 무슨 관계가 있겠소?"

설산은 대들듯이 쏴 부쳤다. 그러다가 설산은 1943년 3월 경 퇴원하였다. 병원을 나올 때에 그 동안 입회, 감시한 일본인 헌병 엔도가 설산의 어깨에 손을 얹으며 말하였다.

"아나따와 혼또노 에라이 조센진다. 오레가 마께다. 자, 사요나라.(당신은 참으로 훌륭한 조선인이요. 내가 졌소. 자, 잘 가시오.)"

병원을 나온 설산은 친구 황성기의 부축을 받고, 왼쪽 다리를 질질 끌면서 한나절을 걸려 심우장에 도착하였다. 만해는 수척한 얼굴로 설산을 맞이하였다. 설산은 감회의 눈물을 흘리면서 만해에게 절을 하였다.

"조선 사람이 죽지 않고 살아 왔구나. 너는 이겼다. 장하다."

"죽지 않고 살아온 조선 사람의 절을 받으세요."

설산은 절을 하고, 만해 앞에 꿇어앉았다. 설산은 그날 심우장에서 점심 대접을 받고 심우장을 나왔다. 설산에게서 심우장은 영원히 지워지지 않는 장소가 되었다.

설산은 해방 이후, 불편한 몸을 이끌고도 스님 생활을 꼿꼿하게 하면서 만해를 기리는 일에 동참하였다. 설산은 장년 이후에는 정토 염불수행에 전념하면서 서울 평창동에 정토사라는 조그만 절을 짓고 수행을 하였다. 그는 만해의 체취가 배어 있는 건봉사도 자주 가고, 최근에 세워진 백담사 만해마을에도 가끔 들리기도 하였다. 그는 입적 수년 전에는 자신과 만해와의 인연을 포함한 만해일대기를 책으로 내겠다고 스스로 다짐하였다. 그러나 자신과의 약속은 지키지 못하고 2007년 3월 6일 90세를 일기로 입적하였다.

설산은 파란만장한 그의 일대기를 《뚜껑없는 조선 역사책》(삼장, 1994)이라는 제목으로 출간하였다. 한편 설산이 입적하자 시조시인 이원식은 《서라벌 문예》 2007년 7월호에 〈꽃과 바람─설산 스님 입적〉이라는 시조를 기고하였다. 그래서 사람은 죽어도 사람의 이름과 행적은 역사로 길이 남는다고 하였다. 필자는 설산 스님 생전에 수 차례 면담을 갖고 한용운, 만당, 건봉사 이야기를 들었다. 이제 설산 스님에게 듣던 이야기를 들을 수 없으니 세월이 많이 흘렀음을 새삼 절감한다.

만해의 아들과 손녀가 북한에 살고 있는 사연

만해는 입산, 출가하기 전에 결혼을 하였다. 그가 스님이 되기 위해 집을 나설 때 그의 부인은 임신을 하였는데, 첫 번째 부인은 아들을 낳았다. 그 아들의 이름이 한보국(韓保國)이었다. 집을 나온 만해는 두 번 다시 고향인 홍성을 찾지 않았다.

아버지가 누구인지, 어디에서 무엇을 하는 줄도 모르고 성장한 한보국은 홍성에서 초등학교를 나왔다. 그러다가 3·1운동이 일어나자, 만해 한용운이 자신의 아버지임을 알게 되었다. 그래서 그는 서울로 올라와, 선학원에서 아버지인 만해를 19년만에 처음으로 만났다. 그러나 만해는 냉정하게 다음과 같이 말했다.

"나는 기왕에 출가한 사람이니 죽은 사람과 다름이 없다. 그러니 다시는 나를 찾지 말아라."

한보국은 만해를 10여분 정도만 만나고 홍성으로 돌아올 수밖에 없었다. 그러나 그는 홍성에서 지내다가 다시 상경하여 만해에게 공부를 하고 싶다고 통사정을 하였다. 만해는 어쩔 수 없어 한보국을 중동고등보통학교에 입학시켰다. 그러나 핏줄은 어찌 할 수 없었던

지 한보국은 중동고보에 다니면서 이념 써클인 독서회에 들어가 사회주의에 경도되었다. 그것을 눈치 챈 만해는 아들인 한보국을 불러 이념 써클에서 나오라고 설득하였다. 그러나 한보국은 중동고보 2학년 때 사건에 연루되어 학교를 중퇴하고는 홍성에 내려왔다. 고향에 내려와서 할 일이 없었던 그는 엿장수도 잠시 하였다. 그러다가 홍성에서 만해를 추종한 청년 손재학이 신간회 홍성지회의 사무실에서 일하는 임시직으로 그를 취직시켜 주었다.

그 후 한보국은 홍성 읍내에서 철물점을 내었다. 그는 어머니(만해의 첫째 부인)를 모시고 열심히 일을 해서 돈을 모았고, 결혼하여 홍성읍내의 오관리에다가 기와집을 짓고 1남 5녀를 두었다. 그러나 아들은 일찍 죽었다. 그러면서도 그는 사회주의 활동을 계속하기 위해 서울에다가 거처를 마련하기도 하였다. 해방공간에서는 건국준비위원회에 가담하는 등 그의 활동은 더욱 왕성하였다. 해주에서 열린 인민대표자회의에 참석하였다가 서울에서 체포되어 서대문 형무소에 수감되었다. 그리다가 6·25가 발발해 형무소에서 풀려나자, 그는 홍성에서 군당위원장까지 역임하였다. 그러나 9·28수복으로 전세가 역전되자 그는 전 가족을 이끌고 북한으로 피신하였다. 그는 전쟁의 일선에 있어야 했기에 가족들과 떨어져 살았다.

북한으로 넘어간 그는 1956년이 되어서야 가족들과 재회하여 함께 살았다. 그러나 그는 전쟁의 후유증으로 반신불수의 몸이었다. 1964년에는 북한 당국이 한보국의 존재를 《노동신문》에 보도하였다. 그러나 그는 1976년에 사망하였다. 그는 다섯 딸에게 다음과 같은 유언을 남겼다.

　통일이 되면 이 아들 대신 너희들이 조부님(만해)을 찾아 성묘하
라.

　한보국의 첫째 딸인 한명숙을 비롯한 다섯 딸은 김일성대학 출신
인 북한의 인텔리 계급에게 시집을 갔다. 현재 한보국의 후손 30여
명은 평양 시내에 살고 있다. 이는 1992년 김정일이 1920년대 시인
들을 발굴하여 소개하라는 문예방침과 무관하지 않다. 한보국의 셋
째 딸인 한명신은 2001년 12월 29일자 북한의 신문《통일신보》에
〈추억의 붓을 들고〉라는 글을 기고하였다. 그 기고문에서 그는

　나는 아버지(한보국)에게서 들은 할아버지(한룡운)의 생의 자취를
더듬어 보게 된다.

라고 하였다. 그러면서 북한에서 발간한 책자, 김일성 회고록《세기
와 더불어》제8권에 한용운을 다음과 같이 서술하였음을 적시하였다.

　불교인들 가운데 한룡운이라는 시인이 있었습니다. 3·1인민 봉
기 때 민족대표 33인 중 한 사람으로 나섰던 사람입니다. 그는 불교
승이었는데 조선독립은 청원에 의해서가 아니라 민족 스스로의 결사
적인 행동이 아니면 불가능하다고 주장한 행동파였습니다. 적들에게

체포될 때에는 변호사도, 사식도, 보석도 다 거절했습니다. 대부분의 민족대표들이 겁에 질려 동요하는 기미를 보이자 감방의 변기를 들어 내동이치면서 "이 더러운 것들아, 너희들이 민족과 나라를 위한다는 놈들이냐." 하고 고함을 쳤습니다.

평양시 중구역 보통문동에 살고 있는 한명신은 그 기고문을 다음과 같이 마감하였다.

우리들 만해 한룡운 후손들은 할아버지, 아버지처럼 통일 애국의 길에서 한 생을 참답게 살 것을 굳게 마음 다지고 있다.

한편, 1994년 10월 미국에 살던 교포인 홍정자는 북한을 방문하여 한보국의 세 딸을 만났다. 그는 한명숙, 한명계, 한명신 등 세 딸을 만났는데, 일제 말기에 7세, 5세이었던 한명숙과 한명계로부터 만해에 내한 내력을 많이 듣게 되었다. 만해는 손녀들이 가슴에 조선말 이름표를 늘 달아 주었다. 그러나 손녀는 학교에 가면 만해가 달아준 이름표로 인해 질책을 받았다. 그러면 만해는 다시 조선말 이름표를 달아 주었기에 어린 손녀들은 학교에 갔다가 울면서 돌아오곤 하였다. 그리고 만해는 손녀들에게 "할아버지가 중이 된 것은 오직 나라를 구하기 위함이었는니라."고 말했다는 것도 홍정자에게 털어 놓았다.

이처럼 한보국의 다섯 딸과 사위, 그리고 30여 명의 손자들은 북한에 살고 있다. 빨리 통일이 되어서, 남한과 북한에서 따로 살고 있

는 만해의 후손들이 서로 만나 망우리 공동묘지에서 함께 제사를 지
내는 날이 오기를 기대한다.

만해의 님, 만해의 여인

　만해는 시인이다. 그런데 그는 문학이나 창작을 배우지 않았다. 문학 단체에 가입한 것도 아니요, 선생의 지도를 받았던 것도 아니었다. 그럼에도 불구하고 만해의 시적 재능은 천부적 아니 불가사의하다. 그는 일생에 시집을 단 한 번 출간하였다. 그 시집이 1926년에 나온 《님의 침묵》이다. 한국 근현대기에서 가장 유명한 시를 꼽으라면 만해의 시가 손꼽히지 않은 적이 없다. 만해의 시 제목을 대지 못하는 국민은 거의 없다. 하여간 만해의 문학세계는 신비 그 자체이다. 단언하여 말할 수 없는 고봉준령이다.

　만해의 문학에서 논란이 적지 않은 것은 이 '님'에 대한 정체성이다. 님이 민족인지, 조국인지, 사랑인지, 부처님인지, 절대 자아인지 등등 다양한 주장과 해석이 있다. 그런데 만해 연구자나 만해를 좋아하는 사람들 중에는 만해의 시에 나오는 님은 어떤 여인을 모델, 대상으로 하였던 것으로 주장하는 경우도 있다. 그러면서 그 님의 대상이 된 여인이 서 여연화라는 설이 많다.

　그러면 청신녀 여연화, 여연화 보살은 누구인가? 이에 대해서는 구체적인 문헌 자료는 전하지 않는다. 다만 구전, 증언, 소문 등에 의해서 지금껏 전해지고 있는 것을 간략하게 정리하면 다음과 같다.

여연화는 속초에 살았다. 그는 배를 갖고 있었던 선주(船主)의 미망인이었다. 어떤 설에는 여연화의 부친이 동학란 때에 일본놈에게 총살을 당하였다고도 한다. 그런데 건봉사에서 그의 남편 영가를 천도하는 제사를 지냈는데, 그때 우연히 그 장소에 있었던 만해와 인연이 되었다. 그래서 그 이후 만해는 속초 바닷가에 위치한 여연화 집에 초청을 받았고, 그런 연고로 여연화의 후의를 입었다. 그 후의의 내용은 다양할 것이다. 음식과 술을 받았거나, 휴식할 수 있는 배려를 받았을 것이나 그 이상은 단언할 수 없다. 구전에는 만해가 1919년 이전에 발간한 《불교대전》, 《유심》 등의 발간비에 이 여인의 후원금이 상당수 포함되었다고 한다.

여연화는 만해가 서대문 형무소에 수감되었을 때, 그리고 출옥 후에도 선학원을 왕래하였다고 선학원에 있었던 스님들의 회고가 있다. 그리고 1910~1920년대 만해를 시봉한 상좌 춘성 스님의 증언에 의하면 여연화는 만해가 3·1운동 이후 신흥사, 백담사, 오세암 등에 내려와서 휴식을 취할 때에는 만해의 지근거리에 있었다고 한다. 오세암에서 《십현담주해》를 쓸 때에는 지극정성으로 시봉을 하고, 만해가 백담사에 있을 때에도 객실에 살다시피 하였다는 것이다. 그리고 신흥사 뒤에 있는 암자 안양암에서도 시봉하였다. 그래서 당시에는 그 보살이 《님의 침묵》에 나오는 '님'이라는 풍문이 떠돌았다.

그런데 여연화에 대한 그 이후의 행적은 애매하다. 만해에 대한 책을 1970년대 초에 낸 임중빈은 그는 단명하여 만해와 일생을 함께하지 못하고 세상을 등지게 되었다고 자신의 책에 썼다. 일설에는 만해의 제자와 친근하게 지냈다는 설이 있다. 그러나 이것도 증거는 없다. 만해 전기소설을 쓴 이채영은 1927년경 상좌 춘성이 여연화가 세상을 떠났다고 만해에게 전하였고, 만해의 시집인 《님의 침묵》이 그 여인의 관에 넣어졌다고 한다. 이채영은 나아가 1928년에는 만해가 《건봉사사지》를 마무리 하고, 속초를 찾았는데 춘성의 안내로 여연화가 살던 곳인 바닷가 산 위의 별채인 빈집을 찾았다고 하였다. 그러나 이는 상상력의 소산이지 근거에 의한 것은 아니라고 보인다.

불교계에는 묵빈대처(墨賓對處)라는 관행이 있다. 아름답지 못한 일이나 행동, 사람을 보면 침묵으로 그를 가르치고, 대처한다는 뜻이다. 이는 진실을 우선시 하는 것과는 이질적이다. 묵빈대처보다 진실, 사실을 우선시 하는 불교계가 되어야 한다. 만해의 님이 여연화인지의 여부는 영원한 수수께끼이다.

만해가 즐겨 찾은 술, 막걸리

만해는 술을 자주 먹지는 않았지만 어느 정도는 마실 줄 아는 풍류객이었다. 그런데 만해는 막걸리를 즐겨 먹었다. 1920년대 초반 선학원에 있을 적에는 민족 지사들과 저녁을 함께 하면서 간혹 막걸리를 먹고서는 약간은 비틀거리면서 절로 돌아왔다. 나라 잃은 슬픔을 달래는 듯 그의 고뇌는 깊었다.

그리고 선학원을 나와서 사직동, 청진동 근처의 방을 하나 얻어서 혼자 지낼 때에는 청진동의 허름한 목로주점을 자주 찾았다. 그곳은 빈대떡을 팔면서 막걸리나 국밥을 파는 허름한 집이었다. 만해는 그곳에서 빈대떡을 시켜 놓고 막걸리를 이따금씩 먹는 것이 그의 재미였다. 집에 들어가 봐야 기다리는 사람도 없고, 먹을 음식도 없었기에 집 입구에 자리 잡은 그 주점은 만해의 단골집이었다. 막걸리를 죽 들이키면서 그는 고민, 지향을 가다듬었을 것이다.

만해는 청년들이 찾아와서 현실 문제, 불교의 진로, 나라의 장래를 이야기 할 때에도 막걸리를 파는 술집을 자주 이용하였다. 막걸리를 먹고 술에 거나하게 취하면 청년들을 막 야단쳤다. 정신 차려서 똑바로 해야 한다면서, 자신이 필요 없을 정도로 청년들이 힘껏 활동하라고 강조하였다.

그리고 그의 막역한 도반인 수덕사의 선승, 만공이 심우장을 찾아 올 때에도 주반 상에는 어김없이 막걸리가 올라 왔다. 막걸리를 먹고 취기가 오르면 만해와 만공은 격정적으로 대화를 하였다. 그러다가 분노가 일면 서로 간에 목청을 높이고, 방바닥을 치고, 때로는 멱살도 잡곤 하였다.

이렇게 막걸리는 그의 생활 속에 깊이 있었다. 만해가 막걸리를 좋아하고, 즐겨 찾은 것은 그의 주머니 사정이 빈약한 것도 있었겠지만 민족, 민중의 정서가 듬뿍 배어 있었기 때문일 것이다. 불교계에서는 술을 곡차라고 부르고 있음은 잘 알려진 내용이다. 망우리 공동묘지를 찾아 만해의 묘소에 막걸리 한 잔을 뿌리고, 절을 할 자가 그 누구인가?

만해의 입적, 타지 않은 치아

　만해는 심우장에서 1944년 6월 29일에 입적하였다. 이로써 그의 파란만장한 생애는 일단락되었다. 죽음에 이르게 된 요인은 궁핍으로 인한 신경통, 각기증, 영양실조 등이었다. 그 무렵 만해는 고구마를 주로 먹었다는 증언도 전한다.

　만해가 입적하였다는 소식이 전해지자 5일장 동안 각처에서 수많은 사람들이 와서 조문을 하였다. 그런데 그 당시 조객문서가 6·25로 인해 유실되어 그 당시에 온 모든 조문객을 알 수 없다. 그 중에서 몇 명을 제시하면 다음과 같다. 오세창, 정인보, 김병로, 방응모, 박광, 허영호, 이인, 홍기문, 김상호, 장상봉, 표회암, 김용담, 이춘성, 안진호, 조종현, 강석주, 이관구, 송병기, 김적음, 여운형, 이능유, 박고봉, 변영로, 조지훈, 조헌영, 이원혁, 홍성청년 수십 명 등이었다. 그때 시조시인 정인보가 조곡(弔哭)한 시조는 다음과 같다.

　풍란화(風蘭花) 매운 향내 당신에게 견줄손가.

　이 날에 님 계시면 「별」도 아니 더 빛날까.

　불토(佛土)가 이외 없으니 혼(魂)아 「돌아」오소서.

이 시조는 해방이 되어서 만들어진 《해방기념시집》(1945. 12. 12, 중앙문화협회)에 '고 용운당대사(故 龍雲堂大師)를 생각하고'라는 부제를 붙은 채로 게재되었다.

한편 만해가 업적하자 그의 유해는 불교의 관례대로 화장을 하였다. 당시 홍제동 화장터가 유명했지만 일본인이 경영하고 있었으므로 미아리에 있는 한국인이 경영하는 곳에서 하였다. 그렇게 화장을 했는데 오직 은색 치아만은 타지 않았다. 불교에서는 치아의 출현을 매우 귀하게 여기었다. 그래서 그것을 본 사람들은 만해의 깊은 법력의 산물이라고 하였으며, 어떤 사람은 나라와 민족에 길조가 있을 것이라고 보기도 하였다. 하여간 신비스럽게 출현한 치아는 항아리에 담겨져 유골과 함께 망우리 공동묘지에 있는 만해 묘지에 안장되었다.

우리가 만난 한용운

초판인쇄 2010년 2월 22일
초판발행 2010년 3월 1일

지은이 김광식
펴낸이 이규만

편집디자인 이선미
편집·교정 임동민

펴낸곳 참글세상
등록일자 2009년 3월 11일
등록번호 제300-2009-24호
주소 (우)110-320 서울시 종로구 낙원동 58-1
     종로오피스텔 1020호
전화 (02)730-2500
팩스 (02)723-5961

ISBN 978-89-963038-3-1   03220

* 잘못된 책은 바꾸어 드립니다.
* 값은 뒤표지에 있습니다.